ラマナ・マハルシが愛し、生涯をその麓で過ごしたアルナーチャラ山
（インド、タミル・ナードゥ州ティルヴァンナーマライ）

ラマナ・マハルシとの対話

第2巻

1937.1.1〜1938.3.22

Talks with Sri Ramana Maharshi

ムナガーラ・ヴェンカタラーマイア【記録】
福間　巖【訳】

ナチュラルスピリット

ラマナ・マハルシとの対話　第２巻【目次】

Talks with Sri Ramana Maharshi Vol.2 Contents

第1巻

Talks with Sri Ramana Maharshi Vol.1 Contents

第3巻

Talks with Sri Ramana Maharshi Vol.3 Contents

「訳注・引用文」と「脚注」

１　本文中の***q***サインは、巻末の「訳注・引用文」を参照のこと。

２　＊サインは、対話内の脚注を参照のこと。

第3章

1937年1月1日～
1937年12月30日

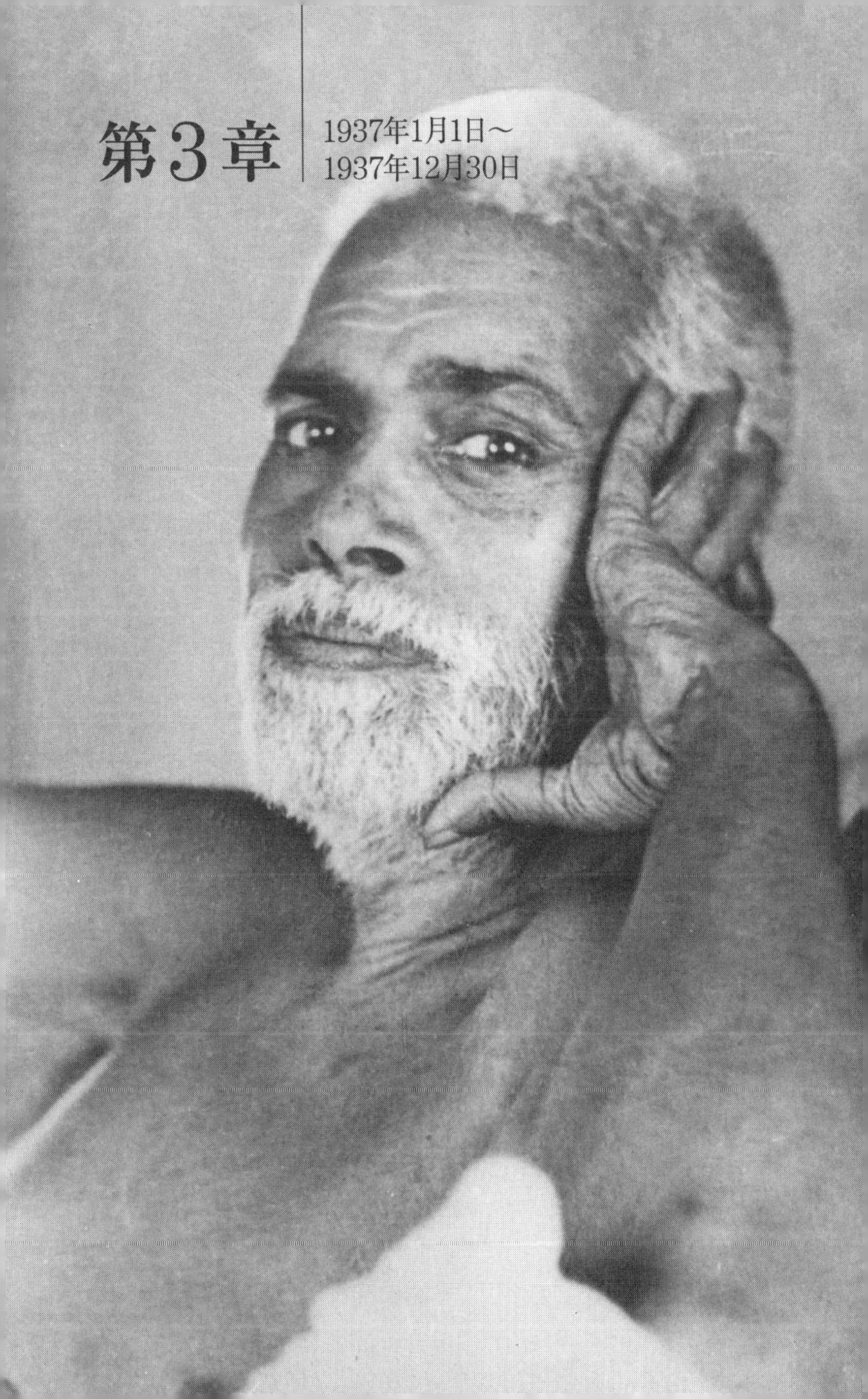

1937年1月1日

対話309

質問者　アハン・ブラフマースミ（私はブラフマンである）とブラフマイヴァーハム（ただブラフマンだけが私である）の違いは何なのでしょうか？

マハルシ　前者は直接体験（プラティヤクシャ・ヴリッティ）であり、後者は間接的知識（パロークシャ・ジニャーナ）です。直接体験は「私」（アハム）を実現することによって始まり、間接的知識は、ブラフマンについて聞くことから始まります。もしブラフマンが実現されたなら、それは真我（アートマン）以外の何ものでもないことが明らかになるのです。

対話310

グリーンリース氏　十月にアーシュラマムを去ってから十日間ほど、バガヴァーンの平和と静寂が私を包み込んでいることに気づいていました。仕事に忙しくたずさわっている間も、そこには「一なるもの」の静寂が根底に流れていたのです。それはあたかも退屈な講義を聞きながら、半分うとうととしている二重意識のような状態でした。それからそれは徐々に、そして完全に消え去ってしまい、その代わりに以前の愚かしさが戻ってきました。

　私の仕事は瞑想のために特別な時間を取るだけの余裕を与えてはくれません。実際に仕事をしている最中でも、絶えず「私は在る」を感じるように覚えているだけでも十分なのでしょうか？

マハルシ　心が強くなれば、それは継続的になるでしょう。修練を繰り返すことが心を強めるのです。そのような心は静寂の流れを絶えず感じ取ることができます。そうなれば、仕事に従事しようとしまいと静寂の流れは影響を受けず、継続的なものになるでしょう。

質問者　瞑想のために特別な時間をもうける必要はないのでしょうか？

マハルシ　今でさえ、瞑想はあなたの本性です。他の想念が妨げているため、あなたは修練を瞑想と呼ぶのです。想念が払い去られたとき、あなたは「一人」になります。つまり想念から自由になった瞑想状態に入るのです。それが今、他の想念を払い去ることで到達しようと試みているあなたの本性です。そのように他の想念を払い去ることが、今は瞑想と呼ばれています。修練が揺るぎないものとなったとき、自己の本性はそれ自体を真の瞑想として顕《あらわ》すのです。あなたが瞑想を試みると、他の想念はより強力に湧き起こってきます。

　たちまち数人から質問の声が上がった。

マハルシ　そうです。瞑想の中ではありとあらゆる想念が湧き起こります。それでよいのです。秘められていたものが表層にもたらされたのですから。さもなければ、いったいどうやってそれらを破壊できると言うのです？　それゆえ、それらはやがて消滅させられるために、自然と湧き上がってくるものなのです。心はこうして強さを増していくのです。

質問者　すべてがブラフマンだと言われています。

マハルシ　そうです、すべてがブラフマンなのです。しかしブラフマンから分離していると考えているかぎり、あなたはそのすべてを避けなければなりません。その反対に、すべてが真我だということが見いだされたなら、「すべて」と言う必要さえなくなるでしょう。なぜなら、存在するすべてはブラフマン以外の何ものでもないからです。ブラフマンを離れて存在するものなど何もないのです。

質問者　『リブ・ギーター』は数々の事物を非実在だと述べています。そのうえ最後には、それらはすべてブラフマンであり、それゆえ実在なのだと。

マハルシ　そのとおりです。あなたが数々の物事を見るとき、それらはアサット、つまり非実在であり、あなたがそれらをブラフマンとして見るとき、それらは実在なのです。なぜなら、それらの実在性はその根底にあるブラフマンに由来しているからです。

質問者　それでは、なぜ***q1*****『ウパデーシャ・サーラム』（教えの精髄）は身体などを**、生命意識のないものと述べているのでしょうか？

マハルシ　身体などを真我から離れたものと見なしているかぎりはそうでしょう。しかし真我が見いだされたとき、身体を含めたすべては真我の中に含まれているということが明らかになります。ひとたび真我が実現されれば、身体は生命意識のないものだと言う人も、質問をする人もいなくなるのです。

質問者　ヴィヴェーカとは真我と非真我とを識別することだと言われています。この非真我とは何なのでしょうか？

マハルシ　実際には、非真我などというものは存在しません。非真我もまた真我の中に存在するからです。非真我について語るのは真我なのです。なぜなら真我はそれ自身を忘れてしまったからです。それ自身を見失った後で、他の何かを非真我として見なすのですが、それもやはり真我以外の何ものでもないのです。

その後、さまざまな理論の唱道者に関する討論が白熱した。

1937年1月2日

対話 311

マハルシ　立ち現れた「私」も、いずれは沈みゆきます。それが個人の「私」、あるいは「私」という観念です。立ち現れたことのないものは、沈みゆくこともありません。それはただ存在しています。そして永遠に存在し続けるのです。それが普遍かつ完全な「私」、真我実現です。

午後五時半、スイス人女性がシュリー・バガヴァーンに、「瞑想が長く続くと頭痛になる」という不平を訴えた。

マハルシ　もし瞑想者と瞑想が同じであることを理解すれば、頭痛も、このような不平もなくなるでしょう。

質問者　しかし瞑想者と瞑想は同じではありません。どうして同じだと言えるでしょう？

マハルシ　それはあなたの視点の問題です。ただ「一なるもの」だけがあり、そこに違いはないのです。瞑想すると相対的意識は消え去ります。それは単なる消滅ではありません。なぜなら相対的意識が消えるとともに絶対意識が現れるからです。聖書も「天の王国はあなたの内にある」と述べています。もしあなたが自分を身体と見なすなら、この言葉を理解するのは困難でしょう。その反対に、もし真のあなたが誰なのかを知れば、天の王国もそれ以外のすべても、あなたの真我の内に在ることがわかるでしょう。それらはみな自我が立ち現れた後に現れる概念なのです。

***q1*ドリシュティン・ジニャーナマイーン・クリトヴァ**・パシュエード・ブラフママヤン・ジャガト。

あなたの目を内に向けて、それを絶対なるものにしなさい。

絶対なる気づきを実現してから目を外に向ければ、宇宙がその「絶対なるもの」と異ならないことを認識するでしょう。

現在の視点が外向的なため、あなたは外側について語ります。外側を向いている状態にあるため、内側を見るように指示されたのです。この内側はあなたの探し求めている外側と相対《あいたい》するものです。しかし実際、真我には内も外もないのです。

人は相対的知識に慣れ親しんでいるため、天国について語るときにも、それは上あるいは下、内側あるいは外側にあるなどと考えます。このような概念が生じるのは、対象的知識のみを求めているからです。
真実は、上も下も、内も外もありません。それらが実在であるなら、夢のない眠りの状態にも存在していたはずです。なぜなら、実在は永続的で永遠なるものであるはずだからです。あなたは眠りの中で、内側や外側を感じましたか？　もちろん感じなかったはずです。

質問者　私は何も覚えていません。

マハルシ　覚えられるような何かが存在していたなら、覚えることもできたでしょう。それでも、あなたは眠りの中での自己の存在を認めるはずです。同じ自己が今、話をしているのです。眠りの中で（自分と世界という）区別を失っていた自己が、今、目覚めの状態において区別と多様性を見ています。真の存在は対象的知識のない「一なるもの」であり、それが絶対意識です。それは誰もが認める幸福の境地です。その状態が、今この目覚めの状態の中にもたらされなければならないのです。それは目覚めた眠り（ジャーグラト・スシュプティ）と呼ばれています。それが解脱（ムクティ）です。

質問者　輪廻転生するのは自我なのです。

マハルシ　そうです。しかし輪廻転生とは何でしょうか？　自我は同じままです。新しい身体が現れ、自我をとらえますが、自我が変わることはありません。自我が一つの身体を離れて、別の身体を探し出すのではないのです。
粗大な身体に何が起こるのか見てみなさい。あなたがロンドンに行くとします。どのように行きますか？　船着場に行き、蒸気船に乗り、数日かけてロンドンに到着します。何が起こったのでしょうか？動いたのは乗り物であって、あなたの身体ではありません。それでも、あなたは「地球のこの場所から別の場所へ旅した」と言うでしょう。乗り物の動きがあなたの身体の動きと見なされたのです。

あなたの自我についても同様です。輪廻転生は真理の上に押し重ねられた概念なのです。例えば、夢の中では何が起こるのでしょうか？　あなたが夢の世界に行くのでしょうか？　それとも、夢があなたの中で起こるのでしょうか？　もちろん後者です。輪廻転生についても同様です。自我はずっと変わらぬままとどまるのです。

眠りの中には時間も空間もありません。それらは「私」という想念が立ち現れた後に初めて現れる概念です。「私」という想念が立ち現れる前は、何の概念も存在しません。それゆえ、あなたは時間と空間を超えているのです。「私」という想念は単に限定された「私」でしかなく、真の「私」は時間と空間を超えた、無限で普遍なるものです。時間と空間は眠りの中には存在しません。眠りから目覚めた瞬間、対象世界を目にする直前、そこにはあなたの純粋な真我である気づきの状態があります。それが知られなければならないのです。

質問者　しかし私には理解できません。

マハルシ　それは理解の対象ではありません。あなたは「それ」なのです。いったい誰が何を理解すると言うのでしょうか？

対話312

プーナから来たV・K・チョールカル氏が尋ねた。「『汝自身を知れ』、あるいは『あなたの中の〈私〉とは誰なのかを見いだしなさい』と言われています。どのようにすればよいのでしょうか？　常にマントラを唱え続ければよいのでしょうか、それともマントラを唱えている理由を常に覚えているべきなのでしょうか？」

マハルシ　あなたはいつも自動的にマントラを唱えているのです。永遠に唱えられているアジャパ（無音の称名）に気づかないのであれば、ジャパをすべきです。ジャパは努力をともなうものであり、努力は他の想念を払い去るためにあります。他の想念を払い去ったとき、ジャパは内的で精神的なものになります。最終的には、アジャパと永遠の本性が認識されるでしょう。なぜなら、それはあなたの努力なしに絶えず続いているものだからです。努力を要しない状態が実現の状態なのです。

チョールカル氏は再び彼自身に適した実践的な観点からの指導を求めた。

マハルシ　それは外的なものではないため、どこか他の場所を探す必要はありません。それは内側にあるのです。それは永遠なるものであり、常に実現されています。しかし、あなたはそれに気づかないと言います。それはそれ自体への絶え間ない気づきを必要とするのです。その以外の努力は必要ありません。他の想念に妨げられないようにする努力だけが必要なのです。

チョールカル氏は深く得心したようだった。

対話313

グリーンリース氏　バガヴァーンは昨日、「内なる神」を探究している間も外側での仕事は自動的に為されていくと言われました。シュリー・チャイタニャの生涯でもそのようなことが言われています。チャイタニャは弟子たちに教えを説いている間も、実は内側でクリシュナ（真我）を求め続けており、自分の身体のことはすっかり忘れて、ただクリシュナのことだけを語り続けていたと言われています。しかしそのような状態にいたのでは、仕事が問題なくひとりでに進むのだろうかという疑問が起こります。身体の為す仕事に、部分的にでも注意を払うべきではないでしょうか？

マハルシ　すべてが真我なのです。あなたは真我から離れているでしょうか？　真我なしに仕事が続けられるでしょうか？　あるいは、身体は真我から離れているでしょうか？　真我から離れて在るものなど何もありません。真我は遍《あまね》く存在しているからです。それゆえ、あなたが自分の意志で仕事に従事しようとしまいと、すべての行為は続いていき、仕事は自動的に進んでいくでしょう。真我に注意を払うということは、仕事に注意を払うということを含んでいるのです。

質問者　私が注意を払わなければ、仕事はうまくいかないでしょう。

マハルシ　あなたは自分を身体と同一視しているため、仕事はあなたによって為されていると考えるのです。けれども、身体、そして仕事も含めたすべての活動性は、真我から離れてあるのではありません。あなたが仕事に注意を払おうと払うまいと、それが何の役に立つと言うのでしょう？　ある地点からある地点へと歩くとき、一歩一歩に注意を払ったりはしません。それでも、時間が過ぎればその地点に着いている自分を見いだすのです。あなたの注意がなくとも、いかに歩くということが続けられていくかがわかるでしょう。他の仕事についてもまた同じことなのです。

質問者　それではまるで夢遊病者です。

マハルシ　まったくそのとおりです。子供が眠っているときに、母親が食べ物を与えたとします。その子は目覚めているときのように食べました。しかし翌朝、「お母さん、夕べ僕は何も食べないで寝てしまったよ！」と言います。母親も他の人たちもその子が食べたことは知っていますが、それでも食べなかったと言います。子供は気づいていなかったのですが、それでも行為は起こり続けていたのです。このような行為を表す比喩《ひゆ》としては、「夢遊病」はまさにうってつけの言葉でしょう。

別の例をとってみましょう。旅人が牛車に乗ったまま眠っています。牛は旅の間、進んだり止まったり、くびきをはずされて休んだりしています。旅人はそのことをまったく知りませんでした。しかし目を覚ますとともに別の場所にいることに気づくのです。彼は旅の間起こったことにまったく無知なまま幸せに眠っていました。それでも、旅は終わったのです。

真我についても同じことが言えます。彼は身体の中で眠っています。彼の目覚めの状態は牛の動きを示し、サマーディは牛が立ち止まった状態を示しています。サマーディとは目覚めた眠りを意味します。つまり行為に気づいてはいても執着はしていないということです。ですから、牛は車に繋《つな》がれていても動かないのです。彼の眠りは牛がくびきをはずして休んでいる状態を示しています。なぜなら、くびきから解放された牛は、完全に活動を止めた状態にあるからです。

　さらにもう一つの例をとってみましょう。映画館の中で、スクリーンの上に映像が投影されています。しかし映像の動きがスクリーンに変化や影響を与えることはありません。見る者は映像に注意を与えますが、スクリーンは無視しています。映像がスクリーンから離れて在ることはできません。それでも、スクリーンの存在は無視されてしまうのです。それと同じように、真我とはその上に映像つまり活動が投影されたスクリーンなのです。人は活動に注意を与えますが、真我には気づいていません。それでも、彼は真我から離れていないのです。彼が気づいていようといまいと、活動は続いていくでしょう。

質問者　映画には機械を操作する人がいます。

マハルシ　映画は、スクリーン、画像、光源などの生命意識を持たない物質でつくられているため、意識を持った操作する人を必要としますが、真我は意識そのものであるため、それ自身の内にすべてを含んでいます。真我から離れて操作する人などありえないのです。

　ここでグリーンリース氏は、「シュリー・バガヴァーンの答えが示すように、私は自分の身体と操作する人を混同したわけではありません」と主張した。

マハルシ　操作する人にとって身体の機能は必要だということは覚えておかなければなりません。なぜなら、生命意識を持たない身体には生命意識を持った操作する人が必要だからです。

人々は自分自身をジーヴァだと見なしています。それゆえシュリー・クリシュナは、「神はジーヴァを操《あやつ》る者としてハートの中に宿る」と言いました。しかし実際は、ジーヴァも操る人も存在しないのです。真我はすべてを包含しています。それはスクリーンであり、映像であり、観客であり、俳優であり、操作する人であり、光源であり、その他すべてでもあるのです。あなたが真我を身体と混同し、自分自身を行為者だと想像することは、観客が自分を映像の中の俳優の一人だと見なすことと変わりません。映像の中の俳優が、スクリーンなしに場面を演技できるかどうかと尋ねたと想像してごらんなさい。真我を離れて自分で行為していると考えている人もそれと同じことなのです。

質問者　それはちょうど観客に映画の中で演技してくださいと頼むようなものです。夢遊病はどうやら望ましいもののようですね。

マハルシ　カラスは一つの虹彩を回転させて両方の目から物を見ているという言い伝えがあります。眼窩《がんか》は二つですが、虹彩はたった一つです。視野はカラスの望む方向にしたがって操られるのです。

　象の鼻は一つですが、水も飲めば呼吸もします。蛇は見ることと聞くことを一つの器官でまかなっていると言われています。

　同様に、行為や状態もその人の視点によります。眠りながらの目覚め、目覚めながらの眠り、夢見ながらの眠り、夢見ながらの目覚め、これらはみな同じことを意味しているのです。

質問者　私たちは物理的な目覚めの状態の世界の中で、物理的な身体とともに生きていかなければなりません。もし仕事の最中に眠ってしまうなら、あるいは眠りそうになりながら仕事をするなら、仕事を誤るでしょう。

マハルシ　眠りは無知ではなく、あなたの純粋な状態です。目覚めは知識ではなく、無知なのです。眠りの中には完全な気づきがあり、目覚めの中には完全な無知があります。あなたの真の本性はその両方を包含し、しかもそれを超えています。真我は知識と無知を超えているのです。

　眠り、夢見、目覚めは、真我の前を通り過ぎてゆく様態《モード》でしかありません。それらはあなたが気づいていようといまいと、自動的に移り変わっていきます。ジニャーニの境地では、目覚め、サマーディ、眠り、夢見の状態が彼の中で移り過ぎてゆきます。それはちょうど牛車に乗った旅人が、牛が動いているときも、立ち止まっているときも、くびきをはずして休んでいるときも、気づかずに眠っているのと同じ状態です。これらの質問はアジニャーニの視点によるものです。そうでなければ、このような質問は起こらないのです。

質問者　もちろん、真我にこのような質問が起こるはずはありません。どこに質問する人がいると言うのでしょう？　しかし残念ながら、私はまだ真我を実現していないのです。

マハルシ　それがあなたの行く手を妨げる障害なのです。「自分はアジニャーニで、まだ真我を実現していない」という観念は棄て去らねばなりません。あなたは真我なのです。あなたが真我から離れたときなどいまだかつてあったでしょうか？

質問者　それはつまり夢遊病状態の実験……あるいは白昼夢の実験なのですね。

バガヴァーンは笑った。

1937年1月3日
甘露の滴《しずく》

対話314

昨日の会話の中でシュリー・バガヴァーンは、真我は深い眠りにおける純粋意識であると述べ、また眠りから目覚めへと移行する瞬間は、真我実現に理想的であると説いた。その説明が求められたため、バガヴァーンは慈悲深くそれに答えた。

マハルシ　真我とは眠りの状態における純粋意識です。それは眠りから目覚めへの移行期に、「これ」（イダム）という想いのない「私」（アハム）へと展開し、目覚めてから「私」と「これ」としてそれ自体を現します。個人の体験は「私」という媒介のみを通して得られます。それゆえ、探究者は眠りから目覚めへの移行期における「私」という媒介を、真我実現の標的とすべきです。そうでなければ、眠りの体験は彼にとって何の意味も持たないでしょう。しかしもし移行期の「私」が認識されれば、根底にあるものは見いだされ、それが真我実現へと導くのです。

眠りは無知（アジニャーナ）だと言われています。しかしそれは目覚めの状態で一般に受け入れられている誤った認識でしかありません。実際は、目覚め[*1]の状態こそが本当の無知（アジニャーナ）であり、眠りの状態は完全な知識（プラジニャーナ）なのです。「プラジニャーナ prajñāna はブラフマンである」と聖典は述べています。ブラフマンは永遠なるものです。眠りを体験する存在は「プラージニャ prājña」（知性）と呼ばれます。その人は三つの状態すべてにおいて「プラジニャーナム prajñānam」（完全な知識）なのです。それでも眠りの状態が特別の意義を持つのは、彼が「プラジニャーナガナ prajñānaghana」（知識に満ちた状態）にあるからです。

「ガナ」とは何でしょうか?　そこにはジニャーナとヴィジニャーナ（相対的知識）があり、それらはあらゆる知覚においてともに作用します。目覚めの状態におけるヴィジニャーナは誤った知識、つまり無知（アジニャーナ）であり、それは常に個人とともに存在しています。これが完全な知識となったとき、ブラフマンと呼ばれます。眠りの状態のように誤った知識が完全に不在のとき、彼は純粋なプラジニャーナとしてとどまります。それがプラジニャーナガナ（ただ知識だけが存在する状態）なのです。

『アイタレーヤ・ウパニシャド』[*2]は「プラジニャーナ（絶対的知識）、***q1*ヴィジニャーナ（相対的知識）**、アジニャーナ（無知）、サンジニャーナ（知覚、気づき）は、どれもみなブラフマンの名である」と述べています。知識だけでできている「それ」をどうやって体験できると言うのでしょう?　体験は常に相対的知識（ヴィジニャーナ）をともないます。だからこそ、プラジニャーナガナを体験するには、移行期における純粋な「私」をとらえなければならないのです。目覚めの状態の「私」は（対象と結びついているため）不純なものであり、そのような体験には向きません。それゆえ、移行期の純粋な「私」が用いられるのです。

どうやってこの純粋な「私」を認識するのでしょうか。『ヴィヴェーカ・チューダーマニ』は、「『それ』は常に知性の鞘《さや》（ヴィジニャーナマヤ・コーシャ）の中で輝いている」（ヴィジニャーナ・コーシェー・ヴィラサティヤジャスラム）と述べ、『トリプラ・ラハスャ』などの聖典は、「連続する二つのサンカルパ（想念、観念）の合間に純粋な『私』（アハム）は現れる」と述べています。

それゆえ純粋な『私』をとらえ、プラジニャーナガナを目標とするべきです。その試みの中にはヴリッティ（心の精神的機能）が存在しています。これらの方法はみなそれぞれふさわしい場と役割を持ちながら、同時に真我実現へと導いてゆくのです。

『ヴィヴェーカ・チューダーマニ』には、「純粋な真我は非実在（アサット）を超える、つまりアサットとは異なる」と述べられています。ここに言うアサットとは、目覚めにおいて（対象と結びついた）

＊**1目覚めの状態こそが本当の無知であり、眠りの状態は完全な知識なのです**：目覚めの状態のジーヴァは世界だけに気づいて真我に気づいていない。眠りの中のジーヴァは主体（私）も対象（世界）も知覚されない純粋な意識として存在している。それが完全な知識である。

＊**2『アイタレーヤ・ウパニシャド』は……**：語根学的に見れば、プラジニャーナは「無限の知識」、ヴィジニャーナは「特定の知識」、アジニャーナは「対象物の知識」、サンジニャーナは「完全な知識」。

汚《けが》れた「私」を意味しています。アサッドヴィラクシャナ（非実在とは別のもの）とは、サット、つまり眠りの状態における真我を意味しています。それは「サットともアサットとも異なったもの」として表されますが、どちらも同じことを意味しているのです。それはまた「すべてを見守る観照者」（アシェーシャ・サークシー）とも呼ばれています。

もし「それ」が純粋なものであるなら、どうして不純な「私」によって体験できると言うのでしょうか？　人は「幸せに眠った」と言います。幸福が彼の体験だったのです。さもなければ、どうして体験してもいないことについて語ることができるでしょうか？　真我が純粋であるなら、彼はどのようにして眠りの中で幸福を体験したのでしょうか？　今、その体験について語っているのは誰なのでしょう？それは無知な自己（ヴィジニャーナートマン）です。

その無知な自己が純粋な真我（プラジニャーナートマン）について語っているのです。どうしてでしょうか？　この無知な自己は眠りの中に存在していたのでしょうか？　眠りにおいて幸福を体験したと言う彼の言葉は、彼が眠りの中で存在していたことを推測させます。では、彼はどのような形で眠りの中に存在していたのでしょうか？　目覚めの状態と同じでないことは確かです。彼は非常に精妙な姿で、そこに存在していたのです。

非常に精妙な無知な自己が、マーヤー（幻影）の様態を用いて、幸福なプラジニャーナートマンを体験したのです。それはちょうど木の枝葉《えだは》の影の合間から月明かりをのぞき見るようなものです。

現在の目覚めの状態では明らかなヴィジニャーナートマンにとって、眠りの状態における精妙な姿のヴィジニャーナートマンは見知らぬ者のように見えます。

そもそも、なぜわれわれは眠りにおけるヴィジニャーナートマンの存在について推測すべきなのでしょうか？　幸福の体験を否定し去って、この推測のことなど忘れてしまうべきではないでしょうか？　いいえ、幸福の体験の事実を否定することはできません。なぜなら、誰もが心地よい眠りを楽しむために、良いベッドを準備するからです。

これらのことから、「目覚め、夢見、眠りという三つの状態すべての中には、認識する者、認識、認識されるものが存在する」と結論づけることができます。ただ、それぞれの状態におけるそれらの精妙さに違いはあります。移行期における「私」（アハム）は純粋です。なぜなら、「これ」（イダム）は抑えられてまだ現れず、「私」が優占しているからです。

なぜその純粋な「私」は、今この瞬間に認識されないのでしょうか？　なぜわれわれはそれを想い出そうとさえしないのでしょうか？　なぜなら、それを知ろうとする意志が欠けているからです。もしそれに意識を向けさえすれば、それは認識されるでしょう。

それゆえ、努力をして意識的にそれを達成すべきなのです。

対話315

従者の一人が尋ねた。「シュリー・バガヴァーンは幻影と実在が同じものだと言われます。どうしてでしょうか?」

マハルシ　タントラ派やその類《たぐい》の学派は、正しく理解することもなしにシュリー・シャンカラの哲学を*マーヤー・ヴァーダだとして批判しました。実際には、彼は何と言っているでしょうか?

彼はこう言っています。

(1)ブラフマンは実在である、(2)宇宙は幻影である、そして(3)ブラフマンは宇宙である。

彼は二番目の声明で止まらず、三番目の声明によって二番目を補足しました。それは何を意味するのでしょうか?　宇宙がブラフマンから分離したものとして見なされたとき、それは誤った認識なのです。反論者たちはシュリー・シャンカラの*q1***ロープと蛇の説明**（ラッジュ・サルパ）を指摘して批判しました。この説明の中の蛇は「真理の上に押し重ねられた偽り」でしかなく、ロープが真実であることが知られたとき、蛇という幻影は完全に取り除かれます。そこには何の条件もありません。

しかし反論者たちはシュリー・シャンカラの*q2***蜃気楼の水による説明**（マルマリーチカー、あるいはムリガトリシュナー）も考慮に入れるべきです。なぜなら、これも「真理の上に押し重ねられた偽り」という説明ですが、それには条件がともなっているからです。その条件とは、「蜃気楼はそれが蜃気楼だと知った後でさえ消え去ることはないが、たとえ蜃気楼が目に見えても、人は水を求めてそこへ行くことはない」というものです。シュリー・シャンカラの哲学は、この両方の説明を考慮に入れて理解されるべきです。世界は幻影（架空）ですが、たとえそれを知った後でさえ、世界は現れ続けます。世界はブラフマンであって、ブラフマンから離れたものではないということが知られるべきなのです。

もし世界が現れると言うなら、いったい誰にとって現れるのか、と彼は尋ねます。あなたは何と答えるでしょうか？　「真我」だと答えるべきです。さもなければ、認識する真我なしに世界が現れるでしょうか？　それゆえ、真我が実在なのです。それがシュリー・シャンカラの結論です。現象は、真我として見られたときは実在であり、真我から離れたものとして見られたときは幻影（架空）なのです。

それでは、タントラ派や他の宗派は何と言っているでしょうか？　彼らは、現象世界は実在であると言います。なぜなら、それは実在の中に現れた実在の部分だからです。

この二つの声明は同じことではないでしょうか？　だから私は実在と幻影が一つであり、同じものだと言うのです。

シュリー・シャンカラの反論者は続けます。「条件のある幻影と条件のない幻影、その二つを考慮してみると、蜃気楼の水は純粋な幻影である。なぜなら、その水は何の目的にも使うことができないからだ。一方、世界という現象は目的のあるものだ。だとすれば、なぜその二つが等しいと言えるだろうか」と。

しかし目的や意味を持っていることが、現象世界を実在だと見なす理由にはなりえません。夢の例を

＊マーヤー・ヴァーダ：すべてはブラフマンの上に投影された現れでしかないという「幻影の理論」。

とってみなさい。夢の中の創造物は目的を持っています。夢の中での喉の渇きは、夢の中の水が癒すため、それは夢の中での目的に仕えるのです。しかし夢の中の世界は目覚めの世界とは異なり、目覚めにおける世界は他の二つの状態と異なります。継続しないものは実在ではありえません。もし実在なら、それは常に実在であるはずであって、あるときは実在でも、他のときは実在ではないということはありえないからです。

魔法のような創造物もまたそれと同じことです。実在するようには見えても、それらはやはり幻影でしかありません。

同様に、宇宙は根底に在る実在を離れて、それ自体としては実在ではありえないのです。

対話316

マハルシ　映画のスクリーンの上に炎が映っています。それはスクリーンを燃やすでしょうか？　滝が流れています。それがスクリーンを濡らすでしょうか？　大工道具があります。それらがスクリーンを傷つけるでしょうか？

それゆえ、***q1*****アッチェーディヨーヤン、アダーヒョーヤン、アクレーディヨーヤム**「魂は断ち切られず、火に焼かれず、水に濡らされず、風に乾かされない」などと言われるのです。火や水などは、ブラフマンというスクリーンの上に現れた現象であって、それらがブラフマンに影響を与えることはないからです。

1937年1月6日

対話317

パルキ氏　ここを訪れる多くの人たちが、あなたからヴィジョンや想念の流れを受け取っていると私に語っています。

私がここに来てすでに一ヶ月半が経ちましたが、まったくそのような体験の兆《きざ》しがありません。それは私があなたの恩寵を受けるに値しないということなのでしょうか？　もしそうなら、遠く海外から来られた方たちがあなたの恩寵を受けているというのに、ヴァシシュタクロートパンナ（聖者ヴァシシュタの法系）である私が、あなたの恩寵を受けられずにいるのは実に恥ずべきことです。この不名誉を拭《ぬぐ》い去るために罪を贖《あがな》う方法を授けてくださいますか？

マハルシ　ヴィジョンや想念の流れは心の状態に依存します。それは個人によるもので、普遍の存在によるものではありません。そのうえ、そのようなことは問題ではありません。問題は心の平安なのです。

質問者　心の平安はトランス状態の結果です。どうすればトランス状態が得られるのでしょうか？

マハルシ　トランス状態とは想念の不在に他なりません。その状態は眠りの中にあります。あなたにはそのような永続的な心の平安がありますか？

質問者　アーシュラマムが発行する季刊誌には、トランス状態が必要であると書かれてありました。

マハルシ　トランス状態は何か新たに得るようなものではありません。あなたの自然な状態がトランス状態なのです。

質問者　しかし私にはそれが感じられないのです。

マハルシ　真実に反することをあなたが信じているということが障害なのです。

質問者　私はまだ真我を実現していないので、トランス状態が私の永久的な状態だということがどうしても理解できないのです。

マハルシ　それでは単に同じ答えを繰り返しているだけです。それが障害なのです。真我でないものをあなただと信じているため、このような考えが起こるのです。それは間違いです。非真我を真我と見なすのをやめなさい。そうすれば真我は明らかになるでしょう。

質問者　理論的には理解できても、実際にはわからないのです。

マハルシ　「自己を実現できないと語る自己」という二人の自己がそこに存在するわけではないのです。

質問者　それでも私にはまだ理論的にしか理解できません。どうすればトランス状態に入れるのでしょうか？

マハルシ　トランス状態は単に一時的なものでしかありません。それが続いているかぎりは幸福感もあるでしょうが、それから出たとたん、古いヴァーサナーが戻ってきます。サハジャ・サマーディ（努力のない自然なサマーディ）によってヴァーサナーが破壊されないかぎり、トランス状態は無益です。

質問者　それでもサハジャ・サマーディの前にトランス状態が起こらなければならないのではありま

せんか？

マハルシ　トランスとは自然な状態です。たとえ活動や現象が起こっていても、トランス状態が妨げられることはありません。活動や現象が真我から離れて起こるものではないということを悟ったとき、真我は実現されます。永続的な心の平安が得られないのであれば、トランス状態に何の益があると言うのでしょう？　何が起こっていようと、たった今でさえあなたはトランス状態に在るのです。ただそれだけです。

質問者　しかし私はどうすればよいのでしょうか？

ある学者が言葉を挟んだ。***q1*****ヤトー・ヴァーチョー・ニヴァルタンテー・アプラーピャ・マナサー・サハ**「心も言葉もそこに届くことはできない」

質問者は言い返した。マナサイヴァ・アープタッヴャン「ただ心だけが実現を可能にする」（『カタ・ウパニシャッド』）とも言われています。

マハルシ　そうです。純粋な心、つまり想念から自由になった心が真我です。純粋な心は不純な心の彼方《かなた》にあるのです。

質問者　霊妙な「見る者」の極めて霊妙な知性によって見られるのです。

マハルシ　心についてもそれと同様です。

質問者　もしトランス状態が私の自然な状態なら、どうして実現の前にトランス状態が必要だと言われるのでしょうか？

マハルシ　それはつまり永遠のトランス状態に気づくべきであるということを意味しています。それに注意を与えないことが無知なのです。 ***q2*****プラマードー・ヴァーイ・ムリティユ**「不注意は死である」

質問者　先にトランス状態に入らないで、どうして注意深くいられると言うのでしょうか？

マハルシ　いいでしょう。それほどあなたがトランス状態に入りたいと言うなら、麻薬を取ればいいのです。その場合、麻薬中毒がその結果であって、解脱ではありません。トランス状態の中でさえヴァーサナーは潜在的な状態で存在しています。そのヴァーサナーが破壊されなければならないのです。

別の質問者　ヴァーサナーが完全に破壊される前でも真我実現は起こりえるのでしょうか？

マハルシ　二種類のヴァーサナーがあります。

(1)バンダ・ヘートゥ（無知な人に束縛を与えるヴァーサナー）と

(2)ボーガ・ヘートゥ（賢者に楽しみを与えるヴァーサナー）です。

後者は実現の障害とはなりません。

質問者　ヴァーマデーヴァやジャダ・バラタのような真我実現した人は転生するのでしょうか？

マハルシ　実現した人にとって再誕生は不可能です。再誕生は束縛を生み出すヴァーサナーによって起こります。しかし真我実現とともにヴァーサナーは破壊されるのです。

質問者　ということは、彼らはサハジャ・ニルヴィカルパではなく、ケーヴァラ・ニルヴィカルパの状態にあったと考えるべきなのでしょうか？

マハルシ　そのとおりです。

質問者　もし享楽を与えるヴァーサナーが実現を妨げないなら、そして至福の境地を乱されずにこの世の出来事を見ることができるというなら、束縛をもたらすのは執着心だけだということでしょうか？

マハルシ　まったくそのとおり。執着心が束縛なのです。自我が消滅すれば、執着心は消え去ります。

質問者　真我はグルの恩寵によって実現されると言われています。

マハルシ　グルとは他でもない真我なのです。

質問者　クリシュナにはサーンディーピニというグルが、ラーマにはヴァシシュタというグルがいました。

マハルシ　探究者にとってグルは外側に現れます。グルによって心は内面へと向かいます。探究者の心は外側へと向かう傾向にあるため、グルから学ばなければならないと言われるのです。機が熟せば、弟子はグルが真我であることを悟るでしょう。

質問者　グルの恩寵をいただけるでしょうか？

マハルシ　恩寵は常にそこにあります。

質問者　しかし私にはそう感じられません。

マハルシ　明け渡すことによって、恩寵を理解するようになるでしょう。

質問者　私は心も魂も明け渡したのです。私のハートのことは私自身が一番よく知っています。それでも、恩寵を感じられないのです。

マハルシ　あなたが明け渡したなら、質問は起こらなかったでしょう。

質問者　私は明け渡しました。それでも質問は起こるのです。

マハルシ　恩寵は変わることなくそこにあります。変わるのはあなたの判断なのです。それ以外のどこに誤りがあるでしょうか？

質問者　私自身を明け渡せるようにさせてください。

マハルシ　ターユマーナヴァルはこう言っています。「あなたはこれほどまで私に議論をさせてくださったうえ、あなたの御言葉にしたがわさせてくださったのです。ああ、あなたに讃えあらん！」と。

1937年1月7日

対話318

ヒンドゥー教徒の紳士が尋ねた。「どうすれば死の恐怖を克服できるでしょうか？」

マハルシ　死について考える前に、あなたが生まれたのかどうかを見いだしなさい。生まれた者だけが死ぬことができるのです。眠っているときでさえ、あなたは死んだのと同じ状態にいます。死ぬことに何の恐怖があると言うのでしょう？

質問者　私たちは眠りの中ではどのような状態にいるのでしょうか？

マハルシ　その質問は眠りの中で尋ねなさい。眠りの体験を想い出すのは目覚めているときだけです。「私は幸せに眠った」と言いながら、あなたはその状態を想い出すのです。

質問者　私たちはどのような媒介を用いてその状態を体験するのでしょうか？

マハルシ　それは目覚めと夢見の状態で私たちが通常用いているアンタハカラナ（内的器官、思考機能）に相応してマーヤーカラナと呼ばれています。眠りの状態におけるアーナンダートマン（至福の真我）が目覚めの状態ではヴィジニャーナートマン（相対的知識を持つ自己）と呼ばれるように、同じ媒介が異なった状態では異なった名前で呼ばれているのです。

質問者　マーヤーカラナがアーナンダを体験することについてご説明ください。

マハルシ　どうすれば「私は幸せに眠った」と言うことができるのでしょうか？　あなたの幸福は体験によって証明されるのです。眠りの体験がなければ、目覚めたときその記憶もありえないはずです。

質問者　そのとおりです。それでも、どうかご説明ください。

マハルシ　どうやってそれを描写できると言うのでしょう？　水に沈んだ物を取り戻すために潜っても、その体験について語れるのは水から出た後だけです。水中に潜っている間は言葉を発することができないからです。

質問者　眠りの中では恐れを感じませんが、今はそれを感じます。

マハルシ　ドヴィティーヤードヴァイ・バヤン・バヴァティ「いつであれ『二』という感覚があるとき、そこに恐れが生ずる」（『ブリハダーラニャカ・ウパニシャッド』第一巻四章二節）――恐れは常に「他の存在」に関するものです。何について恐れると言うのですか？

質問者　身体、感覚、世界、イーシュヴァラ、行為者という感覚、快楽などを知覚することです。

マハルシ　なぜ恐れをもたらすものを見ようとするのですか？

質問者　なぜなら、避けようがないからです。

マハルシ　それを見るのはあなたなのです。誰にとっての恐れでしょうか？　それらにとってですか？

質問者　私にとってです。

マハルシ　あなたが見るから、それらを恐れるのです。見るのをやめなさい。そうすれば恐れは消えるでしょう。

質問者　それでは、目覚めの状態では何をすべきなのでしょうか？

マハルシ　真我として在りなさい。そこには、あなたに恐れを起こさせる他者はいないのです。

質問者　なるほど、今理解できました。もし私が真我を見るなら、非真我を見ることはなく、そこには幸福があるということです。しかしまだ死の恐怖があります。

マハルシ　生まれた人だけが死ななければならないのです。死があなたを脅《おびや》かせるには、あなたは生まれていなければなりません。あなたが本当に生まれたのかどうか見てごらんなさい。

対話319

ゴアから来たヒンドゥー教徒のシュリーダー氏が尋ねた。*q1*「**ヨーガハ・カルマス・カウシャラム（ヨーガは行為における技《わざ》）**だと言われています。どうすればその技を得られるでしょうか？」

マハルシ　結果を気にせずに行為しなさい。「自分は行為者である」と思ってはいけません。仕事を神に捧げなさい。それが技であり、それを手に入れる方法でもあるのです。

質問者　*q2***サマットヴァン・ヨーガ・ウッチャテー（平静がヨーガである）**。その平静とは何でしょうか？

マハルシ　それは多様性の中の単一性《ユニティ》です。現在、宇宙は多様であると観られています。あらゆる物事の中に共通の要素を見なさい。そうすれば、おのずと相対性の中に平等を見るようになるでしょう。しかし一般に平静と呼ばれているのは後者のほうです。

質問者　どうすれば多様性の中に共通の要素を見ることができるでしょうか？

マハルシ　「見る者」はただ一人です。それらは見る者なしには現れません。たとえ他のすべてが変化したとしても、見る者の中に変化はないのです。

ヨーガハ・カルマス・カウシャラム＝行為における技がヨーガである。

サマットヴァン・ヨーガ・ウッチャテー＝平静がヨーガである。

*q3***マーメーカン・シャラナン・ヴラジャ**＝ただ「私」に明け渡しなさい。

エーカメーヴァードヴィティーヤム＝一なるものだけが存在し、二は存在しない（『チャーンドーギャ・ウパニシャド』）。

これらの言葉はそれぞれカルマ、ヨーガ、バクティ、ジニャーナを表し、しかも同じ意味を持っています。それらは一つの真理を異なった相において表現しているのです。

エーカナート・ラーオ氏が尋ねた。「そのためには恩寵が必要なのでしょうか？」

マハルシ　そうです。

質問者　どうすれば神の恩寵を得られるでしょうか？

マハルシ　明け渡すことによってです。

質問者　それでもまだ私には恩寵を感じられないのです。

マハルシ　誠実さが欠かせません。明け渡しは言葉の上だけだったり、条件をともなったりしてはならないのです。

ここで、これらの言葉を説明するジャスティニアンという聖者の一句が読み上げられた。

「祈りは言葉の上だけのものではありません。それはハートから表れるものです。ハートに融け入ること、それが祈りであり、また恩寵でもあるのです」

アルヴァールはこう語っています。「私はあなたをずっと探し求めていました。しかし真我を実現して、あなたが真我であることを見いだしました。真我は私のすべてです。ですから、あなたは私のすべてなのです」

質問者　限定や無知や欲望（アナヴァ、マーイカ、カーミヤ）といった不純性が瞑想の障害となっています。どうすればそれらを克服できるでしょうか？

マハルシ　影響を受けないことです。

質問者　恩寵が必要なのです。

マハルシ　そうです。恩寵は始まりであり、終わりでもあるのです。内面に向かうことは恩寵のおかげです。忍耐も恩寵であり、実現も恩寵です。それがマーメーカン・シャラナン・ヴラジャ「ただ『私』に明け渡しなさい」という言葉の理由です。もしも自分自身を完全に明け渡したなら、どこに恩寵を求める人が残っているでしょうか？　彼は恩寵の中に飲み込まれてしまったのです。

質問者　障害はとても強力なため、瞑想を妨げるのです。

マハルシ　高次の力を認め、それに明け渡したなら、あなたを妨げるようなものがどこにあると言うのでしょうか？　それでもあなたが「障害は強力だ」と言うのなら、その力の源をとらえなさい。そうすれば、それらがあなたを妨げることはなくなるでしょう。

対話320

普段の会話の中で、シュリー・バガヴァーンはこう語った。「真我実現は用意の調《ととの》った人だけに可能なものです。叡知（ジニャーナ）が現れる前に、ヴァーサナーが消滅しなければなりません。そのためには、人はジャナカ王のようにならなければなりません。真理のためにすべてを犠牲にする用意がなければならないのです。完全な放棄が用意の調ったしるしなのです」

対話321

質問者　目覚めの状態（ジャーグラト）には不幸が現れます。なぜでしょうか？

マハルシ　もしあなたが自分の真我を見るなら、不幸は現れないでしょう。

質問者　自分とは誰かを見ようとして内面に向かうのですが、何も見つからないのです。

マハルシ　眠りの中のあなたはどのような状態にいましたか？　そこに「私」という想念はなく、あなたは幸せだったのです。一方、目覚めの状態では「私」という想念が立ち現れるとともにさまざまな想念が開花します。そしてそれが本来の幸福を覆い隠してしまうのです。

幸福の妨げとなる想念を取り払いなさい。眠りの中で明らかなように、幸福はあなたの自然な状態なのです。

質問者　眠りの体験のことを私は何も知らないのです。

マハルシ　それでも、あなたはそれが幸福なものであったことを知っています。さもなければ、「私は幸せに眠った」とは言わないでしょう。

想念も、「私」も、何もなく、ただあなただけが存在しているとき、あなたは幸福なのです。それが真理の全体像です。

これこそが偉大な確言（マハーヴァーキャ）の*q1*「**汝それなり**」（**タットヴァマシ**）が示していることです。あなたの真我を見いだしなさい。そうすれば「それ」は知られるでしょう。

質問者 ブラフマンとはどのようなものでしょうか？

マハルシ あなた自身を知らずして、どうしてブラフマンについて知ろうとするのですか？ 聖典は「汝それなり」と言います。真我はあなたにとって親密なものです。

実際、真我なしにあなたが存在することはできないのです。真我を実現しなさい。それがブラフマンを実現することでもあるのです。

質問者 しかし私には不可能です。真我を実現するには、私は弱すぎるのです。

マハルシ その場合は、あなた自身を無条件に明け渡しなさい。そうすれば、高次の力がそれ自体を顕《あら》わにするでしょう。

質問者 無条件の明け渡しとはどのようなものでしょうか？

マハルシ もし自己を明け渡したならば、質問をする人も考えることもなくなります。すべての想念は、根本的想念である「私」をとらえ続けることで、あるいは至高の力に自己を無条件に明け渡すことで、消滅させることができます。真我を実現するには、この二つの方法しかないのです。

対話322

有名なマドラスの弁護士の娘で教養ある女性が尋ねた。「あなたが言われるように、想念から自由になるには何をすべきでしょうか？　ただ『私は誰か？』という探究だけが必要なのでしょうか？」

マハルシ　ただ静かにしていなさい。そうして、何が起こるか見てみなさい。

質問者　それは不可能です。

マハルシ　そのとおりです。それゆえ、「私は誰か？」という問いが奨励されるのです。

質問者　「私は誰か？」と尋ねても、内側から何の反応もないのです。

マハルシ　いったいどのような反応を期待すると言うのでしょう？　あなたはそこにいないと言うのでしょうか？　それ以上何を求めると言うのでしょう？

質問者　想念がとめどなく湧き起こってくるのです。

マハルシ　そのときその場で「私は誰か？」と尋ねなさい。

質問者　一つひとつ想念が湧き起こるたびにそうするべきなのですか？　いったいこの世界は私たちの想念だけでできているのでしょうか？

マハルシ　その質問は世界に尋ねさせなさい。世界に「いったいどうやって私は存在を現したのか？」と尋ねさせればいいのです。

質問者　つまり世界は私と何の関わりもないということでしょうか？

マハルシ　深い眠りの中では何一つ知覚されません。目覚めて初めてこれらが見られるのです。想念が起こった後にのみ、世界は現れます。だとすれば、それが想念以外の何だと言うのでしょう？

別の質問者　心を静かにさせるためには何をすべきでしょうか？

マハルシ　まず心をつかまえて、ここに差し出してごらんなさい。その後で、それをどう静かにさせるかという方法を考えることもできるでしょう。

質問者　私が言いたかったことは、それが絶え間なく変化するものだということです。たとえジャパをしてもそうなのです。

マハルシ　ジャパは心を静めるためにあるのです。

質問者　そのためには、どのジャパがよいでしょうか？

マハルシ　ガーヤトリーなど、どれでもあなたに適したものを。

質問者　ガーヤトリーでよいのでしょうか？

マハルシ　それよりも優れたジャパがあるでしょうか？　それをできない人だけが、他のジャパを選ぶのです。ガーヤトリーは真理の全領域を包括しています。ジャパ（称名）はディヤーナ（瞑想）へと導きます。それが真我実現への手段です。

質問者　一日に半時間ほどのジャパでよいでしょうか？

マハルシ　それは常に唱えられるべきです。それが無理ならば、できるかぎりの時間唱えなさい。

対話323

シュリー・バガヴァーンは『アルナーチャラ・アシュタカム』（アルナーチャラを讃える八連の詩）の第五、六頌を説明した。

第五頌

宝石を繋ぎ合わせるネックレスの糸のように、
あらゆる生き物とさまざまな宗教のすべてを貫き通し、
一つにまとめているのは「あなた[*1]」である。
磨かれた宝石のように、純粋な心という砥石《といし》で不純な心が研ぎ澄まされれば、
欠陥や瑕《きず》は消え去り、外側の事物に影響されずとも輝くルビーのように、
心はあなたの恩寵の光を映し出すだろう。
ひとたび陽の光に露出された感光板に像《イメージ》を映すことが可能だろうか。
ああ、眩《まばゆ》く輝く慈悲深きアルナの丘よ！
あなたから離れて存在するものなどあるだろうか。

第六頌

あなたは自ら輝くハートとして永遠に気づき続ける一なる実在。

あなたの内には神秘《シャクティ》の力が宿る。
その力から、潜在していた微細な暗黒の霧を放つ小さな点（自我）が現れ出す。
それはあなたの意識の光に照らされて、
内面でプラーラブダの渦の中を旋回するかのように霧の上に反映される。
後にそれは精神的世界へと展開し、それから外面に物理的世界として投映され、
外向的な感覚器官によって拡大されて、映画のように活動する現実の物事へと姿を変えるのだ。
目に見えるものであれ見えないものであれ、
ああ、恩寵の丘よ、あなたなしではそれらも無に等しい！

それから、シュリー・バガヴァーンは次のように語った。

マハルシ　第五頌の最後の言葉は「あなた（真我であるアルナーチャラ）から離れて存在するものなどあるだろうか？」という問いで終わっています。そして第六頌の最初の言葉では「あなたは自ら輝くハートとして永遠に気づき続ける唯一の実在」であると答えています。そして、「唯一の実在ではあるが、それはその驚くべき力によって、（無知あるいは潜在的傾向の集まりとしても知られる）『私』という小

＊１**「あなた」**：『アルナーチャラ・アシュタカム』はマハルシ作のアルナーチャラに捧げられた賛歌。マハルシはこの詩の中で、グルであるアルナーチャラに対して「あなた」と呼びかけている。

さな点（自我）の上に反映される。この反映された光とは相対的知識のことである」という言葉が続きます。

　この反映された光は、プラーラブダ（現世で実を結んだ過去のカルマ）にしたがって、内なる潜在的傾向を粗大な世界として外側に現し、再びその粗大な外的世界を精妙な潜在的傾向として内側に引き入れます。そのような力は、精妙な次元では心と呼ばれ、物理的な次元では脳と呼ばれています。この心あるいは脳は、「永遠の一なる存在」の拡大鏡として働き、その力を「拡大された宇宙」として見せるのです。

　心は目覚めと夢見の状態では外向的で、眠りの状態では内向的です。「一なる至高の存在」は、目覚めと夢見の状態では心を媒介として多様化され、眠りや気絶の状態では内側に引き込まれるかのように見えます。しかしあなたは「それ」であり、「それ」以外の何ものでもないのです。たとえいかなる変化が起ころうとも、唯一の存在はあなた自身として在り続けます。あなたの真我以外に存在するものなど何もないからです。

　第五頌では、「ひとたび陽の光に露出された感光板に像《イメージ》を映すことは不可能だ」と述べています。同じように、（感光板である）心も「あなたの光」に照らし出された後で、世界を投映させることはもはやできません。その太陽とは「あなた」に他なりません。太陽光線が像の形成を阻《はば》むほど強力なものなら、「あなたの光」はいったいどれほど強力でしょう？　それゆえ、唯一の存在である「あなた」以外に存在するものはないと言われるのです。

第六頌にある「小さな点」とは自我（暗闇でできた小さな点）のことです。自我は心の潜在的傾向（ヴァーサナー）と主体である「見る者」で構成されています。その自我は立ち現れるとともにそれ自体を見られるもの、対象、あるいはアンタハカラナ（内的器官、思考機能）として拡大させます。

自我が立ち現れるためには、薄暗い光を必要とします。日中の溢《あふ》れる光の中では、ロープが蛇のように見えることはありません。真っ暗闇の中では、ロープ自体が目に見えないため、それを蛇と見間違えることもありません。夕暮れの薄暗い光の中、あるいは光が翳《かげ》りを見せたとき、あるいは暗闇の中をほのかな光が照らしたときにだけ、ロープを蛇と見間違える可能性があるのです。

それと同じように、「純粋な輝く存在」が自我として立ち現れるのは、その光が暗闇の中に拡散されたときにのみ可能です。この暗闇は原初の無知（原罪）として知られています。この暗闇を通り抜ける光は「投射された光」と呼ばれます。投射された光はその美徳ゆえに「純粋な心」、あるいはイーシュヴァラ、あるいは神として知られています。イーシュヴァラが「マーヤー」と一つであることは周知の事実です。つまり「投射された光」とはイーシュヴァラのことなのです。

もう一つの「純粋な心」という名前は、そこに不純な心もあるということを暗示しています。不純な心とは活動的な心（ラージャシック）、あるいは自我のことです。これももう一つの反映を通して「純粋な心（サートトヴィック）」から投影されたものでしかありません。それゆえ、自我は第二の暗闇である無知の産物です。それからアンタハカラナ（内的器官）という形のターマシック（不活発）な心が立ち現れ、それが世界として現れます。

粗大な身体の視点からすれば、「投射された光」は脳という媒介によって世界として外的に輝くものと言えるでしょう。

しかし粗大な身体は心でできたものでしかありません。心とは四[*2]つの内的器官、あるいは想念から成る基本原理、あるいは第六感、あるいは自我と知性を組み合わせたもの、または記憶機能と思考機能を組み合わせたものと言えるでしょう。あるいは自我と心という二つの部分で構成されているとも言えるでしょう。後者の場合、ヴィジニャーナートマン（知的自己）、あるいは自我、あるいは「見る者」が主体を成し、精神的な鞘、あるいは「見られるもの」が対象を成しています。

目覚め、夢見、眠りの状態は、原初の暗闇（ムーラ・アヴィディヤー）をその起源としています。

心は目覚めと夢見の状態では外側へと向かって体験を得、眠りの状態では内側へと引き込まれます。このように心は個人と宇宙のすべての活動を司《つかさど》る類《たぐい》なき力、マーヤー（幻影）を体験するのです。しかしこれらすべては真我という輝く存在の基盤の上に投映された、移り過ぎゆく現象でしかありません。

日中の溢れる光の中では、ロープが蛇に見えることはなく、真っ暗闇の中では、ロープ自体が目に見えないように、輝く真我である純粋な存在というサマーディの境地では世界は現れず、深い眠りや気絶でも世界は現れません。光と闇が同時に存在している、あるいは知識が無知によって汚されている状態が反映された光です。その反映された光の中でのみ、世界は現れ、拡大し、消え去るかのように見えます。世界はその源から独立してはいません。そしてその多様性も、原初の源である実在から分離して存在することはできないのです。

ここでは「一なる存在」が多様化し、対象化され、そして内側へと引き込まれてゆくという劇《ドラマ》が起こり続けています。そこにはそれを可能にするシャクティ（力）があります。そしてそれは素晴らしい力です！　彼女《シャクティ》もまた彼女が生まれ出た源から独立して存在することはできません。輝く真我という純粋な存在の中では、このシャクティは目に見えません。それにもかかわらず、彼女の活動はあまりにもよく知られています。何と崇高な働きでしょう！

彼女《シャクティ》の崇高な原初の活動（力の波動）から、サットヴァに満ちた反映が現れます。それからラージャシックな自我が現れ、それから拡大鏡のレンズに相当する光、あるいは一般には知識として知られるターマシックな想念形態が現れます。映写機の光がレンズを通してスクリーンに投射されるように、投射された光は想念（拡大鏡）を通して世界として展開します。種子の状態にあった世界という想念が、外的な世界として現れるのです。これが彼女《シャクティ》の驚くべき力です！　このように、イーシュヴァラ神、個人、世界は、真我として輝く「一なる存在」を根底にし、その上に反映された光でしかないのです。

＊2四つの内的器官：内的器官（アンタハカラナ）はマナス（思考）、ブッディ（知性）、チッタム（記憶）、アハンカーラ（自我）から成る。心、思考機能のこと。

では、この「私」という想念（自我）とはいったい何なのでしょうか？　それはその成り立ちにおいて主体なのでしょうか、対象なのでしょうか？　目覚めと夢見の状態の中であらゆる対象物を観照するという事実からすれば、「私」という想念は主体と見なされるに違いありません。しかしながら、純粋な真我に目覚めたとき、それは対象でしかないことがわかるのです。

この「私」という想念（自我）はいったい誰の想念なのでしょうか？　ヴィチャーラはこの探究をもとに成り立っています。

「私」という想念も「これ」という想念も、ともに同じ光から放たれたものです。それらはそれぞれラジョー・グナとタモー・グナに関連しています。ラジャスとタマスから自由になったサットヴァ（純粋性）である「投射された光」を得るためには、「これ」という想念に妨げられない「私―私」が輝き出さなければなりません。この純粋な状態は、眠りと目覚めの状態の間に一時的に現れます。もしこの状態が長引けば、それは宇宙意識、イーシュヴァラ神として認識されます。これが至高の存在として輝く真我を実現する唯一の道です。

目覚めてから、「私は幸せに眠った。まったく何にも気づかなかった」と言って想い返す深い眠りの状態には二つの体験があります。それは幸福の体験と無知の体験です。このことから、私たちは「力」（シャクティ）が(1)アーヴァラナ（真我を覆い隠すもの）と(2)ヴィクシェーパ（多様性）として姿を変えることを知ります。心はヴィクシェーパによって生じるのです。

1937年1月10日

回想録

対話324

(1)スカンダアシュラマムに滞在していたとき、シュリー・バガヴァーンは一匹の白いヒキガエルを見た。その体は小さく長めで、彼から三メートルほど離れたところにいた。シュリー・バガヴァーンはそれを見つめ、それもシュリー・バガヴァーンを見つめ返した。すると、それは突然三メートルのジャンプをして、真っ直ぐシュリー・バガヴァーンの片目に飛びついたのだった。彼はすぐに目を閉じたので怪我はなかった。

(2)当時、そこには二羽の孔雀がいて、誇らしげに尾を扇のように広げながら歩き回っていた。すると、そこにいた一匹のコブラも頭をもたげ、頸部《けいぶ》を広げながら孔雀たちと一緒に遊戯に加わったものだった。

(3)あるとき、一羽の孔雀が緑色のトカゲを見ると、いきなり真っ直ぐそれに向かって行き、おとなしくトカゲの前に首を下ろして差し出した。するとトカゲは首に噛み付いて孔雀を殺してしまった。

(4)ランガスワミ・アイヤール氏が丘の上にいたとき、偶然、豹《ひょう》が近くにいた。彼が石を投げつけると、豹は彼に向かって跳びかかってきた。彼はあわてて命からがら逃げ出した。山道の途中で彼に出会ったシュリー・バガヴァーンは、「何があったのですか?」と尋ねたのだが、彼はただ「豹!」

と叫んだまま走り去って行った。シュリー・バガヴァーンは豹のいる方向へ行ってみたが、もはや立ち去った後だった。これはペストが蔓延した年に起こったことだ。当時、豹は大寺院の横の道を、ときには数頭で自由にさ迷い歩いていたものだ。

(5) シュリー・バガヴァーンはこう語った。「カエルはよくヨーギーと比べられることがあります。それは首下の皮膚の中でリズミカルな脈の動きを保っているだけが生命の兆候で、それ以外は長い間静かにしています」

「カエルは非常に長い間動きを止めたままでいることができます。彼らはその間、舌を飲み込んだ状態でいると言われています。舌を飲み込むのはヨーガの修練の一つです。それによって生命の動きは停止されるのです。ヨーギーがそれによって死ぬということはありませんが、生命活動を取り戻すためには、他の人が彼の舌を引っぱり出さなければなりません。しかしカエルがどうやって他の助けも借りずに、すでに飲み込まれた舌を巻き戻して生命活動を回復するのかは実に驚くべきことです」

(6) 『ラグーヴィーラン』（マラヤラム語版の『ラーマーヤナ』）を読んでいるときに、「猿神ハヌマーンがランカーへと飛び立つとき、彼は身体的に島まで飛ぶ前に、心の中ですでに飛んでいたのだ」という文に行き当たった。シュリー・バガヴァーンは、ハヌマーンが身体的な行為よりも先に、心の中で目的を達成していたことを強調した。

1937年1月11日

(7)シュリー・バガヴァーンが次のような面白い逸話を語った。偉大なケーララ州の聖者エルータチャンは、あるとき数匹の魚を懐《ふところ》に隠したまま寺院の中に入った。エルータチャンに敵意を抱いていた人が、寺院にいる帰依者たちにそのことを告げたため、彼は探し出されて王のもとへと連れて行かれた。王は彼に尋ねた。「なぜあなたは魚を寺院の中に持ち込んだのか？」。エルータチャンは答えた。「それは私の過ちではありません。魚は私の服の中に隠してあったのです。それを寺院の中で露《あら》わにしたのは他の人たちです。それを露わにしたことが過ちなのです。大便でさえ、身体の中にあれば汚いものとは見なされません。排泄して初めて汚いものと見なされるのです。これも同じことです」

1937年1月12日

対話325

グントゥール郡から来たラーマ・シャーストリ氏は、シュリー・バガヴァーンを讃える八頌の詩をつくり、感情を込めてそれを詠い上げた。それから、彼は指導を仰いだ。「私は知識の道（ジニャーナ・マールガ）に適さない世俗の人間（サンサーリー）です。世俗の事柄が私を邪魔するのです。どうすればよいのか教えてください」

マハルシ　神のことを想いなさい。世俗の事柄が神を邪魔できるでしょうか？　あなたも世間も神の中に存在しているのです。

質問者　私はナーマ・スマラナ（神の名を唱えること）をすべきでしょうか？　どの名前を選ぶべきでしょうか？

マハルシ　あなたはラーマ・シャーストリです。その名を意味あるものにしなさい。ラーマと一つになりなさい。

1937年1月13日

対話326

　長い間アーシュラマムに滞在している従者の質問に、シュリー・バガヴァーンが答えた。

マハルシ　誰もが心の落ち着きのなさについて不平を訴えます。心を探し出してみなさい。そうすればわかるでしょう。確かに、瞑想で坐ったとたんに想念が溢れ来るということは真実です。心とは想念の束でしかありません。続けざまに起こる想念を押さえ込もうとしても成功は望めないでしょう。どのような方法であれ、真我の中にとどまることができるなら、それが最善です。

　そうすることのできない人には、マントラの詠唱や瞑想が指導されます。それは象の鼻に鎖を与えるようなものです。象の鼻はいつも落ち着きがありません。街中に連れて行かれるときなど、象はあちらこちらの方向に鼻を動かしながら歩きます。それでも、鎖を与えてやると鼻は落ち着きます。心の落ち着きのなさもまた同じことです。ジャパやディヤーナに従事していれば、他の想念を寄せつけることもなく、心は一つの想念に集中して穏やかになります。心の平和は長期にわたる奮闘努力なしには得られません。それゆえ、他の想念を追い払わなければならないのです。

もう一つの説明があります。一頭の牛が群れを離れてさ迷い出し、隣の牧場の草をこっそり食べていたとします。その牛の盗み食いの癖を直すのは容易なことではありません。牛を家畜小屋にとどまらせるには、どうすればよいでしょうか？　強制的に繋ぎ止めたとしても、牛は群れを離れる機会を待つばかりでしょう。おいしい干し草で家畜小屋に誘い込んだとして、一日目は一口食べたとしても、また機会を待って逃げ出すでしょう。しかし二日目は二口食べ、日に日により多く食べるようになっていくことで、牛は徐々に盗み食いの癖を離れていきます。悪癖が完全に消え去れば、牛は放し飼いにしても隣の牧場へとさ迷い出すことはなくなるでしょう。その後は、たとえ家畜小屋の中で叩かれたとしても、さ迷い出さなくなるのです。

心もこれと同様です。心は想念として表れた潜在的なヴァーサナーの力によって、外側へとさ迷い出すことが習慣となっています。ヴァーサナーが内側にあるかぎり、そのすべてが使い果たされるまでは外側へ出て行こうとするでしょう。想念が心を構成しています。「心とは何か？」と探究すれば、想念は退き、それが真我から立ち現れるものであることがわかるでしょう。私たちが心と呼んでいるものは想念の集まりです。想念は真我から起こるということを認識してその源にとどまれば、心は消え去るでしょう。心が消え去った後に、ひとたび平和の至福が体験されれば、現在想念を払い去ることが難しいのと同じように、想念を起こすことが難しいということを知るでしょう。この説明の中では、心は盗み食いをする牛であり、想念は隣の牧場です。そして家畜小屋は想念のない原初の存在状態を意味しています。

平和の至福は妨害されたくないものです。誰でもぐっすり眠っているときに叩き起こされて、仕事をしなさいと言われるのを嫌います。眠りの至福があまりにも素晴しいので、想念によって創り出された仕事のために、それを犠牲にする気にはなれないからです。無想の境地は人の原初の状態です。その境地を離れて考えごとだらけの不幸せな状態に悩まされるのは、何とも惨めなことではないでしょうか？

無想の境地にとどまることを望むなら、努力は避けられません。原初の状態を取り戻す前に、人は闘い通さなければならないのです。闘いに勝って目的を達成したなら、想念という敵はすべて真我の中に融け去って永遠に消え去るでしょう。想念が敵なのです。宇宙創造は想念ゆえに起こります。想念が存在しなければ、世界も、神も、創造者も存在しません。真我の至福はただ「存在」にのみあるのです。

プラハラーダがサマーディの境地に在ったとき、ヴィシュヌは一人想いました。「このアスラ（悪魔）がサマーディの境地に入ると、すべてのアスラが平和になり、戦いも、力の試練も、力の追求も、力を獲得しようとする手段もなくなってしまう。ヤーガ（儀式の供物）やヤグニャ（祭式、儀式）などといった力を獲得する手段がなければ、神々が栄えることもなくなる。新たな創造も起こらず、どんな存在も正当性を失ってしまうだろう。だから私は彼をサマーディから起こそう。そうすれば悪魔たちも立ち上がるだろう。彼らの本性も自然と現れ、神々はそれに戦いを挑むだろう。アスラや神々は力を得ようとして、力を獲得する手段を取るに違いない。そうすれば、ヤグニャなどの儀式が盛んになり、神々は栄えるのだ。そしてさらなる創造が、さらなる戦いが続くだろう。そうなれば、私も忙しくなるだろう」

ヴィシュヌはプラハラーダをサマーディの境地から目覚めさせると、彼に永遠の生命とジーヴァン・ムクティ（解脱）を授けて祝福を与えたのでした。こうしてデーヴァとアスラの戦いは再開され、すべてはかつてのようになり、宇宙は永遠の本性にしたがいながら続いていったのです。

質問者　どうして神ご自身が悪魔的な質を目覚めさせ、絶え間ない戦いをもたらしたのでしょうか？純粋な善が神の本性なのではないでしょうか？

マハルシ　善は相対的なものでしかないのです。善は常にそこに悪の存在があることを暗示しています。それらは他方の対として常に共存しているのです。

対話327

ホールにいた人たちはとても熱心に聞き入っていた。その内の一人でシュリー・バガヴァーンの誠実な帰依者は深い感銘を受け、間もなく自己という感覚を失った。後に、彼はこう語った。

「私はその『流れ』がどこから始まるのか、身体からか、それとも他の場所からか、としばらく不思議に思っていました。すると突然、私の身体は希薄になり、ついには消えてしまったのです。その間、『私は誰か?』という探究ははっきりと強烈に続いていました。そしてそこには『私―私』という音だけが続いていました。そこには広大な広がりだけがあり、他には何も存在していませんでした。ホールで起こっていることはぼんやりと見えていました。『ヴェーダ』の詠唱の後に、人々が立ち上がり手を合わせて敬意を表していたことは気づいていました。私も立ち上がろうとしたのですが、その想いはすぐに私を離れ、私はまた広大な広がりの中に融け去って行きました。その体験はシュリー・バガヴァーンの声を聞くまで続いていました。我に返るなり、私は立ち上がって手を合わせました。その奇妙な感覚は半時間ほど続きました。それを忘れることはできません。今でも私はその記憶にとりつかれているのです」

シュリー・バガヴァーンは彼の言葉を聞き、しばらくの間沈黙を保っていた。それから、いくつかの言葉が彼の唇から漏れた。

マハルシ　人は身体の外へと出て行くように感じるかもしれません。しかし身体自体は想念以上の何ものでもないのです。想念がなければ身体はありえません。身体が存在しなければ、外へ出たり内に入ったりするということもありません。しかし長い習慣ゆえに外側へ出て行くという感覚が起こるのです。

一粒の雹《ひょう》が海面に落ちると、溶け去って水となり、波や泡になります。同じように、精妙な知性もハートから小さな点（自我）として湧き起こり、膨れ上がって大きくなります。そして最後にはハートの中に融け入って、それと一つになるのです。

たとえミルクが海のように広がっていたとしても、あなたはそれを海ほど広い口で飲むことができるでしょうか？　細い乳管を通って乳首から出るミルクを飲む他にないのです。

ヴィシュヌ派の聖者、ナンマルヴァールは「あなたこそ私の真我です」と言いました。それはどういう意味でしょうか？　「真我を実現する前、私はあなた（神）を探し求めてさ迷い続けていました。真我を実現した今、私はあなたが私自身であることを知ったのです」。いったいこの言葉はどのように*（ヴィシュヌ派の）限定不二一元論（ヴィシシュタアドヴァイタ）の教義に当てはまるのでしょうか？それはこのように説明されるはずです。「私の真我を満たしながらも、あなた（神）は普遍の存在として在り続ける。それゆえ、私はあなたの身体の一部であり、あなたはその身体の所有者なのだ」と。

しかし身体を自分自身ではないものとして放棄した後に、どうして神の身体にならなければならないのでしょうか？　自分の身体が真我ではないなら、神の身体も真我ではないはずです。限定不二一元論の唱道者は、「至福を体験するには個我が必要だ」と考えています。それゆえ、個我、つまり「私」性

* **（ヴィシュヌ派の）限定不二一元論（ヴィシシュタアドヴァイタ）の教義**：彼らは、真我実現して神と合一した後も、至福を体験するために個人性は保たれると説く。そして死後にヴィシュヌ神の天上界に行き、そこでヴィシュヌ神の身体の一部として生き続けると主張する。限定不二一元論については、巻末の用語解説を参照されたい

は失われるべきではないと言うのです。真我は身体ではないのに、どうしてあなたの真我が神の身体になると言うのでしょう？　それは馬鹿げていないでしょうか？

もし神に明け渡したなら、あなたは自分自身を神に捧げ、彼のものとなったのです。あなたはもはやあなたのものではありません。もし神が身体を必要とすると言うのなら、神に自分で探させなさい。神が身体の所有者だと言う必要などないのです。

1937年1月17日

対話328

ヨーロッパから来た紳士が落ち着いた声で、静かにはっきりと語り始めた。「どうして個人はこの世の物事に巻き込まれ、悲惨な結果を招き入れるのでしょうか？　人々は自由になるべきではないでしょうか？　もし人々が霊的《スピリチュアル》な世界に入るなら、もっと自由になるでしょう」

マハルシ　世界は霊的なものです。あなたは自分を物質的な身体と同一視するため、この世は物質的で、あの世は霊的だと見なしています。しかし実際、存在するものはみな霊的でしかないのです。

質問者　身体を離れた魂、つまり霊魂はより深い洞察を得、大いなる自由を楽しむのではないでしょうか？

マハルシ　あなたは自分自身を身体と同一視しているため、身体を離れた魂が霊魂であると語ります。

このような限定から、あなたは身体を離れた魂の限定について語り、彼らの能力について知ろうとするのです。身体を離れた魂でさえ、微細身を持っています。さもなければ、あなたは「身体を離れた魂」とは呼ばないでしょう。「身体を離れた」とは「この粗大身を脱ぎ去った」という意味です。あなたが身体を離れた魂のことを個我と見なしているかぎり、彼らは微細身に宿るでしょう。彼らの限定は彼ら自身の状態によります。あなたが自分の限定に不自由さを感じているように、彼らもまた（微細な身体の中で）限定の不自由さを感じるのです。しかし私が語る霊と霊界は「絶対なる霊性」のことであって、相対的世界の霊魂のことではありません。もしあなた自身が霊性であることを悟ったなら、この世界が物質的ではなく霊的なものであることを知るでしょう。

質問者　死後の魂の身体は、私たちの身体のように一時的な存在なのでしょうか？　彼らは転生するのでしょうか？

マハルシ　このような質問が起こるのは、あなたが自分自身を身体と同一視しているからです。この身体には誕生と死があり、この身体が果てるとともに別の身体が現れます。それが転生と呼ばれるものです。しかしあなたは身体なのでしょうか？　もし自分が身体ではなく霊性であるということを悟れば、あなたは粗大身からも微細身からも自由になるでしょう。そうなれば、限定は消え去るのです。限定がないところに物理的な世界や霊的な世界があるでしょうか？　どうしてそこに転生という問題が起こりえるでしょうか？

別の観点から見てみなさい。あなたは夢の中で夢見の身体をつくり上げ、夢見の身体で行為します。目覚めの状態でも同じ偽りが起こるのです。現在、あなたは自分のことを夢見の身体ではなく、この身体だと見なしています。夢の中では、この目覚めの身体が夢見の身体につくり変えられます。わかるでしょうか？　つまりどちらの身体も実在ではないのです。なぜならどちらの身体も、あるときには真実でも別のときには偽りとなるからです。実在であるものは、永遠に実在でなければならないはずです。それでも、あなたは「私」と言います。この「私」という意識は三つの状態すべてを通して存在し、そこには何の変化もありません。ただ「それ」だけが実在であって、三つの状態は偽りです。それらはただ心にとってのみ現れます。心が自己の本性を見ることを妨げているのです。

あなたの真の本性は無限の霊性です。それがあなたの眠りの状態だったのです。目覚めと夢見の状態には限定があることに気づいたでしょう。その違いはなぜ起こったのでしょうか？　眠りの中に心は存在していませんでした。しかし目覚めと夢見の状態には心が存在しています。限定の感覚が現れるのは心の働きによるものです。心とは何でしょうか？　見いだしなさい。もし見いだそうとすれば、それはひとりでに消え去るでしょう。なぜなら、心は実在ではないからです。それは想念によって構成されています。想念が停止するとともに、心は消え去るのです。

質問者　そのとき私は残るのでしょうか？

マハルシ　あなたの眠りの体験ではどうだったでしょうか？　そこには想念も心も存在していませんで

した。それでも、あなたは存在し続けていたのです。

質問者　私が瞑想しようとすると、心がさ迷い出して思うように瞑想できません。どうすればよいのでしょうか？

マハルシ　その答えはあなたの質問の中にあります。まず質問の最初の部分ですが、「私は集中しようとするが成功しない」とあなたは言いました。この「私」とは自己のことです。何に集中するというのでしょうか？　どこに誤りがあるのでしょうか？　一人の自己がもう一人の自己に集中するというような二人の自己がそこにいるのでしょうか？　成功しないと不平を言っているのはどちらの自己でしょうか？二人の自己が存在するわけではありません。ただ真我だけが存在し、それは集中する必要がないのです。「それでは、なぜ幸福がないのでしょうか？」とあなたは尋ねます。眠りの中では、あなたは霊性として存在していました。それでは、今あなたが霊性として在ることを何が妨げているのでしょうか？あなた自身、さ迷い出す心がその原因であることを認めています。その心を探し出しなさい。もしさ迷い出すことが止まれば、心とは真我、つまり永遠の霊性である「私」という意識だということが見いだされるでしょう。それは知識も無知も超越しているのです。

質問者　私は仕事に忙しく、精神集中を修練する時間が取れません。何か助けとなる方法があるでしょうか？　呼吸の制御は良い助けとなるでしょうか？

マハルシ　プラーナ（呼吸、生気）と心は同じ源から起こります。呼吸を制すれば、あるいは心を探究すれば、源に達することができます。もし心の探究ができない場合は、間違いなく呼吸制御の方法が助けとなるでしょう。呼吸はその動きを見守ることによって統制されるのです。

もし心を見守れば、想念は止まります。その結果訪れる静寂、それがあなたの真の本性です。ジャナカ王は、「ついに私から『私』を奪い続けてきた泥棒（心）を捕まえたぞ。即刻死刑に処してくれよう！」と言いました。彼にとっては、想念による混乱が真我の平和を奪ったように見えたのです。混乱とは心のことです。それがやめば、心は逃げ去ります。そして真我は乱されることのない基盤として在り続けるのです。

別の質問者が言葉を挟んだ。「心が心を殺さなければならないのです」

マハルシ　そうです。もし心が存在するのであればですが。心を探究することが、それが存在しないことを顕わにするのです。どうして存在しないものを殺せると言うのでしょう？

質問者　心の中で唱えるジャパは、口で唱えるジャパよりも優れているのではありませんか？

マハルシ　口で唱えるジャパは音によって構成されています。音は想念から起こります。想念を言葉にして表す前に、人は考えなければならないからです。心は想念で成り立っています。それゆえ、心の中で唱えるジャパのほうが優れているのです。

質問者　ジャパについて黙想しながら、同時に声に出して唱えるべきではないでしょうか？

マハルシ　ジャパが心で唱えられるようになったなら、声に出す必要がどこにあるでしょうか？

ジャパが心で唱えられるようになれば、それは黙想となります。ディヤーナ（瞑想）、心で唱えられるジャパ、黙想はみな同じことを意味しています。想念がもはや煩雑《はんざつ》ではなくなり、他のすべてを除いた一つの想念だけに固執し続けるとき、それが黙想と呼ばれるのです。ジャパやディヤーナの目的は、他の想念を払い去り、一つの想いだけに心をとどめることです。そうすれば、その想いも絶対意識、つまり真我である源の中へと消え去るでしょう。心はジャパに没頭し、それからそれ自身の源へと沈みゆくのです。

質問者　心は脳から生じると言われています。

マハルシ　脳はどこにあるでしょうか？　それは身体の中です。私は「身体は心の投影にすぎない」と言います。脳について語るとき、あなたは身体のことを考えています。身体をつくり出し、その中に脳を置き、「脳が心の座だ」と主張するのは心なのです。

質問者　シュリー・バガヴァーンは著作の一つの中で、「ジャパの修練は、その源までたどらなければならない」と言われています。それは心を意味していたのではないでしょうか？

マハルシ　これらはみな心の仕業にすぎません。ジャパは心を一つの想念に固定させることを助けます。他のすべての想念は、まずその一つの想念に服従させられ、そうして消え去るのです。ジャパが心によって唱えられるようになったとき、それは瞑想と呼ばれます。瞑想はあなたの真の本性です。ただ努力を要するために、それは瞑想と呼ばれているのです。想念が煩雑であるかぎり、努力は必要となるでしょう。あなたが他にもさまざまな想念を抱いているため、一つの想念を保ち続けることを瞑想と呼ぶのです。それが努力のない自然な状態となったとき、あなたは瞑想が自己の本性であることを知るでしょう。

対話 329

今朝、シュリー・バガヴァーンはタミル語版の『ラーマクリシュナ・ヴィジャヤム』の中にあったエステラという聖者についての記事を読んでいた。以下はその要旨である。

「あなたの敵は渇望や熱情です。もしあなたが傷つけられたと感じたなら、その傷の原因を内面に探し求めなさい。それはあなたの外側にあるのではありません。外側の原因は単にあなたの心の投影でしかないのです。傷つけたのが自分自身でないのなら、慈悲深き神があなたを傷つけたと言うのでしょうか？」

シュリー・バガヴァーンは聖エステラのことを、優れた教えを説く良い聖者だったと評価した。

対話 330

シュリー・バガヴァーンは喘息ぎみだったため、喉がかすれていた。オレンジが捧げ物として運ばれ、いつものように等しく分けられてみなに配られた。シュリー・バガヴァーンは咳き込んだため、オレンジが口から出てしまった。彼は言った。「やむなくそうなってしまったのです」。ある紳士が言った。「おそらくオレンジはシュリー・バガヴァーンの健康に合わないのでしょう」

マハルシ　もしオレンジを持って来たのが他でもないあなただったら、そう言ったでしょうか？

1937年1月18日

対話331

国際平和連盟に属するアメリカ人女性ルールナ・ジェニングス夫人が、世界平和を広げてゆくことについてシュリー・バガヴァーンに意見を求めた。

マハルシ　もし真我の平和を見いだせば、個人の努力を要せずとも平和はひとりでに広がっていくでしょう。もし自分自身が平和でなければ、どうして平和を世界に広げられると言うのでしょうか？

質問者　東洋には真我実現のための科学的なアプローチがあると聞いています。それは本当でしょうか？

マハルシ　あなたはすでに真我なのです。それを確立させるために精巧な科学は必要ありません。

質問者　その真理についてはおよそ理解しています。しかし私が「科学」と呼ぶ実際的な方法があるはずです。

マハルシ　そのような考えがやむこと自体が真我実現なのです。

シュリー・バガヴァーンはここで、「失ったと信じて探していたネックレスは首にかかっていた」という物語を語った。

マハルシ　人は真我を離れて自分の身体や世界を見ることはありません。いつも真我として在りながら、人はそれ以外のすべてを見ています。神も世界もすべてはハートの中にあるのです。「見る者」を見なさい。そうすればすべてが真我であることがわかるでしょう。あなたの視点を変えなさい。内側を見なさい。そして真我を見いだしなさい。主体と対象の根底にある者、それは誰でしょうか？　それを見いだしなさい。そうすれば、すべての問題は解決するのです。

夫人は『私は誰か？』という小冊子を読むように、と勧められた。シュリー・バガヴァーンにさらなる質問をする前に、それを読むことに夫人は同意した。

対話332

質問者　タミル語で言う「三つの空《くう》（Muppazh）」とは何でしょうか？

マハルシ　「タットヴァマシ」（汝それなり）の中の

(1) Tat　：タット（それ）はイーシュヴァラ・トゥリーヤ（神の第四の状態）を、
(2) Tvam：トヴァム（汝）はジーヴァ・トゥリーヤ（個我の第四の状態）を、
(3) Asi　：アシ（在る）はアシ・トゥリーヤ（存在の第四の状態）を意味しています。

トゥリーヤ（第四の状態）とは目覚め、夢見、眠りの状態の根底にある基盤のことです。

質問者　初めの二つはわかりますが、三つ目は何でしょうか？

マハルシ　すべてに遍在した状態が「目覚め」と呼ばれ、
すべてが輝く状態が「夢見」と呼ばれ、
完全性が「眠り」と呼ばれています。
これら三つの状態の根底に在るもの、それがアシ・トゥリーヤです。

質問者　それは奇妙です！

マハルシ　そうでしょうか？　議論には終わりがありません。よく聞いてください。マハーヴァーキャ（偉大なる確言）の「タットヴァマシ」（汝それなり）は一般的に知られたものですが、五つの言葉を含んだ「タット・トゥヴァム・アシ・アティ・ニジャム」（「汝それなり」は真理である）は、ダクシナームールティが沈黙を通して教えた最も神聖なマハーヴァーキャで、この五つの言葉はそれぞれ五つの状態に相応しています。

『ヴィチャーラ・サーガラ』を見ると、この本の著者はアーダーラ（十台）とアディシュターナ（基盤）を区別しています。彼は、「蛇のように見えようと見えまいと、ロープは常にアーダーラである。ロープは実際とは異なって見えるためアディシュターナであり、それはサーマーニャ・アディシュターナ（一般的な基盤）である。ロープが蛇のように見えることはヴィシェーシャ・アディシュターナ（特殊な基盤）である」と言います。ここで質問が起こります。「ジーヴァのアディシュターナとイーシュヴァラのアディシュターナ、この二つのアディシュターナはどのようにして一つになるのか？」と。彼はこう答えます。「両方のアディシュターナに同じアーダーラがあるのだ」と。

さらに彼はいくつかのキャーティ（理論）について語っています。

(1)アサット・キャーティ：ロープは存在しているのに、存在しないはずの蛇が現れる。

(2)サット・キャーティ：ロープ自体が蛇のように見える。

(3)アートマ・キャーティ：それがロープかどうかはっきりしないが、以前見た蛇の記憶が幻影を起こさせる。

(4)アキャーティ：完全な非実在。

(5)アナーヤタ・キャーティ：想像上の蛇のイメージが投影されて、あたかもそこにいるかのように見える。

(6)アニルヴァチャニーヤ・キャーティ：説明不可能。

ここで彼は問いかけます。「幻影であれ非実在であれ、世界はこれらの内のどれかに相当するのだろうか？　それは以前の体験の結果であるに違いない。その時点では実在であったはずだ。かつて実在であったものなら、常に実在であるはずだ」と。

彼はそれに答えます。「必ずしも体験が実在である必要はない。現実の蛇を見ずとも、絵で見た蛇の印象だけでもロープを蛇と勘違いすることはありえる。それゆえ、世界が実在であるとはかぎらない」と……。

なぜこのような議論に時間を無駄にするのでしょうか？　ただ心を内面に向け、時間を有効に使いなさい。

「至高なるもの」と個人との合一に関して言えば、「至高なるもの」についての知識は聞き伝えのものですが、個人については直接的な知識です。あなたが活用できるのは直接的な体験だけです。だからこそ、自分とは誰なのかを見いだすべきなのです。

では、なぜイーシュヴァラ神について語られているのでしょうか？

なぜなら、あなたは世界を目にし、どうしてそれが現れたのかを知りたいと思うからです。世界は神によって創られたと人々は言います。神があなたやその他すべてを創造したと知れば、あなたは少し満足して心を落ち着けるでしょう。しかしそれは実現ではありません。あなたが真我を実現して、初めて完全であり、実現となりえるのです。

『ヴリッティ・プラバーカラ』の著者は、議論を要約するに当たってこの本を書く前に三十五万冊の本を研究したそうです。いったい何の役に立つと言うのでしょう？　それが真我実現をもたらすとでも言うのでしょうか？　『ヴィチャーラ・サーガラ』は理論や専門用語で溢れています。この膨大な量の研究が真の目的に役立つと言うのでしょうか？　それでも、ある人々はそれらを読み、それから自分の疑問を解くことができるかどうかを見るだけのために聖者を探しに行くのです。それらを読み、新たな疑問を見つけて解決することが彼らにとって喜びの種なのです。それがまったくの無駄であることを知っている聖者たちは、そのような人々の好奇心を満足させようとはしません。一度でも彼らを満足させれば切りがなくなるでしょう。

真我を探究することだけが真に役に立つのです。

『ヴリッティ・プラバーカラ』や『ヴィチャーラ・サーガラ』や『スートラ・バーシャ』などの大著を読み続けてきた人たちには、『実在についての四十頌』（ウラドゥ・ナールパドゥ）のように真我だけを扱い、しかも要点がそこに凝縮された小作品では満たされないのです。なぜなら、彼らは（学究や知的好奇心という）心の潜在的傾向（ヴァーサナー）を蓄積してきたからです。心に濁りのない純粋な人たちだけが、小さくとも目的にかなった有益な本を味わうことができるのです。

対話333

プラティヤビジニャー＝プラティ＋アビジニャー。

アビジニャーは「直接的知覚」を意味し、プラティは「すでに知っていることを想い起こさせること」を意味します。

「これは象だ」は直接的知覚で、

「これはあの象だ」は再認識すること（プラティヤビジニャー）です。

専門書では「プラティヤビジニャー」という言葉は、常に存在する実在を認識し、実現するという意味で用いられています。

シューニャ（虚空、空白）、アティ・シューニャ（シューニャを超えた）、マハー・シューニャ（広大な虚空、空間）はどれも同じ意味、つまり真の存在を意味しています。

＊プラティヤビジニャー（pratyabhijñā）：再認識説。カシミールのシヴァ神派哲学の教義。個我とシヴァ神の同一性を再認識することが解脱に導くと説く。

1937年1月20日

対話 334

シュリー・バガヴァーンは足をマッサージされた後、「まったく何の感覚もなかった」と語った。「もし足が歩くという役割を果たしているなら、それで十分です。感覚がなかったくらいで何だと言うのです？」

後に会話の中で、彼はこう語った。「映写機から光が放たれるとき、それは操作する人の存在を顕わにすることなく、画像を見せることを可能にします。それはシッダ（超自然能力者）にとっても同じことです。彼らは純粋な光であり、他の人たちを見ることができますが、他の人たちが彼らを見ることはできないのです。
例えば、プラブリンガが北インドを旅してゴーラクナートに出会ったときのことです。ゴーラクナートはヨーガの力を見せつけるため、自分の腕を断ち切ろうと剣を振り下ろしましたが、傷一つ負うことなく、剣の刃のほうが鈍くなってしまいました。これは傷つけられることから身体を守るカーヤシッディという超自然能力です。プラブリンガが剣の前に自分の身体を差し出したとき、剣はあたかも空を切るように彼の身体を通り抜け、まったく何の傷も負いませんでした。ゴーラクナートは驚愕して、プラブリンガの弟子となったのでした」

それから、カイラース山でのシヴァ神と女神パールヴァティーの会話に話題が移った。

マハルシ　シヴァはパールヴァティーに、「アッラマ（プラブリンガの別名）はけっして女性の誘惑に乗らない人だ」と言いました。パールヴァティーは彼を試してみたいと思い、彼女のターマシックな質の化身を、ある王の娘として地上に送り、アッラマを誘惑させようとしました。少女は高い教養を備えた美しい女性に成長し、寺院で神の賛歌を捧げるようになりました。アッラマはしばしばその寺院で太鼓を叩いていたのです。彼女はその太鼓の演奏に我を忘れ、彼に一目惚れしてしまいます。あるとき、二人は彼女のベッドルームで出会うのですが、彼女がアッラマを抱きしめたとたん、彼の姿は消えてしまったのです。彼女は恋の病《やまい》に身を焦がしました。そこに天上界から精霊の使者が現れ、彼女の地上での役目を想い起こさせました。彼女はアッラマの精神を乱そうと決意を固めるのですが、結局一度も成功することなく、カイラース山に帰って行きました。次に、パールヴァティーは彼女のサートヴィックな質の化身であるブラーフマナ女性のサンニャーシーニーをアッラマのもとへと送りました。そしてこの化身が自分自身をアッラマに明け渡したとき、パールヴァティーは彼の偉大さを悟ったのです。

それから、シュリー・バガヴァーンは一時間かけてナヤナ（古参の弟子カーヴィヤカンタ・ガナパティ・ムニ）のことを語った。いかにナヤナが『ウマー・サハスラム』や『ハラ・サハスラム』を書いたか、いかに弟子たちを指導したか、いかにバッタシュリー・ナーラーヤナ・シャーストリと論争したか、いかに学識高く能力があろうとも、謙虚で、控えめで、柔和だったかなど、彼の真価を高く評価した。

それからシュリー・バガヴァーンは、いかにサンガ・プラヴァール（詩人）の一人であるナッキラールがタミル語のシヴァの賛歌のことでシヴァの怒りをかったかということや、いかに彼が霊にとらえられ、後に解放されたかなどについて語った。

マハルシ　ナッキラールが神聖な木浴場（ティールタ）の一角で苦行をしていたとき、一枚の木の葉が水際《みずぎわ》に落ちました。葉っぱの半分は水の中に入りましたが、残りの半分は地面の上にありました。すると突然、水の中に入った葉っぱの半分が魚になり、残りの半分は鳥になったのです。鳥と魚の分かれ目は葉っぱの姿で繋がっていましたが、魚は水の中へ潜《もぐ》ろうとし、鳥は空へ飛び立とうとしていたのでした。ナッキラールが驚きながらその光景を見守っていたところ、突然天上から精霊が現れ、彼を洞窟へ連れ去って行きました。洞窟の中には九百九十九人の苦行から脱落した修行者（タポー・ブフシュター）

が囚われていました。

質問者　ナッキラールはタポー・ブラシュターだったのですか？

マハルシ　そうです。彼は黙想中だったのに、神秘的な出来事に目を奪われて黙想を忘れてしまったのですから。それからナッキラールは『ティルムルカルッパタイ』の詩を書いて、千人の囚人を解放したのです。

1937年1月21日

対話335

質問者　どうすれば性的衝動は静まるのでしょうか？

マハルシ　区別が消え去ったときです。

質問者　どうすれば区別を消し去ることができるでしょうか？

マハルシ　性別やそれにまつわる事柄は、単なる精神的概念でしかありません。『ウパニシャド』は「すべてが愛《いと》おしく感じられるのは、すべての生きとし生けるものにとって真我が愛おしいものだからである」と述べています。

　人の幸福は内側にあります。愛とはただ真我ゆえの愛なのです。それは内側だけにあります。それが外側にあると考えるのをやめなさい。そうすれば、区別は消え去るでしょう。

1937年1月22日

対話336

『ウパニシャド』や『シュリーマッド・バガヴァッド・ギーター』を学んだある商人が質問した。「どうすれば真我を実現できるでしょうか？」

マハルシ　真我は常に直接知覚されています。そうでないときなど一瞬さえないのです。だとすれば、どうやってそれを認識すると言うのでしょう？　真我を見いだしなさい。あなたは「それ」なのです。

質問者　「至高なるもの」が見いだされたとき、ハートの結び目は断ち切られ、すべての疑いは消え去ると言われています。それには「ドリシュティ」（見ること）という表現が用いられています。

マハルシ　真我を見ることとは真我として在ることです。一人の自己がもう一人の自己を見るというような二人の自己が存在するわけではありません。

しばらくして、質問者は真我探究に関する同じ質問を繰り返した。

質問者　どうすれば真我を実現できるでしょうか？

マハルシ　真我はすでに実現されているのです。ただその単純な真理を知らなければならないだけです。

質問者　しかし私はそれを知らないのです。どうすれば知ることができるでしょうか？

マハルシ　あなたは自分の存在を否定するでしょうか？

質問者　いいえ、どうしてそのようなことが可能でしょうか？

マハルシ　だとすれば、真理は認識されたのです。

質問者　それでも私にはわかりません。どうすれば真我を実現できるのでしょうか？

マハルシ　「私」と言っているのは誰なのか、それを見いだしなさい。

質問者　はい。私が「私」と言うのです。

マハルシ　この「私」とは誰でしょうか？　それは身体でしょうか？　それとも身体以外の誰かでしょうか？

質問者　それは身体ではありません。身体以外の誰かです。

マハルシ　それを探し出しなさい。

質問者　私にはできません。どうすればそれを見いだせるのでしょうか？

マハルシ　今、あなたは身体に気づいています。しかし深い眠りの中では身体に気づいていませんでした。それでも、あなたは眠りの中で存在していたのです。目を覚ましてから、あなたは身体をとらえ、そして「私には真我を探すことができません」と言うのです。眠りの中でもそう言ったでしょうか？眠りの中でのあなたは分割されていなかったため、そうは言いませんでした。現在のあなたは身体という限定の中に閉じ込められているため、「私は実現していない」と言うのです。なぜ自己を限定しておいて、それから惨めになるのでしょうか？　あなたの真の本性として在りなさい。そして幸せで在りなさい。眠りの中では、あなたは「私」とは言いませんでした。あなたがそう言うのは今です。どうしてでしょうか？　なぜなら、あなたが身体にしがみついているからです。この「私」がどこから立ち現れるのかを見いだしなさい。そうすれば、真我は実現されるでしょう。

生命意識を持たない身体に「私」と言うことはできません。無限の真我も「私」と言うことはできません。では、いったい誰が「私」と言うのでしょうか？

質問者　私にはまだどうやって「私」を探し出せばよいのかわかりません。

マハルシ　どこから「私」が立ち現れるのかを見いだしなさい。そうすれば、この「私」は消え去り、無限の真我が残るでしょう。この「私」は意識のあるものと意識のないものとを繋ぐ結び目です。身体は「私」ではありません。真我も「私」ではありません。では、いったい誰がこの「私」なのでしょうか？　それはどこから現れるのでしょうか？

質問者　それはどこから現れるのでしょうか？

マハルシ　見いだしなさい。

質問者　私にはわかりません。どうか光を与えてください。

マハルシ　それは外側からではなく、内側から現れるのです。どこから立ち現れるのでしょうか？　それがどこか他のところにあるなら、そこへ導かれることもできるでしょう。しかしそれは内側にあるため、自分自身で見いださなければならないのです。

質問者　頭からでしょうか？

マハルシ 「頭」という概念は「私」が現れた後に現れるのでしょうか？ それとも、頭から「私」が現れるのでしょうか？ もし「私」が頭から現れるのなら、なぜ眠りに落ちるときあなたは頭をがくりと落とすのでしょうか？ 「私」は常に継続しているはずです。だとすれば、その座（センター）もまたそうあるはずです。あるときはがくりと落ち、あるときは真っ直ぐであるのなら、どうして頭が「私」の座と言えるでしょうか？ あなたは眠っているときは頭を横に伏せ、目覚めるとともに頭をもたげます。どうしてそれが「私」と呼べるでしょうか？

質問者 それなら、どこにあるのでしょうか？

マハルシ 「私」は内面から立ち現れるのです。眠りの中に「私」はありません。目覚める一瞬前に、「私」という想念は立ち現れるのです。

質問者 ハートの結び目は眉間《みけん》にあると言われています。

マハルシ ある人は眉間にあると言い、ある人は尾底骨にあると言います。それらはみな身体を視点とした見解です。身体は「私」という想念が立ち現れた後に現れるのです。

質問者 しかし私には身体を取り除くことなどできません。

マハルシ それはつまり、あなたは自分が身体ではないことを認めているのです。

質問者 身体に苦痛があれば、私はそれを感じますが、他の人の身体の苦痛は感じません。私にはこの身体を克服することができないのです。

マハルシ　この身体との自己同一化がそのような感覚の原因です。それがフリダヤ・グランティ（ハートの結び目）と呼ばれるものです。

質問者　どうすればこの結び目を解くことができるでしょうか？

マハルシ　誰にとっての結び目なのでしょうか？　なぜそれが解かれることを望むのでしょうか？　結び目がそれを望むのでしょうか、それともあなたがそれを望むのでしょうか？

質問者　結び目ではなく、私がそれを望むのです。

マハルシ　その「私」とは誰でしょうか？　それが見いだされたとき、結び目は解かれるでしょう。

質問者　結び目は身体に付随しています。身体は誕生によって生じます。どうすれば転生が止まるのでしょうか？

マハルシ　誰が生まれると言うのでしょう？　真我が生まれると言うのですか？　それとも身体が生まれるのですか？

質問者　身体です。

マハルシ　それなら、身体に「どうすれば転生が止まるのか？」と質問させればいいのです。

質問者　身体が質問することはありません。ですから私が質問しているのです。

マハルシ　その身体は誰のものでしょうか？　深い眠りの中で、あなたは身体なしに存在していました。身体は「私」という想念が起こった後で現れます。「私」という想念の誕生が最初の誕生であり、「私」

という想念の誕生の後に身体が誕生します。それゆえ、身体の誕生は二義的なものなのです。まず根本原因を取り払いなさい。そうすれば第二の原因もひとりでに消え去るでしょう。

質問者　どうすれば「私」という想念が起こるのを止められるのでしょうか？

マハルシ　真我探究によってです。

質問者　理解しようとするのですが、成功しないのです。ジャパによってでも真我を見いだせるでしょうか？　もしできるなら、どうすればよいか教えてください。

マハルシ　ジャパ？　なぜ意図的にジャパをしなければならないのですか？　あなたの内面で絶えず自然に続いている、永遠のジャパを見いだすことができるというのに。

質問者　おそらく何らかの教え（ウパデーシャ）が私の助けとなると思うのです。

マハルシ　もし私があなたのように努力して多くの本を読んでこなかった人に、「ラーマ、ラーマと称名を唱えなさい」と言えば、彼はそれに専心し続けるでしょう。しかしあなたのように長い間本を読んで研究してきた人にそう言ったなら、そうはしないでしょう。なぜなら、あなたは「なぜそうしなければならないのだろうか？　何よりも、マントラを繰り返し唱えているこの私とは誰なのか？　このまま称名を続けるよりも、まず私が誰なのかを見いだそう」と考えるからです。こうしてあなたはジャパをやめ、探究を始めるのです。

質問者　感覚は外側に向かい、視野は内側に向かうと言われています。内面に向かう視野とは何を意味しているのでしょうか？

マハルシ　それは、目玉が見る方向を変えるという意味ではありません。チャクシュとは何でしょうか？

質問者　目のことです。

マハルシ　見ているのは目でしょうか？　それとも、目の背後にいる誰かでしょうか？　目が見ているというなら、死体はものを見るでしょうか？　目の背後にいる何者かが、目を通して見ているのです。チャクシュとは、その背後にいる者のことを意味しているのです。

質問者　神の栄光を見るには、神聖な目（ディヴィヤ・チャクシュフ）が必要だと言われています。この肉体的な目は普通のチャクシュフです。

マハルシ　おお、なるほど！　ではあなたは何百万もの太陽の輝きのようなものを見たいと言うのですね！

質問者　私たちに何百万もの太陽の輝きを見ることはできないのでしょうか？

マハルシ　あなたには一つの太陽を見ることができますか？　もしそうなら、なぜ何百万もの太陽を望むのでしょうか？

質問者　聖なる目で見れば、それは可能なはずです。*q1*「**太陽さえ輝かない場所、それが私の至高の住処《すみか》である**」と『バガヴァッド・ギーター』は述べています。ですから、その場所はこの太陽でさえとうていかなわないところなのです。それが神の境地です。

マハルシ　なるほど。それではクリシュナに会えばいいのです。そうすれば、問題は解決するでしょう。

質問者　クリシュナはもう生きてはいません。

マハルシ　それがあなたが『ギーター』から学んだことなのですか？　彼は「私は永遠である」と言わなかったでしょうか？　それとも、あなたは彼を身体だと考えているのですか？

質問者　彼は生きている間に他の人たちに教えを説きました。彼の周りにいた人たちは真我を実現したはずです。私はそのような生きたグルを求めているのです。

マハルシ　それでは、クリシュナが身体を離れた後の『ギーター』は無用なものだと言うのですか？　彼は身体がクリシュナだと言ったでしょうか？

[q2]**ナ・トヴェーヴァーハン・ジャートゥ・ナーサン……。**

私が存在しなかったことは一度もない。あなたも、ここにいる王たちも……。

質問者　しかし私は直接体験から真理を説くことのできる生きたグルを求めているのです。

マハルシ　グルの運命はクリシュナの運命と同じ道をたどるのです。

質問者は退いた。その後にシュリー・バガヴァーンは語った。

マハルシ　神の視野とは真我の輝きのことを意味しています。ディヴィヤ（神聖）という言葉がそれを示しています。「ディヴィヤ・チャクシュフ」という言葉は「真我」を意味しています。誰が「聖なる目」を与えるのでしょうか？　そしていったい誰が見るのでしょうか？

人々は「聞くこと（シュラヴァナ）、黙想（マナナ）、専心（ニディディアーサナ）が必要だ」という言葉を本で知ります。そして真我実現の前にはサヴィカルパ・サマーディやニルヴィカルパ・サマーディを体験しなければならないと考えます。それゆえ、このような質問をするのです。なぜそのような迷路に迷わなければならないのでしょう？　それでいったい何を得ると言うのでしょう？　それはただ、探究という苦労をやめるだけのことです。そうすれば、彼らは真我が永遠に明らかなものだということを知るでしょう。なぜたった今、この瞬間に安らがないのでしょうか？

　学問を修めなかった心の単純な人々は、ジャパや礼拝に満足します。ジニャーニはもちろん満足しています。最も困難なのは読書狂の人たちです。さてさて、それでも彼らもまた実現へと向かって行くでしょう。

対話337

K・R・アイヤール氏　心はどのようにして清めるのでしょうか？

マハルシ　聖典は「カルマやバクティによって……」などと述べています。かつて私の従者の一人が同じ質問をしました。彼にはこのような答えが与えられました。「神に捧げられたカルマ（行為）によって」と。カルマをしている間に神のことを考えているだけでは十分ではありません。常に、絶え間なく神のことを想わなければならないのです。そうして初めて心は清らかになるのです。

その従者はこの答えを自分自身の立場に当てはめて考えた。「シュリー・バガヴァーンに身体的に仕えるだけでは十分ではない。私は常に彼のことを覚えていなければならないのだ」と。

同じ質問をした別の人に、シュリー・バガヴァーンはこう答えている。「真我を探究することによってです。つまり『私は身体だ』という観念が消え去らなければならないのです」

(記録者ノート：アートマ・ヴィチャーラとはデーハートマ・ブッディ「私は身体であるという観念」の消滅を意味する)

1937年1月23日

対話338

アメリカ人のジェニングス夫人が質問した。
質問者 神の存在を確言することのほうが、「私は誰か?」と探究するよりも効果的なのではないでしょうか？　神の存在を確言することは肯定的ですが、真我を探究することは否定的ですし、何よりもそれは分離を暗示しています。
マハルシ 実現の方法を探し求めているかぎり、真我を見いだすために探究の方法が奨励されます。方法を探していること自体が、あなたの分離を示しているのです。
質問者 「私は至高の存在である」と確言するほうが、「私は誰か?」と問うよりも良いのではないでしょうか？

マハルシ　誰が確言するのでしょうか？　そこには確言する人がいるはずです。その人を見いだしなさい。

質問者　探究よりも瞑想のほうが優れているのではないでしょうか？

マハルシ　瞑想は精神的なイメージを対象としますが、探究は実在そのものを探ります。前者は対象に向かうものですが、後者は主体に向かうのです。

質問者　この主体に対する科学的なアプローチがあるはずです。

マハルシ　非実在を避け、実在を探究することは科学的なアプローチです。

質問者　私が言いたいのは段階的な消去法のことです。つまり、まず心、次に知性、それから自我といったように。

マハルシ　真我だけが実在であり、それ以外のすべては非実在です。心も知性もあなたを離れて在るわけではありません。

　聖書は「静かに在りなさい。そして私は神だと知りなさい」と述べています。沈黙こそが、神である真我を実現するために必要な唯一の条件なのです。

質問者　果たして西洋がこの教えを理解するときが来るのでしょうか？

マハルシ　時間と空間という問題ではありません。理解は心の成熟度によるのです。西洋に暮らそうと東洋に暮らそうと何の問題があるでしょう？

シュリー・バガヴァーンは『実在についての四十頌』から数頌とターユマーナヴァルの詩片を引用して説明した。そしてジェニングス夫人はホールを去った。

後に、シュリー・バガヴァーンはこう語った。「ヴェーダーンタ哲学の要旨のすべてが、聖書の中の二つの言葉に要約されています」

それは「私は私で在るものである」と「静かに在りなさい。そして私は神だと知りなさい」です。

鉄道員のK・S・N・アイヤール氏がシュリー・バガヴァーンに言った。「『不滅の意識』の編者は、真我実現は人生の中のある一定の年齢の期間においてのみ可能だ、と考えているようです」

マハルシ　「ある年齢になった後で、私は存在を現すに違いない」と言う人がいるでしょうか？　彼は今、ここに在るのです。このような言葉は誤解を招くばかりです。なぜなら人々は、「この生で真我を実現することは不可能だ、どうしても次の生での機会が必要だ」と信じてしまうからです。それはまったく愚かなことです。

対話 339

シュリー・バガヴァーンはシヴァ派ヴィシシュタアドヴァイタ（シャイヴァ・シッダーンタ哲学）に関して語った。

マハルシ　シヴァ派シッダーンタの信奉者たちは、「『私はガルダだ』（ガルドーハム・バーヴァナー）

という観念が人をガルダにするわけではない。それでも、自我という蛇に咬まれたときの毒は癒される。それと同様に、『私はシヴァである』（シヴォーハム・バーヴァナー）という観念が人をシヴァに変容させるわけではない。だが、自我の破滅的な影響を消し去ることはできる。あるいは、たとえ個としての存在を維持し続けたとしても、純粋なままとどまればシヴァの身体の一部分となることはできる。そうなることによって、人は至高の至福を楽しむのだ」と語っています。彼らはこれが解放であると言うのです。これはただ彼らの個人として在ることに対する愛着を露《あら》わにしているだけです。ですから、これが真の解脱を表した言葉だとは到底言えません。

対話340

ボース氏が語り始めた。「身体意識が戻った後で……」

マハルシ　身体意識とは何でしょうか？　まずそれが何なのか言いなさい。あなたが意識以外の何だと言うのでしょうか？　身体が在るのは身体意識が在るからです。身体意識は「私」という意識から起こります。そして「私」という意識は意識から起こるのです。

意識 → 「私」という意識 → 身体意識 → 身体

常に存在するのは意識であり、意識以外には何も存在しません。現在、あなたが自分を身体意識だと見なしているのは、真理の上に押し付けた偽りでしかないのです。もしもただ意識だけが存在するので

あれば、

アートマナストゥ・カーマーヤ・サルヴァン・プリヤン・バヴァティ「すべての生きとし生けるものが愛おしいのは、真我の愛ゆえである」（『ブリハダーラニャカ・ウパニシャド』第四巻五章六節）という聖典の言葉の意味は明らかになるでしょう。

では、なぜ自殺があるのか、という疑問がここで起こります。なぜ人は自殺をするのでしょうか？　なぜなら、彼は不幸せであり、その不幸を終わらせたいからです。実際、彼はすべての不幸を象徴している身体との関わりを断ち切るために自殺するのです。身体を殺すには、そこに殺す者がいるはずです。身体を殺す者は、自殺をした後にさえ生き残ります。それが真我なのです。

対話 341

ジェニングス夫人が尋ねた。「シュリー・バガヴァーンは、想念という暴君から解放されることが実現の状態だと言われました。しかし想念にはそれなりの役割があるのではないでしょうか？　おそらく低い次元での役割でしかないかもしれませんが」

マハルシ　すべての想念は「私」という想念から起こります。「私」という想念は真我から起こります。それゆえ、真我が「私」という想念やその他の想念として現れるのです。想念があろうとなかろうと、いったい何の問題があると言うのでしょう？

質問者　良い想念は実現の助けとなるでしょうか？　良い想念は実現をもたらす確実な手段としての梯子《はしご》の低い段に当たるのではありませんか？

マハルシ　その意味ではそのとおりです。良い想念は悪い想念を払い去ります。その良い想念も、実現が起こる前には消え去らなければならないのです。

質問者　それでも、創造的《クリエイティブ》な思考は実現の一面であって、それゆえ助けとなるのではないでしょうか？

マハルシ　すでに言ったような意味においてのみ助けとなるのです。最終的には、すべての想念が真我の中に消え去らなければなりません。良い想念であれ悪い想念であれ、どの想念もあなたを真我から遠ざけるばかりで、真我に近づけるということはありません。なぜなら、それが何であろうと想念よりも真我のほうがあなたに親しいものだからです。あなたは真我であり、想念は真我にとって異物でしかないのです。

質問者　だとすれば、最終的に真我は自らが創り出し、実現することを助けた創造物（想念）を飲み込んでしまうということです。一方、文明は自ら創り出したものを誤って崇拝し、その進歩を助けてきた創造物を分離させ、駄目にさせるのです。

マハルシ　あなたと想念は別のものです。たとえ想念がなくとも、あなたは存在しています。しかしあなたがいなければ、想念は存在できないのです。

質問者　文明はゆっくりと、しかし確実に、真我実現に向かって進んでいるのでしょうか？

マハルシ　文明は物事の秩序の上に成り立っています。それはそれ以外のすべてと同じように、最終的には真我実現の中にそれ自体を帰着させるのです。

質問者　健全な原始人は、知性や想念に支配された現代文明人よりも実現に近いのではありませんか？

マハルシ　真我を実現した人が野蛮な姿をしていることはあるかもしれません。しかし野蛮人が真我を実現した人だというわけではないのです。

質問者　何であれ私たちに起こることはすべて神の定めなのだから、すべては善いのだと考えることは正しいでしょうか？

マハルシ　もちろんです。しかし神もそれ以外のすべても真我から離れてあるわけではありません。あなたが真我としてとどまるとき、どうしてそのような想いが起こるでしょうか？

質問者　蟻や蚊や蛇などによる身体的な不快感をすべて自ら進んで受け入れること、あるいはそれらに悩まされなくなることが「明け渡し」なのでしょうか？

マハルシ　何であれ、それが「見る者」あるいは「考える者」であるあなたから離れているでしょうか？

　パールシー教徒の女性が言葉を挟んだ。「もしそれらが私たちから離れていないのなら、蚊に刺されても感じないということでしょうか？」

マハルシ　蚊は誰を刺すのでしょうか？　身体です。あなたは身体ではありません。身体と自己同一視するかぎり、あなたは蟻や植物などを見るでしょう。もしあなたが真我としてとどまれば、真我から離れた他のものなど存在しないのです。

質問者　刺されれば身体は痛みを感じます。

マハルシ　もし身体がそう感じるなら、身体に尋ねさせればよいのです。身体にそれ自身の面倒を見させなさい。それがあなたにとって何だと言うのですか？

　アメリカ人女性が再び尋ねた。「完全な明け渡しとは、たとえ瞑想中でも、環境の中で起こるあらゆる騒音や妨害も受け入れなければならないということでしょうか？　それとも、山の洞窟にこもって隠遁するべきなのでしょうか？　バガヴァーンご自身もそうされたのではありませんか？」

マハルシ　行くということも帰るということもありません。真我は五大元素の影響を受けない、無限で、永遠なるものです。それは動くことができないのです。真我にとって動く場所などないからです。

質問者　しかし真我を見いだす過程において、霊的な助けを外側に求めることは正しいと言えるでしょうか？

マハルシ　誤りは真我と身体を同一視することにあります。もしもバガヴァーンが身体であるなら、あなたはその身体に尋ねるでしょう。しかしあなたがバガヴァーンと呼ぶその人を理解してみなさい。彼は身体ではなく、真我なのです。

　彼女はハリジャンについて書かれた記事から「すべては神に属し、個人に属するものなど何もない」

というところについて言及した。

マハルシ　すべてが、神も個人も含めたすべてが真我なのです。

それから、彼女はシェリーの詩片から何節かを朗読した。そしてシェリーが実現した魂なのかどうかと尋ねた。

誰も足を踏み入れたことのない魂の洞窟の内奥に、
かかげられた荘厳な像《イメージ》。
冒険好きな想念は、それに近づき、礼拝し、
恐れおののき、跪《ひざまず》く。
像の臨在が放つ輝きは、
夢のごとき想念の構造を貫き通す。
炎の威力でそれを満たし尽くすまで。

マハルシ　その詩はたいへん優れています。彼は彼が書いたことを実現したに違いありません。

女性はシュリー・バガヴァーンに感謝してから退いた。

対話342

深夜十一時、アーンドラ・プラデーシュ州のグントゥールから悲しげな、しかし固い信念を抱いた中

年の女性が母親と二人の男性を連れて現れ、シュリー・バガヴァーンとの会見を求めた。
女性はシュリー・バガヴァーンに語り始めた。

質問者　私の夫は息子がお腹の中にいるときに他界しました。息子は父親の死後に生まれたのです。最初の五年間は順調に成長しましたが、その後、彼は小児麻痺にかかり、九歳のときには寝たきりの状態になりました。それでも、とても明るくほがらかで、賢い子でした。二年間その状態が続きましたが、今、医者は「この子は死んでいる」と言うのです。私はただ眠っているだけで、すぐに目を覚ますことを知っています。息子が危篤になったということを聞いたときはショックでしたが、私はあるサードゥが息子に手をかざすと、息子はさわやかな顔で目を覚ましたというヴィジョンを見たのです。私はそのサードゥがあなただと信じています。どうぞ来て、息子に触れてやってください。そうすればあの子は目を覚ますでしょう。

彼女はそう言って祈りを捧げた。
シュリー・バガヴァーンは、医者は何と言ったのかと尋ねた。

質問者　息子は死んだと言っています。ですが、医者に何がわかると言うのでしょう？　私は息子をはるばるグントゥールからこの地まで運んで来たのです。

誰かが尋ねた。「何ですって？　ここに死体を運んで来たのですか？」

質問者　死体は一マイルにつき五十パイサで運送されると彼らは言いました。私たちはそのため百五十ルピーを払って荷物としてここまで運んで来たのです。

マハルシ　もしあなたのヴィジョンが正しいものなら、少年は明日の朝目覚めるでしょう。

質問者　どうか息子に触れてやってください。ここに運んで来ましょうか？

他の者たちはそれに異議を申し立て、彼らに去るよう説得した。

彼らはホールを去り、翌朝、死体は火葬されたと伝えられた。

このことについて尋ねられ、シュリー・バガヴァーンは答えた。

マハルシ　ある聖者たちは死者を蘇らせたと伝えられています。彼らでさえ、すべての死者を生き返らせたわけではありません。もしそれができるなら、世界も、死も、墓場もなくなってしまうでしょう。

ある人が尋ねた。「母親の信仰心は注目すべきものでした。あれほど希望的なヴィジョンを見ながら、どうして失望することになったのでしょうか？　それは子供への愛着心による投影だったのでしょうか？」

マハルシ　彼女も彼女の子供も実在ではないのに、どうしてヴィジョンだけが投影だと言えるでしょうか？

質問者　それなら、いったいどう説明できるのでしょうか？

シュリー・バガヴァーンは沈黙していた。

質問者　たとえ腕を断ち切られようとも、気づかずにいるべきです。なぜなら『バガヴァッド・ギーター』は「真我は身体とは異なる」と宣言しているからです。

マハルシ　傷の痛みに気づかないことが賢者の証明になると言うのですか？

質問者　賢者は傷の痛みに気づかずにいるべきではありませんか？

マハルシ　麻酔のもとに行われる大がかりな手術は、患者に痛みを意識させません。それによって患者は叡知を得るでしょうか？　痛みに無感覚であることが叡知《えいち》なのではありません。

質問者　賢者は痛みを感じずにいるべきなのではありませんか？

マハルシ　身体的な痛みは身体意識にのみ属します。身体意識が不在であれば、痛みはありえません。身体に気づいていない心が、苦痛や快楽に気づくことはありえないのです。『ヨーガ・ヴァーシシュタ』のインドラとアハリャーの物語*を読んでごらんなさい。そこには、死そのものが心による行為だと述べられています。痛みは自我に依存しています。それらは「私」なしには存在しませんが、「私」はそれらなしでも存在するのです。

＊インドラとアハリャーの物語：第1巻の訳注・引用文の対話203を参照されたい。

対話344

質問者　『ヴィチャーラ・サーガラ』は真我実現への四つの障害について述べています。

マハルシ　なぜたった四つなのでしょうか？　ある人たちは九つの障害があると述べています。眠りはその一つです。眠りとは何でしょうか？　それは目覚めに相対《あいたい》する状態ですが、目覚めの状態から独立して存在するわけではありません。眠りとは純粋な真我です。***q1*** **自分は目覚めていると思ってはいけません。**眠りはありえず、三つの状態もまたありえないのです。ただ真我を忘れたために、あなたは夢を見たと言います。真我なしに存在できるものなどあるでしょうか？　なぜ真我を離れて真我ではないものをとらえようとするのでしょうか？

　心が外側に向かうたびに、そのときその場で内側に向かわせなさい。自己の外側に幸福を求めようとする習慣ゆえに、心は外側へ向かおうとします。「外側の物事が幸福の原因となることはない」という知識が、その習慣を食い止めます。これがヴァイラーギャ（離欲）です。ヴァイラーギャが完全になって、初めて心は落ち着くのです。

　心とは知識と無知、あるいは眠りと目覚めが一つに混ざり合ったものでしかありません。それは五つの形で機能します。

クシプタ（活動的）

ムーダ（不活発）

ヴィクシプタ（混乱）

カシャーヤ（潜在的）

エーカーグリャ（一意専心）
この中のカシャーヤは執着や嫌悪のような精神的傾向ではなく、単に精神的傾向が潜在している状態です。

あなた自身が至福（アーナンダ）としてありながら、なぜ至福を楽しんで、「ああ！　何という幸せだろう！」と言うのでしょう？　これがラサースワーダ（快楽の知覚）というものです。
結婚式の間、花嫁である娘は男性に抱擁された体験もないのに幸福感に満たされます。これがラサースワーダです。

質問者　ジーヴァン・ムクティ（生きながらの解脱）自体がアーナンダなのです。

シュリー・バガヴァーンが話を遮《さえぎ》った。

マハルシ　聖典を頼りにしてはいけません。ジーヴァン・ムクティとは何でしょうか？　アーナンダとは何でしょうか？　解脱そのものが疑われるべきものなのです。このような言葉が何だと言うのでしょうか？　それらは真我を離れて存在するでしょうか？

質問者　ただ私たちにはそのような体験がまったくないのです。

マハルシ　存在しないものは常に失われ、存在するものは今ここに、常に存在しています。これが永遠なる万物の理法です。探していたネックレスは首にかかっていたという物語も、このことを示しているのです。

対話345

しばらくの沈黙の後、シュリー・バガヴァーンは話を続けた。

マハルシ　心を探し出すことで、その力を破壊しなさい。心が調べられたとき、その活動は自動的に止まります。

もう一つの方法は、心の源を探すことです。源とは神、真我、あるいは意識とも呼ばれるものです。

一つの想念に集中すれば他のすべての想念は消え去り、最後にはその想念も消え去ります。想念を制御している間は、気づいていることが必要となります。さもなければ眠りに陥ってしまうでしょう。

質問者　どのようにして心を探すのでしょうか？

マハルシ　呼吸制御は一つの助けとなりますが、それ自体で最終的な目的地に到達することはできません。機械的に呼吸制御をしている間も、注意深くあることを忘れてはいけません。そして「私」という想念を心にとどめながら、その源を探りなさい。そうすれば、呼吸が沈みゆくところが「私」という想念の立ち現れるところであることを知るでしょう。それらはともに立ち現れ、ともに沈みゆきます。「私」という想念が呼吸とともに沈みゆくとき、それと同時にもう一つの、輝く無限の「私―私」が現れるでしょう。そしてそれは途切れることなく永続するのです。それが目的地《ゴール》です。それは神、真我、クンダリニー・シャクティ、意識などの異なった名前で知られています。試みさえすれば、それがあなたを目的地へと導くでしょう。

対話346

自由意志と運命は身体が存在するかぎり続くでしょう。しかし叡知はその両方を超えています。なぜなら、真我は知識と無知を超えているからです。

対話347

心とは想念の束です。想念が起こるのは、考える者が存在するからです。その考える者とは自我のことです。自我を見いだそうとすれば、それは自動的に消え去るでしょう。自我と心は同じものです。自我は他のすべての想念が湧き起こる根本の想念なのです。

対話348

質問者　ときおり、人々や物がぼやけて、夢の中のようにほとんど透明な姿に見えることがあります。そのときは、それらを外側に認識するのではなく、その存在を受け身に意識しています。それと同時に、自分という意識の活動はまったくありません。心の内には深い静寂があります。そのようなとき、心は真我の中へと潜り込もうとしつつあるのでしょうか？　それともこれは不健全な状態で、自己催眠の結果なのでしょうか？　あるいは一時的な平和を得る機会として望まれるべきことなのでしょうか？

マハルシ　そこには心の静寂とともに意識の存在があります。それはまさしく求められるべき状態です。

この状態が真我だと認識することのないまま、この時点で質問を心に抱いてしまったという事実が、その状態が堅固なものではなく偶然のものであったことを示しています。

「潜り込む」という言葉が適切となるのは、外側へ向かう傾向によって乱されることを避けるため、心を内側へ向けるときに限ります。そのようなときには、外的な現象の表面下に潜り込まなければなりません。しかし意識をさえぎることのない深い静寂が支配しているとき、潜り込む必要がどこにあるでしょう？ その状態が真我であることが認識されていないのなら、内側へと向かう努力をすることは「潜り込む」と呼べるかもしれません。その意味では、その状態は実現あるいは「潜り込む」という言葉にふさわしいと言えるでしょう。それゆえ、最後の二つの質問は必要ないのです。

質問者 私の心は子供たちに対する偏《かたよ》った愛を抱いてしまいます。おそらく、子供たちがしばしば人間の理想的な姿として見なされてきたからでしょう。どうすればこの偏愛を克服できるでしょうか？

マハルシ 真我をとらえなさい。なぜ子供のことや彼らに対するあなたの反応を気にしたりするのですか？

質問者 このティルヴァンナーマライの三度目の訪問は私の自我意識を強め、瞑想をより困難なものにしました。これは重要ではない一時的な状態なのでしょうか、それとも、これを限りにこのような場所は避けるべきなのでしょうか？

マハルシ それはあなたの想像です。この場所も他の場所もあなたの中に存在しているのです。そのような想像は消え去らなければなりません。そうすれば、心の活動と場所は何の関わりもなくなるでしょう。周囲の環境でさえ、あなたの意のままにはなりません。それらは、ただあるがままなのです。ただ超然として、周囲の環境に巻き込まれずにいなさい。

対話349

シュリー・シャンカラが示す「識別による解脱への道」

シュリー・マハルシによる手記

シュリー・マハルシはシュリー・シャンカラの『ヴィヴェーカ・チューダーマニ』（『識別の宝冠』）を翻訳し、それに序文を書いた。以下の手記は、雑誌『ヴィジョン』に掲載されたS・クリシュナ氏によるその序文の翻訳文である。

この世のすべての生きとし生けるものは、不幸から逃れ、常に幸福であることを願っている。そして自己の本性ではない身体の病気を避けることを望んでいる。さらに、誰もが自分自身に対する至上の愛を抱いている。この愛は幸福なしにはありえない。深い眠りの中には何も存在しないのに、人は幸福を体験している。しかし幸福そのものである自己存在の真の本性に無知なため、人々は幸福へと導く正しい道を忘れて、物質世界という広大な海の中でもがき続けている。そしてこの世やあの世で快楽を得ることが幸福への道だという誤った思い込みから行動を起こすのである。

安全なガイド

だが、残念ながら悲しみの痕跡のない「あの幸福」は実現されていない。真っ直ぐ幸福へと向かう道を示すために、シヴァ神はシュリー・シャンカラーチャーリャの姿を取って、至福の素晴らしさを讃えるヴェーダーンタ*の三大聖典（プラスターナ・トラヤ）の注解書を書き記した。そして至福の素晴らしさを自分自身の人生を通して実証したのである。

しかしながら、このような注解書は学問として学ぶのでないかぎり、至高の至福の実現を真剣に願う探究者にとっては無用なものだ。

そのような真剣な探究者のために、シュリー・シャンカラーチャーリャは、三大聖典の注解書に説かれた教えの精髄を『ヴィヴェーカ・チューダーマニ』（『識別の宝冠』）という小作品の中に書き表した。これは解脱を求める者に理解されるべき教えの要点を詳細に説明することで、彼らを真の王道へと導くものである。

学問は役立たない

シュリー・シャンカラは人間として生を受けることの難しさ、そして人間として生まれたからには、自己の本性である解脱の至福を実現するために努力すべきことを、序章の論題として表した。この至福は叡知（ジニャーナ）によってのみ実現され、この叡知は着実な探究（ヴィチャーラ）によってのみ達成される。シュリー・シャンカラは、この探究の方法を知るにはグルの寵愛を求めなければならないと述べ、次にグルと弟子の資質について、またいかに弟子がグルのもとに入門し、いかに奉仕すべきかということについて説いた。さらに解脱の至福を実現するためには、個人の努力が必要不可欠な要素であることを強調した。単に本を読んで学ぶだけでは、この至福はけっして得られない。グルの教えに一心に聞き入り（シュラヴァナ）、深く黙想し（マナナ）、真我の内に安住すること（ニディディアーサナ）から成る探究によってしかこの至福は実現できないのである。

三つの道

三つの身体——粗大身、微細身、原因身は真我ではなく、非実在である。真我すなわち「私」はそれらとはまったく異なる。真我ではないものの上に「私」という観念、あるいは自己という感覚を押し付けたのは無知であり、それが束縛なのだ。束縛は無知によって起こる。それゆえ、解脱は叡知によって起こる。これをグルから聞いて知ることがシュラヴァナである。

（身体、生気、心、知性、至福という）五つの鞘（パンチャ・コーシャ）でできた三つの身体を「私」で

＊ヴェーダーンタの三大聖典（プラスターナ・トラヤ）：『ウパニシャド』、『ブラフマ・スートラ』、『バガヴァッド・ギーター』。

はないものとして拒絶し、「私は誰か？」という精妙な探究を通して、ハートの中に「私」として存在する普遍の一者を導き出すことは、草の葉から葉柄《ようへい》をそっと抜き取るに等しい。この霊妙なる探究の過程は、マナナ（深い黙想）と呼ばれる。この「私」（アハム）は聖典の「汝それなり」（タット・トヴァム・アシ）という確言の中の「汝」（トヴァム）という言葉で示されている。

至福

名称と形態の世界は、実在（サット）あるいはブラフマンの属性でしかない。本来ブラフマンと異ならない世界は、まず名称と形態の世界として否定され、それから世界はブラフマン以外の何ものでもないとして肯定される。真我と至高なるものの同一性を宣言した「汝それなり」という偉大な確言、これがグルから弟子に与えられる教えである。次に弟子は絶対なる「私」である「アハム－ブラフマン」の至福の内にとどまるよう指導される。だが、頑固で根深い心の潜在的傾向が湧き起こり、至福の状態を妨げてしまう。心の潜在的傾向には三つの層があり、その根本にある自我性は、ラジャスによる散逸、散漫（ヴィクシェーパ）とタマスによる覆い（アーヴァラナ）によって意識を分割し、外的現象界を多様性で覆い尽くすのである。

心を撹拌させる

この利己主義の威力が破壊されるまで、心をハートにしっかりと固定させること、そして「我はブラフマンである」（アハン・ブラフマースミ）あるいは「我のみがブラフマンである」（ブラフマイヴァーハム）という偉大な確言で言い表された真我（アートマン）の特徴である源の本質を、不動の気づきとともに絶えず目覚めさせることが、ニディディアーサナあるいはアートマーヌサンダーナ（真我の内に安住すること）である。これはまた帰依（バクティ）、合一（ヨーガ）、瞑想（ディヤーナ）とも呼ばれている。

「真我の内に安住すること」は、ヨーグルトを攪拌《かくはん》してバターを生産する過程に似ている。心は攪拌棒、ハートはヨーグルト、真我の内にとどまる修練は、攪拌の過程を表している。ヨーグルトを攪拌してバターをつくり出すように、また摩擦によって火を熾《おこ》すように、油の流れのように途切れることのない揺るぎなき気づきによって真我の内にとどまることは、本来不変の超越状態であるニルヴィカルパ・サマーディを起こさせる。そしてそれは時空を超えた知識と体験であるブラフマンの直接的かつ普遍的知覚をもたらす。

無限の至福

これが真我実現である。こうしてハートの結び目（フリダヤ・グランティ）は断ち切られ、この結び目を形成する無知の迷妄と幾世にもわたる悪質な心の潜在的傾向は破壊される。すべての疑いは一掃され、カルマの束縛は断ち切られる。

このように、シュリー・シャンカラはこの『ヴィヴェーカ・チューダーマニ』（『識別の宝冠』）の中で、疑いと二元性を超えた限りない解脱の至福である超越状態（サマーディ）と、それに到達するための方法を書き記した。二元性から解放された境地だけが人生の究極の目標であり、それを獲得した人だけがジーヴァン・ムクタ（生きながら解脱した人）である。願望の成就《じょうじゅ》あるいは人間が達成すべき目標である***q1*****プルシャールタ**を単に理論的に理解しただけの人をジーヴァン・ムクタと呼ぶことはできない。

最終的な解脱

このように、ジーヴァン・ムクタはサンチタ、アーガーミ、プラーラブダという三つのカルマの束縛から自由になった人として知られる。この境地に達した弟子は、彼自身の体験を語る。解脱した人は自由に生きる。そしてはかない身体を去って最終的な解放を得た後、彼がこの「死に他ならぬ生」に戻ることはない。

上記のように、シュリー・シャンカラは解放をもたらす真我実現を、生きながらの解脱（ジーヴァン・ムクティ）と身体を離れた後の解脱（ヴィデーハ・ムクティ）という二つの側面で定義した。さらに彼はグルと弟子との対話という形式で書かれたこの小作品の中で、真我実現に関連する多くの論題について考究している。

１９３７年２月６日

対話350

弁護士をしている誠実な帰依者G・シャンムガム氏との会話の流れの中で、シュリー・バガヴァーンはこう語った。

マハルシ　真我を実現するためには、グルに十二年間奉仕しなければならないと聖典は述べています。グルは何をするのでしょうか？　彼は弟子に真我を手渡すとでも言うのでしょうか？　真我は常に実現されているのではないでしょうか？　それでは、通常信じられているのはどういうことでしょうか？　人は常に真我として在りながら、それを知らずにいます。彼は真我を身体などの非真我と同一視してしまうのです。そのような混同は無知ゆえに起こります。それゆえ、無知を拭い去れば混乱はなくなり、真の知識は明らかになります。真我を実現した賢者との接触を保つことで無知は除々に消え去り、ついには永遠なる真我が明らかになるのです。

これが***q1*****アシュターヴァクラとジャナカの物語**に伝えられている意味です。その寓話は本によって異なって伝えられていますが、登場人物の名前や物語の潤色《じゅんしょく》は問題ではありません。重要なのはタットヴァ、つまり教訓をとらえることです。弟子は師に自己を明け渡します。つまり弟子の個人性の痕跡は完全に消え去ったということです。もしも明け渡しが完全であれば、個人としての感覚はすべて失われ、不幸の原因はなくなります。永遠の存在こそが唯一の幸福であり、それが顕わになるのです。

人々は正しく理解もせずに、グルが弟子に「汝はそれなり」（タットヴァマシ）のような教えを授け、弟子は「私はブラフマンである」ということを悟るのだと考えます。無知ゆえに、彼らはブラフマンが巨大で最強なる何ものかだと想像するのです。

限定された「私」ゆえに、人は高慢で粗暴になります。この「私」が異常に大きくなってしまったら一体どうなると言うのでしょう？　どうしようもないほど無知な愚か者となってしまうでしょう！　この偽りの「私」が消え去らなければなりません。「私」の消滅、それがグルへの奉仕（グル・セーヴァー）の報いなのです。真我実現は永遠なるものであって、グルによって新たにもたらされるものではありません。グルは無知を取り除くことを助けるのです。ただそれだけです。

1937年2月7日

対話351

セーラムの退役した衛生保険官スブラマニア・アイヤール氏が、「この世ははかなく、世俗の快楽は無益なものであること、それゆえそれらに背を向け、感覚を制御し、真我に瞑想して実現しなければならない」という教えを示した文章を読み上げた。

マハルシ　この世がはかないものであることをどうやって知るのでしょうか？　永遠なるものをとらえないかぎり、この世のはかなさを理解することはできません。人はすでに真我であり、真我は永遠の実在であるため、彼の注意は自然にそれへと惹《ひ》きつけられていきます。そして彼は真我である永遠の実在に注意を固定するよう指導されるのです。

対話352
異なった教義

ある帰依者が語った。「想念は主体と対象として起こります。『私』という想念だけをとらえるなら、他のすべての想念は消え去ります。それで十分かもしれませんが、少数の有能な人にとってだけの話です」

他の者たちが主張した。「まったくです。眠りの間に存在している世界は、私が誕生する以前から存在し、死後も存在するでしょう。他の人たちはそれを見ないのでしょうか？　私の自我が現れなければ、世界は存在をやめると言うのでしょうか？」

別の帰依者が語った。「天地創造についての理論や異なった学派の教義信条は、こういった人々を満足させるためにあるのです」

質問者　それでも、教義信条は知性の産物でしかないため、それが心を内側に向けさせることはできません。

マハルシ　この理由ゆえに、聖典は「内側を見ること」、「一点に集中して見ること」などについて述べているのです。

　真我は常に真我なのです。なぜディーラだけに光が当てられるのでしょうか？　それは「勇気ある人」を意味しているのでしょうか？　いいえ。ディーは「知性」を、ラハは「見ること、守ること」を意味しています。それゆえ、ディーラは常に揺るぎなく心を内側に向ける人を意味しているのです。

1937年2月8日

対話353

質問者　トゥリーヤとは何でしょうか？
マハルシ　ただ目覚め、夢見、眠りという三つの状態だけが存在しています。トゥリーヤとはその四番目にあるものではなく、それら三つの状態の根底に在るものです。しかし人々はそれを正しく理解していないため、それは第四の状態であり、唯一の実在だと言うのです。事実、第四の状態は何からも分離していません。なぜなら、それはすべての現象の根底に在るものだからです。それは唯一の真理、あなたの存在そのものです。三つの状態はそのトゥリーヤの上に現れ、トゥリーヤの中に消えゆくはかない現象でしかありません。それゆえ、それらは非実在なのです。
　映画の画像はスクリーンの上を通り過ぎる影でしかありません。画像は常に移動し、次々と形を変えてゆくので、実在であるとは言えません。一方、スクリーンはけっして変化することなくとどまります。

絵画もまた同様で、絵は非実在ですが、カンバスは実在です。それは私たちにとっても同じことで、内的であれ外的であれ、世界は単なる一過性の現象でしかなく、真我から独立して存在するわけではないのです。

ただ自分の外側に世界が実在として存在すると見なす習慣が、私たちの真の存在を覆い隠し、真我以外のものを見せるのです。常に存在する唯一の実在、真我を見いだせば、すべては真我に他ならないという知識だけを残して、実在でないものはすべて消え去るでしょう。

トゥリーヤとは真我のもう一つの名前でしかありません。目覚め、夢見、眠りの状態に気づいているため、私たちは自分自身の真我に気づかずにいます。それにもかかわらず、真我は今、ここに存在しているのです。

「それ」だけが唯一の実在であり、他には何も存在しません。身体との自己同一視が続くかぎり、世界は私たちの外側に存在するように見えるでしょう。ただ真我だけに気づいていなさい。そうすれば目覚め、夢見、眠りの状態は存在しないのです。

対話354

神智学協会会員のアメリカ人女性が尋ねた。「私の師により近づくための方法とは何でしょうか？」

マハルシ　あなたは今、どれほど師から離れていると言うのですか？

質問者　私は師から離れています。もっと近づきたいのです。

マハルシ　初めにあなたが真我を知れば、他者がどれほど離れているかがわかるでしょう。あなたは今、誰なのでしょうか？　あなたは人格でしょうか？

質問者　そうです。私は人格です。

マハルシ　その人格は真我から離れているでしょうか？

質問者　ときには。

マハルシ　いつですか？

質問者　私が言いたかったのは、ときには私は実在を垣間見ることがあり、別のときにはそうではないからです。

マハルシ　そのような一瞥《いちべつ》に気づいているのは誰でしょうか？

質問者　私、つまり人格です。

マハルシ　この人格は自己から離れて気づいているのでしょうか？

質問者　どの自己でしょうか？

マハルシ　あなたは人格をどの自己だと見なしますか？

質問者　低次の自己です。

マハルシ　それならば、低次の自己は高次の自己から独立して気づいていると言うのですか？

質問者　ときどきは気づいています。

マハルシ　たった今、師から離れていると感じているのは誰でしょうか？

質問者　高次の自己です。

マハルシ　高次の自己が身体を持っていて、「師はその身体から離れている」と言うのですか？　高次の自己があなたの口を通して語ると言うのですか？　あなたは高次の自己から離れているでしょうか？

質問者　どうすれば眠りのように身体がないときの自分の行為に気づいていられるよう訓練できるか教えていただけますか？

マハルシ　気づきはあなたの本性です。深い眠りであれ目覚めであれ、それは変わりません。どうして気づきを新たに得ることができると言うのでしょう？

質問者　しかし私は眠りの中でどのように行為していたのか覚えていないのです。

マハルシ　誰が「私は覚えていない」と言うのでしょうか？

質問者　私が今、そう言っているのです。

マハルシ　あなたは眠りの中でも同じだったはずです。どうして眠りの中でそう言わないのですか？

質問者　私は眠りの中で何を言ったか覚えていないからです。

マハルシ　あなたは目覚めの状態で「私は知っている」、「私は覚えている」と言います。この同じ人格が「眠りの中では私は知らない」、「眠りの中では私は覚えていない」と言うのです。どうして眠りの中でこの質問は起こらないのでしょうか？

質問者　私は眠りの中で何が起こっているのかを知りません。だからこそ今、尋ねているのです。

マハルシ　その質問は眠りの状態に関わっています。それゆえ、眠りの中で尋ねられるべきなのです。それは目覚めの状態に影響を与えていません。それゆえ、この質問をするだけの理由はないということです。事実は、眠りの中には限定がなく、何の質問も起こりません。一方、現在のあなたは身体との自己同一化という限定を自らに負わせているため、このような質問が起こるのです。

質問者　それは理解できます。しかし私には多様性の中の単一《ユニティ》性を理解できないのです。

マハルシ　あなたは今、多様性の中にいるため、単一性を理解しているとか、一瞥を得たとか、物事を覚えているなどと言い、この多様性を実在だと見なします。しかし実際は、単一性が実在であり、多様性は偽りなのです。単一性がその実在性を顕わにする前に、多様性は消え去らなければなりません。それは常に実在であるため、この偽りの多様性の中で実在の一瞥を与えることなどしないからです。その反対に、真理を妨げるのはこの多様性なのです。

　この後は、他の者たちが会話を続けた。

マハルシ　無知を取り除くことが修練の目的であって、実在を獲得することではありません。実在は常に、今ここに在るからです。もしそれが新たに獲得されるものであるなら、実在はあるときに存在し、あるときは不在であるということを意味します。だとすれば、それは永遠なるものではないということであり、得ようとするだけの価値もないということです。しかし実在は永遠のもので、今ここに在るのです。

質問者　無知を払い去るには恩寵が必要です。

マハルシ　もちろんです。しかし恩寵はいつもここにあるのです。恩寵とは真我のことであって、獲得されるような何かではないからです。ただそれが存在していることを知るだけでいいのです。例えば、太陽はただ輝くばかりで、暗闇を見ることはありません。ところが他の人たちは、太陽が昇ると暗闇は消え失せると言います。それと同じように、無知もまた実在ではなく、単なる幻影でしかありません。非実在であるがゆえに、その非実在性が見いだされたとたん、それは取り除かれたと言われるのです。

太陽は存在し、その輝きを放っています。そして、あなたは日の光に包まれています。それでもなお太陽を知るには、あなたの目を太陽のある方角に向けなければなりません。同じように、恩寵は今ここに在るにもかかわらず、修練によってしか見いだすことはできないのです。

質問者　絶えず明け渡そうという欲望を持ち続けることで、さらなる恩寵が体験されることを私は期待しています。

マハルシ　きっぱりと明け渡し、欲望は棄て去りなさい。「私が行為者である」という感覚を持ち続けているかぎり、欲望は消えないでしょう。それはまた人格でもあるのです。これが去れば、純粋に輝く真我を見るでしょう。行為そのものではなく、行為者であるという感覚が束縛なのです。

「静かに在りなさい。そして私は神だと知りなさい」。この言葉は、沈黙が個人という痕跡を残さない完全な明け渡しであることを意味しています。沈黙が支配したとき、心の動揺も消え去ります。心の動揺が、欲望、行為者という感覚、人格の原因です。心の動揺がおさまったとき、そこには静寂があります。「知ること」とは「在ること」です。それは知識、知る者、知られるものという三位《さんみ》をともなった相対的な知識ではないのです。

質問者　「私は神である」、あるいは「私は至高の存在である」といった観念は助けになるでしょうか？

マハルシ　「私は私で在るものである」（I AM THAT I AM）という聖書の言葉があります。「私は在る」（I AM）とは神のことであり、「私は神である」と考えることではありません。「私は在る」を実現しなさい。「私は在る」と考えてはいけません。聖書には「私は神だと知りなさい」とあり、「私は神だと考えなさい」ではないのです。

しばらくしてから、シュリー・バガヴァーンは語り始めた。

マハルシ　「私は私で在るものである」と言われています。それは、人は「私」として存在しなければならないということです。人は常に「私」であり、それ以外の何ものでもありません。それにもかかわらず、人は「私は誰か？」と尋ねます。幻影の犠牲となった人だけが「私は誰か？」と尋ねるのであって、自己に完全に目覚めた人が尋ねることはありません。真我を非真我と誤って同一視することが、あなたに「私は誰か？」と尋ねさせるのです。

後に、再び彼は語った。

マハルシ　ティルヴァンナーマライの町に至るにはいくつかの異なった道があります。しかしどの道をとろうともティルヴァンナーマライ自体は同じです。同様に、主体にたどり着く方法は、個人の人格によって異なるでしょう。それでも真我は同じなのです。たとえそうだとしても、ティルヴァンナーマライにいながらティルヴァンナーマライへの道を尋ねたとしたら、それは滑稽《こっけい》です。それゆえ、真我として在りながら、どのようにして真我を実現するのかと尋ねるなら、それは愚かなことです。あなたは真我なのです。真我として在りなさい。ただそれだけです。疑問が起こるのは、現在真我を身体と同一視しているからです。それが無知です。これが去らなければなりません。無知が取り除かれれば、ただ真我のみが「在る」のです。

対話355

質問者　無教養であるよりも教養のあるほうが、賢者を世の中のためにより有益な人にするのではありませんか？

マハルシ　学識ある人でさえ、無学の賢者の前にひれ伏さなければならないのです。無教養は無知ですが、教養は学問を修めた無知なのです。そのどちらも真の目的に気づいていません。一方、賢者が無知でないのは、彼に目的というものがないからです。

対話356

質問者　なぜこの世には眠り*というものがあるのでしょうか？

マハルシ　ただ罪ゆえです。

質問者　それを打ち破ることはできるのでしょうか？

マハルシ　できます。

質問者　眠りはそれ自体に気づくことによってのみ終わるものだと言われています。

マハルシ　だとすれば、なぜ神に帰依するのでしょう？

質問者　どうすれば眠りを打ち破ることができるでしょうか？

マハルシ　その活動や結果を意識せずにいなさい。

質問者　それはどのようにするのでしょうか？

マハルシ　ただ真我を探究することによってです。

*眠り：この質問者の語る「眠り」は「無知」を意味している。

回想録

対話357

シュリー・バガヴァーンは、ティルヴァンナーマライで起こった出来事を想い起こして語った。

(1)ある日、シュリー・バガヴァーンは一枚の葉っぱを差し出され、その上のわずかな量の薬を舐めるようにと言われた。それは消化を助けるものだということだった。それを舐めた後で、彼は食事を取った。しばらくすると、ホールに集まっていた人たちが光に包まれているように見えた。しばらくした後、その体験は消え去った。

(2)パヴァラクンドゥルで暮らしていたとき、バガヴァーンは丘の上を流れる小さな水流で沐浴をしようとした。当時の従者だったパラニ・スワミはそのことを知った。噂は広まり、丘の上に住んでいたジャダパドマナーバ・スワミは、パラニ・スワミと一緒にバガヴァーンを彼のコッテージまで連れて行こうと企てた。パラニ・スワミはシュリー・バガヴァーンにそのことを伝えないまま、彼をそこへ連れて行くことに成功した。そこでは、盛大な歓迎がバガヴァーンを待ちかまえていた。主賓席がもうけられ、ミルクやフルーツが捧げられた。ジャダパドマナーバ・スワミはバガヴァーンを心から手厚くもてなした。

(3)ジャダパドマナーバ・スワミは、『真我実現』(マハルシ最初期の伝記)の中ではシュリー・バガヴァーンを傷つけようとした人として記されているが、実際はバガヴァーンにとても親切だった。彼のいたずらが悪意をともなったものとして誤解されたのだ。彼の唯一の過ちと言えば、シュリー・バガヴァーンの名のもとに資金を募ろうとしたことだ。もちろん、これはマハルシの意にかなうことではなかった。だが、そうでなければジャダパドマナーバ・スワミに悪いところは何もないのだ。

（4）従者のマーダヴァ・スワミが尋ねた。「シュリー・バガヴァーンは大寺院の地下室（パーターラ・リンガム）に数ヶ月間、食事なしでいたのですか？」

マハルシは答えた。「うむ、うむ！　食べ物は計《はか》らずもやって来ました。……ミルク、フルーツ……。しかし誰が食べ物のことを考えると言うのでしょう？」

（5）マンゴー樹の洞窟に暮らしていたとき、シュリー・バガヴァーンは蓮の花や黄色い花（サラコンナイ）や緑の葉で、神の像に捧げる花輪をつくったものだった。

（6）カリャナ・マンタパム（石柱のホール）が完成した後、シュリー・バガヴァーンは誰にもわからないように装《よそお》いを変えて一晩そこに滞在した。

（7）大寺院の敷地内の木の下で座っていた頃、シュリー・バガヴァーンの身体は埃まみれだった。なぜなら、けっして沐浴することがなかったからだ。十二月の寒い夜、彼はたたんだ両足を抱え込み、頭を膝頭《ひざがしら》の間に入れたまま、身動きもせずじっとしていたものだった。早朝、身体に積もった埃《ほこり》は朝露や霧に覆われて真っ白くなったが、太陽が昇って乾くと再び黒々とした色になった。

（8）丘の上で暮らしていたとき、シュリー・バガヴァーンはジャダパドマナーバ・スワミの儀式の手伝いで、ベルを鳴らしたり、容器を洗ったりしたものだが、ずっと黙ったままだった。また彼はその頃、『アシュターンガ・フリダヤム』などのマラヤラム語版の医学書を読んでいた。そして病人たちを治療していたあるサードゥを助けて治療法を指示したものだった。そのサードゥ自身は医学書の読み方も知らなかった。

1937年2月12日

対話358

ホールでの光景

午後八時二十分、シュリー・バガヴァーンは夕食から戻り、ソファーの上に身を寛《くつろ》がせた。薄暗い光の中、三人の男性が床に座っている。一人はある本から何かを忙しそうに書き写している。もう一人は瞑想の内に沈んでいる。三人目は何もすることがないのか、あたりを見回している。ときおりシュリー・バガヴァーンが静かに咳をする以外は、ホールは静寂に包まれている。

従者のマーダヴァ・スワミがキンマ[*1]の葉を手にしながら足音も立てずに入ってくると、テーブルに近づいた。ソファーに背をもたれていたシュリー・バガヴァーンは、彼を見ると優しく声をかけた。「シー、シー。何をしているのですか?」

従者は静かな声で口ごもりながら「何も……」と答えると、キンマの葉をテーブルの上に置いた。

マハルシ　それはいりませんよ。(従者は静かに床に座った)。カストゥーリー[*2]の錠剤のことです。毎日毎日、次から次へと……薬のビンがすぐ空っぽになります。そのうえまだ注文して……いらないと言っ

＊1キンマの葉：コショウ属のつる草。乾燥葉は健胃・去痰剤。

＊2カストゥーリー：麝香の香りを発する薬草。消化剤。

ているのです……。
一人の帰依者は、昼食に出たオッラ・ポドリダ[*3]がシュリー・バガヴァーンの体質に合わないものだったことを言葉巧みにとがめた。

マハルシ　いえいえ、あれは良くできていました。あれは良いものでした。

げっぷや痰のからんだ音以外は沈黙が続いた。

数分後、従者は静かにホールを出て、しばらくして薬のビンを手に戻って来ると、シュリー・バガヴァーンにその一錠を差し出し、「クミンの種の錠剤です」と言った。シュリー・バガヴァーンは静かに言った。「それはレモン汁を含んでいます。レモン汁は合わないのです……」。その間、帰依者のランガスワミ・アイエンガー氏は瞑想から目を覚まし、その光景に見入っていた。従者はまだ錠剤を差し出したままだった。シュリー・バガヴァーンは言った。「いったい誰がそれを噛み砕くと言うのですか?」ランガスワミ・アイエンガー氏が言った。「噛む必要はありません。口の中で溶かせばいいだけです」

従者はあわてて言葉を添えた。「そうです、そうです。口の中で舐めるだけでいいのです」

マハルシはランガスワミ・アイエンガー氏を指差すと「彼にあげなさい」と言った。「彼が舐めればいいのです。私はいりません」。従者はがっかりして戻ると床の上に座ったが、また立ち上がった。「アー、アー!　どうするつもりですか?　いらないと言っているのです」。従者は「カストゥーリーの錠剤です。これはよく効きます」と言いながら薬棚に向かった。シュリー・バガヴァーンは言った。「それなしでも私はすぐに良くなります。それは取り出さなくてもいい。アー、アー！　そこに置いておきなさい……私は飲まないと言っているのです……好きにしなさい」

従者は再び床に座った。それから就寝の時間までは、誰も語らなかった。

＊3オッラ・ポドリダ：種々の野菜を入れたココナッツ・カレー。

1937年2月13日

対話359

午前七時半頃、朝食の後にシュリー・バガヴァーンは丘を登った。パダーナンダ氏は彼の後を追いかけ、ひれ伏すと立ち上がって言った。「これでバガヴァーンのダルシャン（聖者に会うこと）を得ることができました。私は戻ります」

シュリー・バガヴァーンは微笑んで言った。「誰のダルシャンだと言うのでしょう？　どうしてあなたが私にダルシャンを与えたと言わないのですか？」

九時頃、プーナから来た帰依者パルキ氏は、シュリー・バガヴァーンの足元にひれ伏して礼をすると、自作の八連の詩（アシュタカム）を読み上げた。それはシュリー・バガヴァーンの恩寵を求める祈りの詩で、最後の一節は「一刻も早く解脱が得られますように」という祈りを強調していた。

マハルシ　解脱は未来に得られるようなものではありません。それは永遠に、今ここに在るのです。

質問者　おっしゃるとおりです。しかし私はそれを体験していないのです。

マハルシ　体験は今ここにあります。人は自分自身の真我を否定することはできないのです。

質問者　それは存在を意味していますが、幸福ではありません。

マハルシ　存在は幸福と同じであり、幸福は存在と同じなのです。ムクティという言葉は非常に魅惑的です。人はなぜ探究するのでしょうか？　そこに束縛があると信じるために解脱を探し求めるのです。しかし事実は、そこに束縛はなく、ただ解脱だけが在るのです。なぜそれを解脱と名づけておいて、それから探し出そうとするのでしょうか？

質問者　確かにそのとおりですが、私たちは無知なのです。

マハルシ　ただ無知を取り除きなさい。するべきことはそれだけです。

1937年2月14日
対話360

ラクナウから来た上品な紳士はポール・ブラントン氏に手紙を書いた。手紙の内容は、彼の妻がシュリー・バガヴァーンを訪れたときに得た心の平安を、今は失ってしまったというものだった。彼は妻の心の平安が再び戻ることをシュリー・バガヴァーンに願い出た。

シュリー・バガヴァーンは答えた。「一度得た心の平安が失われたのは、心が弱いからです」

対話361

毎日シュリー・バガヴァーンにビクシャー（喜捨）を捧げにくる女性の息子であるムダリアール・スワミが、次のような興味深い出来事について語った。

シュリー・バガヴァーンが丘の上のヴィルーパークシャ洞窟に暮らしていたときのこと、シュリー・バガヴァーンとムダリアール・スワミはスカンダアシュラマムの裏を一緒に歩いていた。

大きな裂け目のある五メートルほどの高さの巨大な岩の上に、羊飼いの少女が立ちすくんだまま泣いていた。シュリー・バガヴァーンは少女に涙の理由《わけ》を尋ねた。少女は答えた。「岩の裂け目に羊が滑り落ちてしまったんです。だから泣いているんです」

シュリー・バガヴァーンは岩の裂け目の中へと降りていった。そして羊を肩にかついだまま岩を登りきると、少女に羊を手渡した。「それは誰にも真似できないような驚くべき離れ技でした」とムダリアール・スワミは述べている。

対話362

ネロールから来た大学教授スッバラーマイア氏が解脱について尋ねた。

マハルシ　解脱に関するいかなる質問も認めがたいものです。なぜなら、解脱は束縛からの解放を意味しているため、現在束縛が存在しているということを認めることになるからです。しかし実際は束縛など存在せず、それゆえ解脱も存在しないのです。

質問者　聖典は束縛と解放、そしてその段階について述べています。

マハルシ　聖典は賢者のために書かれたものではありません。なぜなら彼らに聖典は必要ないからです。無知な人たちが聖典を求めることはありません。

解脱を望む人だけが聖典を必要とするのです。それゆえ、聖典は賢者のためのものでも無知な人のためのものでもないのです。

質問者　聖ヴァシシュタはジーヴァン・ムクタ（解脱した人）、聖ジャナカはヴィデーハ・ムクタ（身体を離れて解脱した人）だと言われています。

マハルシ　なぜヴァシシュタやジャナカについて語るのですか？　あなた自身はどうなのですか？

訪問者の多い日だった。その中の二人がガナパティ・ムニについて語った。シュリー・バガヴァーンは彼らの会話に言葉を添えた。

マハルシ　「叡知（ジニャーナ）と瞑想（ウパーサナ）は解脱に至るための二つの翼である」と言われています。叡知とは何でしょうか？　瞑想とは何でしょうか？　叡知は常に存在するものであり、究極のゴールでもあります。努力が為されたとき、その努力が瞑想と呼ばれ、努力を要さなくなったとき、それが叡知です。それは解脱と同じなのです。

彼らの討論が続いた後、一人の訪問者が言った。「外側の世界を振るい落とすには、高次の力の助けが必要です」

マハルシ　外側の世界を見ているのは誰でしょうか？　外側の世界が自らの存在を主張するでしょうか？　もしそうならば、世界に「世界は存在する」と言わせればいいのです。もし世界が内面の投影であるなら、それは「私」という想念が起こると同時に外側に投影されることが知られるはずです。どちらにしても、「私」が根本的な基盤であり、それが知られれば、すべては知られるのです。

もう一人の訪問者が言った。「ガナパティ・ムニは、自分はインドラ・ローカ（インドラ神が司る天上界）に行き、インドラがそこで何をしているのかを伝えることはできるが、内面に向かい「私」を探すことはできなかった、と言ったそうです」

マハルシ　ガナパティ・ムニはよく、「前進することは簡単だが、後退することは不可能だ」とも言っていました。

いかに遠くまで行こうとも、人はそこにいるのです。どこへ後退すると言うのでしょうか？　この真実については『イーシャ・ウパニシャド』の中にも述べられています。

質問者　いったいどのようないきさつで、ガナパティ・ムニはアーシュ・カヴィ（霊的啓示を受けた詩人）となったのでしょうか？

マハルシ　彼が苦行をしていたとき、シヴァが現れてミルクと蜂蜜を彼に与えて飲ませたということです。その直後、彼は霊的詩人になったのです。

1937年2月20日

対話363

マドラス政府で財政補佐官を務める西洋人ドッドウェル氏が、妻とともに午後一時に到着した。彼らは三時半までホールにとどまった。

夫人が尋ねた。「西洋の霊的指導者たちが、霊的な中心はインドにあると言っています。インド内の霊的指導者たちの間には何らかの繋がりがあるのでしょうか？　また西洋と東洋の霊的指導者たちが接触することは可能でしょうか？」

マハルシ　「霊的な中心」という言葉で、あなたは何を意味しているのですか？

質問者　霊的な中心とは霊的指導者の座のことです。

マハルシ　あなたは「霊的指導者」という言葉をどのように理解していますか？

質問者　西洋は危機に瀕しています。科学的知識が異常に進歩し、その知識は破壊的な力を生み出すために利用されています。その知識を建設的な方向に利用しようとする動きもあります。もしそうなれば、それは世界に益をもたらすでしょう。そのような活動の指導者たちが救世主なのです。

マハルシ　私たちが理解するところでは、「霊的指導者」とは「物理的」に対して「霊的」である人のことです。霊性は無限で無形なものです。それもまた「霊的な中心」です。そのような中心がたった一つ存在しています。西洋であれ東洋であれ、その中心が異なるということはありえません。それには特定の場所などないのです。その中心は無限であるため、それは指導者も、人々も、世界も、破壊的な力も、建設的な力も含んでいます。そこに区別はありません。あなたは繋がりや接触について語ります。なぜなら、あなたは霊的指導者が身体を持った存在だと考えているからです。霊的な人は身体ではありません。彼らは身体に気づいていないのです。彼らは無限かつ無形の純粋な霊性です。それゆえ、霊的指導者たちは一つであり、彼らと他のすべての存在の間には常に一体性があります。と言うよりも、彼らはすべてを含んでいるのです。

霊性とは真我のことです。真我が実現されれば、このような質問が起こることはありえません。

アディヤールから来たジナラジャダーサ夫人が尋ねた。「真我実現はとても易しいように聞こえますが、実際の修練はとても難しいものです」

マハルシ　これ以上簡単なことなどあるでしょうか？　真我は何よりも親しいものです。もしそれが実現不可能なら、自分から分離した遠く離れたものを実現することのほうが易しいと言うのでしょうか？

質問者　真我実現は何か荒唐無稽《こうとうむけい》なものです。どうすればそれを永久的なものにできるのでしょうか？

マハルシ　真我が荒唐無稽だということはありえません。それは唯一の実在だからです。現れたものはやがて消え去ります。それゆえ、それは一時的なものです。真我は現れることも消え去ることもありません。それゆえ、それは永久的なものなのです。

質問者　おっしゃるとおりです。神智学協会では弟子を導いてくれる師を求めて瞑想します。

マハルシ　師は内側にいます。瞑想は師が外側にいるという無知を取り除くためにあるのです。もし師があなたの待ちわびている未知の人なら、いずれは消え去ってしまうでしょう。そのようなはかない束の間の存在が何の役に立つと言うのでしょうか？

それでも、あなたが自分自身を身体を持った個人と見なすかぎり、師もまた身体をともなって現れるでしょう。この誤った自己同一視がやんだとき、あなたは師が真我であったことを悟るのです。

『カイヴァリャ・ナヴァニータム』の中に次のような一節があります。

「おお師よ！　あなたは私の真我として内面にとどまりながら、これまでの過去世でずっと私を守ってきてくださいました。今、あなたの恩寵によってあなたは私の師として姿を現し、あなた自身が真我であることを明らかにされたのです」

眠りの中で何が起こるか見てみなさい。そこには自我も、インドも、探究者も、師も存在しません。それにもかかわらずあなたは存在し、しかも幸福なのです。

自我、インド、探究者などは、今現れていますが、それらはあなたから分離しているわけでも独立しているわけでもありません。

選挙で休日だったため、多くの訪問者があった。彼らも論議に加わった。

彼らの一人が輪廻転生について尋ねた。

マハルシ　無知が存在するかぎり、輪廻転生も存在するでしょう。輪廻転生は、今も、今までも、そしてこれからも存在しないのです。これが真理です。

質問者　自我とは何でしょうか？

マハルシ　自我は現れては消え去ります。それゆえ、それは一時的なものです。一方、真我は常に永久的に存在します。あなたは真我であるにもかかわらず、真我と自我を誤って同一視しているのです。

質問者　その誤りはいったいどうやって生じたのでしょうか？

マハルシ　それが生じたかどうか見てみなさい。

質問者　人は自我を真我に昇華させなければならないのです。

マハルシ　自我が存在したことなどまったくないのです。

質問者　それなら、なぜそれは問題を起こすのでしょうか？

マハルシ　誰にとっての問題でしょうか？　問題もまた想像されたものです。問題や快楽は自我にとってのみ存在するのです。

質問者　なぜ世界はこんなにも無知に包まれているのでしょうか？

マハルシ　自分自身の面倒を見なさい。世界は世界でそれ自身の面倒を見させればいいのです。あなた自身の真我を見なさい。もしあなたが身体として在るなら、粗大な世界もそこに在るでしょう。もしあなたが霊性として在るなら、すべてが霊性の現れとなるのです。

質問者　個人にとってはそれでよいでしょう。しかし残りの人たちはどうなるのですか？

マハルシ　まずは言われたようにしなさい。その後で質問が起こるかどうか見てみればよいのです。

質問者　無知（アヴィディヤー）は存在するのでしょうか？

マハルシ　誰にとっての無知でしょうか？

質問者　自我にとってです。

マハルシ　そのとおり。自我にとってです。自我を取り除きなさい。そうすれば無知は立ち去るでしょう。自我を探してみなさい。するとそれは消え去り、ただ真我だけが残ります。そこに無知を装っていた自我は見あたらないでしょう。実在の中に無知は存在しないからです。すべての聖典は無知の存在を反証するためにあるのです。

質問者　自我はどのようにして現れたのでしょうか？

マハルシ　自我は存在しないのです。さもなければ、二人の自己をあなたは認めるということになります。自我が存在しないとき、無知が存在できるでしょうか？　もともと実在しない無知を探し出そうとすれば、それは存在していなかったことを知るでしょう。あるいはそれが消え去ったとあなたは言うでしょう。

　無知は自我に結びついています。なぜ自我について考え、そのうえ苦しむのですか？　無知とは何でしょうか？　それは「存在しないもの」なのです。しかしながら、世俗的な人生は無知という前提を必要としています。無知とは私たちの無知に他なりません。真我を忘れることが無知です。太陽の前に暗闇がありうるでしょうか？　同じように、自ら輝き、自ら明らかな真我の前に無知がありうるでしょうか？　もしあなたが真我を知れば、暗闇も、無知も、苦しみもなくなるのです。

　不幸や困難を感じるのは心です。暗闇は来ることも去ることもありません。太陽を見なさい。そうすれば、そこに暗闇はありません。それと同じように、真我を見なさい。そうすれば、そこに無知はないことを見いだすでしょう。

質問者　ラーマクリシュナや他の人たちは集中を修練しました。

マハルシ　集中であれ他の修練であれ、無知が存在しないことを認識するためにするのです。自己の存在を否定する人はどこにもいません。存在とは叡知、つまり気づきです。その気づきは無知の不在を示しています。それゆえ、無知は存在しないということを誰もが自然に認めるのです。それにもかかわらず、なぜ人は苦しむのでしょうか？　なぜなら「自分はあれやこれだ」と考えるからです。それは間違いです。「私は在る」だけが存在し、「私は何某《なにがし》だ」や「私はこれこれこういう者だ」ではないのです。存在が「絶対的なもの」であるときそれは正しく、「特定のもの」であるときそれは誤りです。それが真理の全体像です。

　誰もが自分が存在していることを認めます。自分の存在を確かめるために鏡を見る必要があるでしょうか？

自分自身の気づきが、自分が存在しているということを認めるのです。しかし人はそれを身体と混同してしまいます。なぜでしょうか？　人は眠りの中で身体に気づいているでしょうか？　いいえ。それでも眠りの中で存在が途絶えるわけではありません。人は身体なしで存在しているのです。いったいどうやって眠りの中で存在していることを知るのでしょうか？　自分自身の存在を明らかにするために鏡が必要でしょうか？　ただ気づいていなさい。あなたの気づきの中で、あなた自身の存在は明らかになるのです。

質問者　どのようにして真我を知るのでしょうか？

マハルシ　真我を「知ること」は真我として「在ること」です。真我を知らないと言うことができるでしょうか？　自分で自分の目を見ることはできませんし、鏡がなければ目を見ることはできません。だからといって、自分の目の存在を否定するでしょうか？　それと同じように、たとえ真我が対象として認識されなくとも、あなたは真我に気づいているのです。それとも、対象として認識できないからといって、自分の真我を否定するでしょうか？　あなたが「真我を知ることはできない」と言うとき、それは相対的な知識に基づいての不在を意味しています。今まであまりにも相対的知識に慣れ親しんできたため、あなたは自分自身を相対的に見てしまいます。そのような誤ったアイデンティティが、明白な真我を知ることを困難にしたのです。なぜなら真我を対象化することはできないからです。

「どのようにして真我を知るのか？」とあなたは尋ねます。あなたの問題は「どのようにして？」に中心を置いています。誰が真我を知るのでしょうか？ 身体にそれを知ることができるでしょうか？ それは身体に答えさせればいいでしょう。今、「身体が知覚されている」と言うのは誰でしょうか？
このような無知に応えるため、聖典は「神の戯れ」（リーラー、クリーダー）という理論を紡《つむ》ぎ出しました。戯れのために、神は心、感覚、身体という姿を取って現れたと言うのです。この神の戯れが問題だと言うあなたは誰なのですか？ 神の仕業に疑問を抱くあなたとは誰なのでしょうか？
あなたの務めは「ただ在る」ことであり、「あれやこれとして在る」ことではありません。「私は私で在るものである」という言葉がすべての真理の要諦です。その方法は、「静かに在ること」に尽きます。では「静寂」とは何を意味するのでしょうか？ それは「あなた自身を打ち壊すこと」を意味しています。なぜならいかなる姿形《すがたかたち》も苦しみの原因となるからです。「私はあれやこれである」という観念を放棄しなさい。聖典はアハミティ・スプラティ（それは「私」として輝く）と述べています。

質問者　スプラナ（輝き）とは何でしょうか？

マハルシ　「私—私」（アハム—アハム）は真我であり、「私はこれだ」（アハム・イダム）は自我です。輝きは常にそこに存在していますが、自我は一時的なものです。「私」が「私」としてとどまったときにのみ、それは真我であり、「私」から逸れて「これ」と言うとき、それは自我なのです。

質問者　神は真我とは別なものなのでしょうか？

マハルシ　真我が神なのです。「私は在る」が神です。

　アハマートマ・グダーケーシャ。

　私は真我である。おお、グダーケーシャ[*1]！

　この疑問が生じるのは、あなたが自我にしがみついているからです。真我をとらえれば疑いは生じないでしょう。真我が疑問を抱くことはありえないからです。もし神が真我から離れたものなら、それは真我のない神ということになります。それは馬鹿げています。

質問者　ナマスカーラ[*2]（崇拝の念を表すこと、ひれ伏すこと）とはどういうことでしょうか？

マハルシ　ひれ伏すこととは「自我を鎮めること」です。「鎮める」とはどういうことでしょうか？それはその源に融け入ることです。ひざまずくことや、おじぎや、ひれ伏すことに神が騙《だま》されることはありません。神は「個」がまだそこにあるかどうかを見ているからです。

シャマンナ氏　「私は在る」を感じ取る第六感というものがあるのでしょうか？

マハルシ　眠っているとき、あなたはその第六感を持っていますか？　五つの感覚を通して機能している一つの存在だけがあるのです。

　それともあなたは、各感覚が真我から独立してあり、五つの自己を制御する六番目のものが存在するとでも言うのですか？　五つの感覚を通して働いている力が存在しています。そのような「力」の存在をどうして否定できるでしょう？　あなたは自分自身の存在を否定しますか？　眠りの中で身体が知覚されないときでさえ、あなたは存在しているのではないでしょうか？　その同じ「私」が今も続いて存在しています。それゆえ私たちは、身体があろうとなかろうと私たち自身の存在を認めるのです。感覚は（眠りと目覚めの間で）周期的に機能します。それらの働きには始まりがあり、終わりがあります。そこにはそれらの活動のよりどころとなる基盤が存在するはずです。それはどこから現れ、どこに消えゆくのでしょうか？　そこに一つの基盤があることは間違いありません。もしあなたが「その単一体は知覚されない」と言うなら、それこそが、それが単一であることを示しているのです。なぜならあなたは「それを知る第二番の存在はない」と言うからです。

　このような討論は、すべて無知を取り払うためのものでしかありません。無知が取り払われれば、すべては明らかになるでしょう。それは力量あるいは成熟度の問題なのです。

質問者　恩寵がそのような探究者の能力の成長を早めるのではありませんか？

マハルシ　神にまかせなさい。無条件に明け渡しなさい。自分の無力さを認め、至高の力に救いを求めて明け渡すか、あるいは不幸の原因を探ってその源へ向かい、真我の中に融け去るか、二つの内の一つが為されなければならないのです。

　どちらの道を行こうと、あなたは不幸から解放されるでしょう。神はすべてを明け渡した者をけっして見放なすことはありません。

＊1グダーケーシャ：『バガヴァッド・ギーター』の中でクリシュナが用いたアルジュナの呼び名の一つ。「眠りを超越した者」

＊2ナマスカーラ：逐語的には「崇拝」や「礼拝」を意味する。

マーメーカン・シャラナン・ヴラジャ。
māṁ ekaṁ śaraṇaṁ vraja.
***q1* ただ私だけに明け渡しなさい。**

質問者　明け渡した後にも漂い続ける心とは何なのでしょうか？

マハルシ　明け渡しをした心がこの質問をしているのでしょうか？（笑い）

対話364

ネロールから来た大学教授が***q1* ヴィシュヴァルーパ・ダルシャナ**（クリシュナの宇宙的姿を見ること）について尋ねた。

マハルシ　ヴィシュヴァートマ・ダルシャナ（普遍的真我を見ること）がヴィシュヴァルーパ・ダルシャナ（宇宙的姿を見ること）です。つまり、普遍的真我の宇宙的姿が宇宙《コスモス》なのです。

シュリー・クリシュナは、『バガヴァッド・ギーター』の第二章では「私には姿形がない」と言って教え始めますが、第十一章では「宇宙を私の姿として見なさい」と語っています。これが首尾一貫していると言えるでしょうか？　しかも彼は「私は三界を超えている」と言いましたが、アルジュナは彼の中に三界を見るのです。シュリー・クリシュナは「人や神などの中に私を見ることはできない」と言います。それにもかかわらず、アルジュナはシュリー・クリシュナの中に神々や自分自身の姿を見ました。

誰も彼の姿を見ることはできませんでしたが、アルジュナは彼の姿を見れる「聖なる視野」を授かったのです。これでは矛盾の迷宮ではないでしょうか？

実は、理解の仕方に間違いがあるのです。物理的次元における物理的視野（ストゥーラ・ドリシュティ）では意味がありません。必要なのは、霊妙な洞察である叡知の視野（ジニャーナ・ドリシュティ）です。それゆえ、アルジュナは聖なる視野（ディヴィヤ・ドリシュティ）を授かったのです。そのような視野が粗大なものでありえるでしょうか？　そのような解釈が正しい理解に導くでしょうか？

q2 **シュリー・クリシュナは「私は時間である」**（カーロースミ）と言いました。時間に形があるでしょうか？

もし宇宙が彼の姿であるなら、それは単一で不変なものであるべきではないでしょうか？　なぜ彼は「何であれあなたが私の中に見たいと望むものを見なさい」と言ったのでしょうか？　それはつまり、彼の姿は見る者の望むとおりに現れるということです。彼らは「聖なる視野」について語りますが、それでも見る者が各々の見方にしたがって、見たい光景を描くのです。見る者も見られる光景の中に存在しています。それはいったいどういうことでしょうか？　催眠術師でさえあなたに摩訶不思議な光景を見せることができます。あなたはこれをトリックと呼び、別の場合では聖なる光景と呼ぶかもしれません。なぜこのような違いが起こるのでしょうか？　何であれ目に見えるものは実在ではありえないからです。それが真理です。

対話365

シュリー・バガヴァーンは同じ論題について語り続けた。ある訪問者が「どうすれば真我と身体との自己同一化を克服できるでしょうか？」と尋ねた。

マハルシ　眠りにおいてはどうでしょうか？

質問者　眠りは無知に包まれています。

マハルシ　どうやって眠りにおける無知について知ったのですか？　あなたは眠りの中で存在していましたか、いませんでしたか？

質問者　わかりません。

マハルシ　あなたは眠りにおけるあなたの存在を否定しますか？

質問者　私は推論によってそれを認めます。

マハルシ　どうやってあなたの存在を推測すると言うのですか？

質問者　推理と体験によってです。

マハルシ　体験に推理が必要なのですか？（笑い）

質問者　瞑想は分析的なものでしょうか、それとも統合的なものでしょうか？

マハルシ　分析や統合は知性の範囲に属します。真我は知性を超越しているのです。

対話366

ドッドウェル夫人は三時半にアーシュラマムを去る前に、再びネーティ・ネーティ（これではない、これではない）の意味について質問した。

マハルシ　現在、身体や感覚と真我との誤った自己同一視があります。あなたはこれらを否定してゆくことで前進していきます。これがネーティ・ネーティです。これは「否定し去ることのできないもの」をとらえることによって為されます。それが「それ」（イティ）なのです。

1937年2月21日

対話367

マハーラーシュトラ州からたびたび訪れる女性が去ろうとしていた。彼女は溢れそうな涙をこらえながら尋ねた。「この生だけで解脱（ムクティ）に達することが不可能なのは理解しています。それでも、心の安らぎなら現世で得ることはできるでしょうか？」

師は優しく彼女を見つめながら、穏やかに微笑んで言った。「この生も、その他のすべても、ブラフマンの中にのみ存在するのです。ブラフマンは今ここに在ります。探究しなさい」

質問者　私はこの数年瞑想を続けてきました。しかし心は落ち着かず、瞑想の結果も実を結ばずにいます。

シュリー・バガヴァーンは再び彼女を見つめながら言った。「たった今、瞑想しなさい。そうすれば、すべてはうまくいくでしょう」

対話368

午後十二時頃、母親がマドラス大学のサンスクリット語学術研究員をしている九歳か十歳の女の子が、モーリス・フリードマンに連れ添われてパラコットゥを歩いていたところ、シュリー・バガヴァーンに出会った。シュリー・バガヴァーンはいつものように優しく微笑みかけた。少女はシュリー・バガヴァーンに尋ねた。「どうしてこの地球には不幸があるのですか？」

マハルシ　カルマのせいです。

少　女　誰がカルマの結果をもたらすようにしむけているのですか？

マハルシ　神様です。

少　女　私たちにカルマをするようにしむけておきながら、悪いカルマに悪い結果をもたらすようにするなんて、神様は不公平ではありませんか？

シュリー・バガヴァーンはおもわず笑みをこぼした。そしてその少女をとても気に入ったようだった。その後ホールに戻るおりに、少女にある本を読むよう勧めた。それ以来、シュリー・バガヴァーンは彼女を見守っている。

1937年2月22日

対話369

マハーラーシュトラ州から中年を過ぎた紳士とその妻がこの地を訪れていた。二人とも静かで、質素な出で立ちだった。二人は涙をこらえていとまごいをした。紳士はむせび泣きながらシュリー・バガヴァーンの恩寵を求めて祈りを捧げた。シュリー・バガヴァーンは彼らを見つめていた。彼の唇はわずかに開かれ、白い歯並びをのぞかせた。そして彼の瞳もまた涙をたたえていた。

対話370

シュリー・バガヴァーンは牛小屋にいた。彼はしばらくの間、そこで働いている人々を見守っていた。するとある人がやって来て、大勢の訪問客がホールで彼を待ちわびていることを伝えた。シュリー・バガヴァーンは穏やかに、「さてさて、あなたたちはあなたたちの仕事を続けなさい。私は私の仕事に行くとしましょう。人々が待っているのだそうです。では、行きますか」と言うと、その場を立ち去った。

1937年2月23日

対話371

アーンドラ・プラデーシュ州から三人の中年の男性がシュリー・バガヴァーンを訪れていた。その内の一人がひざまずいて尋ねた。「私は*q1*バスティ、ダウティ、ネーティなどのハタ・ヨーガをしているのですが、足首の血管が硬化してしまいました。これはヨーガによる結果なのでしょうか？」

マハルシ　血管の硬化はどのような状況でも起こりえます。ヨーガをしないためにそれが起こることはあっても、ヨーガが問題をもたらすということはありません。ハタ・ヨーガは浄化作用の過程だからです。それは心の平安をもたらす助けにもなり、さらにはプラーナーヤーマ（調息）へと導いていくのです。

質問者　私はプラーナーヤーマをするべきなのでしょうか？　それは有益ですか？

マハルシ　プラーナーヤーマは心の制御を助けます。しかしプラーナーヤーマで立ち止まってはいけません。さらにプラティヤーハーラ（制感）、ダーラナー（集中）、ディヤーナ（禅定）、サマーディ（三昧）へと進展していかなければならず、そうすることで最終的には完全な結果をもたらすのです。

　グループの中のもう一人が尋ねた。「どうすれば性欲、怒り、所有欲、混乱、プライド、嫉妬心を克服することができるでしょうか？」

マハルシ　瞑想（ディヤーナ）によってです。

質問者　瞑想とは何でしょうか？

マハルシ　瞑想とは一つの想念をつかみ取り、それ以外のすべての想念を退けることです。

質問者　何に瞑想すべきでしょうか？

マハルシ　何であれあなたが好むものに。

質問者　シヴァ、ヴィシュヌ、ガーヤトリーは、みな同様の効果を持つと言われています。誰に瞑想するべきでしょうか？

マハルシ　どの神でもあなたが一番良いと思う神に瞑想しなさい。彼らはみな同等の効果を持っています。しかしあなたは一人の神に固執すべきです。

質問者　どのように瞑想すればよいのでしょうか？

マハルシ　あなたが最も好む対象に集中しなさい。もし一つの想念が優勢になれば、他のすべての想念は追い払われ、ついには消え去るでしょう。心が多様な物事にとらわれているかぎり、悪い想念は存在します。愛の対象にのみ向かっているときは、善い想念だけが意識界を制します。それゆえ、一つの想念だけを心に保ちなさい。瞑想が主要な修練です。

　しばらくの沈黙の後、シュリー・バガヴァーンは語り始めた。

マハルシ　瞑想とは闘いを意味します。あなたが瞑想を始めるやいなや想念は群がって力を蓄え、あなたが保とうとしていた一つの想念を滅ぼそうとします。修練を繰り返すことで、正しい想念は徐々に力をつけていきます。それが強力になったとき、他の想念は消え去るでしょう。これが瞑想の中で常に起こる激闘なのです。

　人は自分の不幸を取り去ることを望んでいます。それには心の平安が必要です。それはさまざまな想念による混乱のない平安です。心の平安は、ただ瞑想によってのみもたらされるのです。

質問者　それでは、なぜプラーナーヤーマ（調息）が必要なのでしょうか？

マハルシ　プラーナーヤーマは想念を直接制御できない人のための方法です。それは車のブレーキのような役割を果たします。しかし前に話したように、そこで止まってはならず、プラティヤーハーラ、ダーラナー、瞑想へと進展していかなければなりません。ひとたび瞑想の成果が現れれば、プラーナーヤーマをしなくとも心は制御されるようになります。アーサナ（座位）はプラーナーヤーマの助けとなり、プラーナーヤーマはディヤーナ（瞑想）の助けとなります。こうして心は平安を得るのです。これがハタ・ヨーガの目的です。

後に、シュリー・バガヴァーンはこう語った。

マハルシ　ひとたび瞑想が確立されれば、それを棄て去ることは不可能となります。たとえあなたが仕事をしようと、遊んでいようと、何かを楽しんでいようと、それは自動的に続いていくようになるでしょう。それは眠りの中でも続いていくでしょう。瞑想は自然なものとなるほど深く根を下ろさなければなりません。

質問者　瞑想を発展させるためには、どのような儀式や活動が必要でしょうか？

マハルシ　瞑想自体が活動、儀式、努力なのです。それは最も強烈で、あらゆる可能性を秘めています。それ以外の努力は必要ありません。

質問者　ジャパは必要でしょうか？

マハルシ　*瞑想自体がヴァーク（語ること）ではないでしょうか？　なぜそのためにジャパが必要なのでしょう？　もし瞑想が得られたなら他には何も必要ないのです。

質問者　沈黙の誓いは助けとなるでしょうか？

マハルシ　誓いは誓いでしかありません。それはある程度まで瞑想を助けるでしょう。しかし心が走り回っているというのに、口を硬く閉ざしたところで何になると言うのでしょう？　もしも心が瞑想に従事しているなら、語る必要がどこにあるでしょうか？

　瞑想に勝るものはありません。沈黙の誓いを立てながら心が活動的であるなら、誓いに何の意味があると言うのでしょう？

質問者　ジニャーナ・マールガ（知識の道）とは何でしょうか？

マハルシ　私はそれについて長い間語ってきました。ジニャーナとは何でしょうか？　ジニャーナとは真理を実現することです。それは瞑想によって為されます。瞑想は他のすべての想念を除外して、ただ真理のみをとらえることを助けるのです。

質問者　なぜこれほどまで多くの神々について語られているのでしょうか？

マハルシ　身体はただ一つです。それにもかかわらず、いったいいくつの機能を働かせているでしょうか？　すべての機能の源は一つです。神々についても同じことが言えるのです。

＊瞑想自体がヴァーク：ヴァークは「言葉、話、言語、声、音」を意味する。マハルシはここで瞑想が神の名やマントラを唱えることと同じ効果をもたらすと説いている。

質問者　なぜ人は不幸に苛《さいな》まれるのでしょうか？

マハルシ　不幸はさまざまな想念によって起こります。想念が一つのことに集中し統合されたなら、不幸は消え去り幸福になるでしょう。そうなれば、「私がこれをしている」という想念も、行為の結果に対する期待もなくなるのです。

対話372

質問者　『アートマ・ヴィディヤー・ヴィラーサ』や他の本の中に、身の毛が逆立つこと、むせび泣き、歓喜の涙などについて述べられています。これらの体験はサマーディにおいて起こるものなのでしょうか、それともそれ以前、あるいはその後に起こるものなのでしょうか？

マハルシ　これらはみな極めて霊妙な心の様態（ヴリッティ）の兆候を表しています。二元性がなければそれらは現れません。サマーディはこのような体験が現れようもない完全な静寂の状態です。サマーディから出た後、その状態を想い出したときにこれらの兆候は現れるのです。バクティ・マールガ（帰依の道）では、これらの兆候はサマーディの前兆として現れます。

質問者　ジニャーナの道ではそうではないのですか？

マハルシ　それについては何も確定的なことはありません。それは個人の性質にもよるのです。個人性が完全に失われれば、このような兆候が現れることはありません。たとえわずかでも個人性が残っていれば、このような兆候は現れるでしょう。
マーニッカヴァーチャカルなどの聖者もこのような兆候について語っています。彼らは「涙がとめどもなく、抑えようもなく溢れ続けた」と語っています。涙に気づいてはいても、思わず知らず、抑えようもなく溢れてくるのです。私もヴィルーパークシャ洞窟に暮らしていた頃、同じような体験をしたものです。

質問者　眠りの状態は至福の体験であると言われています。それなのに、それを想い出しても身の毛が逆立つことはありません。なぜサマーディの状態を想い出したときにはそうなるのでしょうか？

マハルシ　サマーディは目覚めの状態における眠り（ジャーグラト・スシュプティ）なのです。至福は圧倒的で、その体験はとても明らかなものです。一方、眠りにおいてはそうではありません。

質問者　眠りには不幸も幸福もありません。つまり体験は肯定的なものではなく否定的なものだと言えるのではないでしょうか？

マハルシ　しかし目覚めた後で眠りの状態を想い起こしたとき、人は肯定的に「私は幸せに眠った」と言います。それゆえ、眠りの中には幸福の体験があったはずです。

質問者　至福とは不幸の不在の中だけにあるのでしょうか、それともそれは何か肯定的なものなのでしょうか？

マハルシ　それは肯定的なものです。不幸が消え去ることと幸福が現れることは同時に起こるのです。

質問者　眠りにおける幸福の記憶ははっきりしていません。だから身の毛が逆立つことなど起こらないと言えるのでしょうか？

マハルシ　サマーディの至福は完全に明確な体験であり、その記憶もまた明確です。しかし眠りの体験はそうではないのです。

1937年2月28日

対話
373

九時十五分から九時三十分の間、新築の浴室で***q1*** **マイソールの藩王**（マハーラージャ）がシュリー・バガヴァーンとの個人的な会見を得た。藩王は礼拝してひざまずくと、シュリー・バガヴァーンの御足《みあし》に頭を触れてからこう語った。

「私はシュリー・バガヴァーンの伝記を読み、長い間お会いすることを願っておりました。しかし私の置かれている状況は、そのような願いを簡単にかなえてくれるものではありませんでした。私に課《か》せられたさまざまな制限を考えれば、他の帰依者の方々のようにここにとどまることもできません。ここにいることのできる十五分間、私はただあなた様の恩寵を願って祈りを捧げるばかりです」

（退くおりに、藩王は再びシュリー・バガヴァーンの御足元にひざまずいた。そしてアーシュラマムのオフィスに、二枚のみごとなショール（肩掛け）と奉納金を捧げて立ち去った）

1937年3月13日

対話374

トラヴァンコールの藩王（マハーラージャ）が四時三十分から五時十五分の間に会見を得た。

藩王と王妃は朝八時の汽車でティルヴァンナーマライに到着し、夕方四時十五分にアーシュラマムを訪れた。一般の帰依者のホールへの立ち入りは禁止された。毎日訪れる帰依者でさえ、残念ながら何かの手違いで、会見に参加することができなかった。退職した地方政務官が王室の一行をシュリー・バガヴァーンに紹介した。二人の補佐官、藩王の個人秘書、トラヴァンコール藩の政務官、マドラスのマイラポールから来た弁護士らの姿が見られた。地方政務官によって会話は開かれ、マナス（心）、精神集中、真我実現、世界創造の目的などについての討論があった。王妃は抱いていたいくつかの疑問を問いただし、それらはすべてシュリー・バガヴァーンによって解き明かされた。藩王もまた討論に参加された。会話はすべてタミル語とマラヤラム語によって行われた。

王妃はたいへん教養高く快活で、マラヤラム語、タミル語、英語に堪能であられた。質問のほとんどは王妃によって問われた。

以下はその一部である。

質問者　創造の目的とは何でしょうか？

マハルシ　それはこの質問をもたらすことにあるのです。この質問に対する答えを調べなさい。そして究極的には至高なるものの中に、と言うよりもむしろ、自己をも含んだすべての存在の根源の中にとどまりなさい。創造の目的を調べることは、それ自体を真我探究の中に融かし去ります。そしてそれは真我ではないものすべてが拭い去られたときに終焉《しゅうえん》するのです。そのとき真我はその純粋性と光輝の内に実現されるでしょう。

質問者　どのように探究を始めればよいのでしょうか？

マハルシ　真我はすべてにとって明白なものです。始まりも同じように明白です。

質問者　私のような発展段階にいる者にとっては、何を出発点としたらよいのでしょうか？

マハルシ　人それぞれにウパーサナ（瞑想）やジャパのようなふさわしい方法があります。もしそれを誠実に、真剣に、忍耐強く続けるなら、それはおのずと真我探究へ導くでしょう。

（記録者ノート：当日記録者は不在だったため、この記録はシュリー・バガヴァーンの従者から伝えられたものである）

1937年3月21日

対話375

カルナータカ州から来た中年の訪問者が***q1*** **アカルマ（無為、無活動）**について尋ねた。

マハルシ　何であれ自我が消え去った後に為された行為がアカルマです。

対話376

アーンドラ・プラデーシュ州から来た学識ある訪問者は、自作のシュリー・バガヴァーンを讃える詩を読み上げると、それを師の御足元に捧げて礼拝した。その後、彼は教え（ウパデーシャ）を求めた。

マハルシ　ウパデーシャは『ウパデーシャ・サーラム』の中に述べられています。

質問者　しかし言葉で伝えられた個人的な教えに価値があるのです。

マハルシ　もしも何か新しく未知なものなら教えも適切でしょうが、ここでは心を静め、想念から自由であることが教えなのです。

質問者　それはどうも不可能に見えます。

マハルシ　しかしそれこそがすべての人の純真無垢な永遠の状態なのです。

質問者　それでも、私たちの日々の生活の中にその状態は見られません。

マハルシ　日々の生活は永遠なる状態から切り離されたものではありません。日々の生活と霊的な人生が異なると想像されたとき、問題は起こるのです。何が霊的な生活なのかが正しく理解されれば、日々の活動的な生活と異ならないことが明らかになるでしょう。

　心が心自体を対象物として探し出そうとするとき、それは見つかるでしょうか？　精神的機能の源が見いだされなければなりません。それが実在です。

　想念によって妨げられているため、人は真我を知らずにいます。想念が静まれば、真我は実現されるのです。

質問者　q1**「百万人に一人だけが霊的修行を成就する」**（『バガヴァッド・ギーター』第七章三節）

マハルシ　q2**「いつであれ心が揺れ動いたなら、そのときその場で制御しなさい」**（『バガヴァッド・ギーター』第六章二六節）。q3**「心で心を見なさい」**（『ヨーガシカー・ウパニシャド』第十一節）と聖典は宣言しています。

質問者　心とはq4ウパーディ**（限定された付属性）**なのでしょうか？

マハルシ　そうです。

質問者　見られる世界（ドリシャ）は実在（サティヤ）なのでしょうか？

マハルシ　主体、対象、知覚が三位（トリプティー）を形成しているため、見られるものは見る者と同じ程度の実在性しか持っていません。

しかし実在はこれら三つを超越しています。これらは現れては消え去るものですが、真理は永遠なるものだからです。

質問者　トリプティー・サンバヴァ（三位の出現）は一時的なものでしかありません。

マハルシ　そうです。一時的な物事の中にさえ真我を認識するなら、主体、対象、知覚という三位が存在しないということ、と言うよりも、むしろそれらが真我から離れていないということがわかるでしょう。つまり真我と一時的な物事は同時に在り続けるのです。

1937年3月22日

対話377

アーンドラ・プラデーシュ州から来た中年の訪問者が尋ねた。「人は神聖だと言われています。それなのに、なぜ嘆き悲しむのでしょうか？」

マハルシ　神聖とは人の本性を意味しています。悲嘆はプラクリティ*に属するものです。

質問者　どうすれば嘆きや悲しみを克服できるでしょうか？

マハルシ　自己の内にある神性を実現することによってです。

質問者　どのようにでしょうか？

マハルシ　修練によって。

質問者　どのような修練ですか？

マハルシ　瞑想です。

質問者　瞑想の間でさえ心は落ち着きません。

マハルシ　修練を続ければ大丈夫になるでしょう。

質問者　どうすれば心を落ち着かせることができるでしょうか？

マハルシ　心を強くすることによって。

＊プラクリティ：この対話の文脈ではサットヴァ（純質）、ラジャス（激質）、タマス（闇質）という三つの質（グナ）を持った個人の生来の気質を意味する。本来は現象世界の根源的な構成要素を指す。

質問者　どうやって心を強くするのでしょうか？

マハルシ　心はサットサンガ（賢者との交際）によって強められるのです。

質問者　祈りなども修練すべきでしょうか？

マハルシ　そのとおりです。

質問者　嘆き悲しみのない人とはどのような人でしょうか？

マハルシ　その人は完成されたヨーギーであり、彼には何の問題もありません。

質問者　人々は災害、地震、飢饉などを取り上げて、神が存在しないことを証明しようとしています。彼らの主張に対してどう応じるべきでしょうか？

マハルシ　それらはどこから起こると言うのでしょうか、そう主張する人たちからですか？

質問者　彼らは「自然の仕業」だと言っています。

マハルシ　ある人はそれを「自然」と呼び、他の人たちは「神」と呼ぶのです。

質問者　私たちは万が一の災難に備えるべきなのでしょうか、それとも霊的な目的達成のために、不安定で危険な生を生きるべきなのでしょうか？

マハルシ　神がすべての面倒を見ているのです。

１９３７年３月27日

対話378

アーンドラ・プラデーシュ州から来た訪問者との会話の中で、シュリー・バガヴァーンは以下の言葉を聖典*から引用した。

asaṁśayaṁ mahā-bāho mano durnigrahaṁ calam,
abhyāsena tu kaunteya vairāgyeṇa ca gṛhyate.
心は落ち着きがなく、制御しがたいものであることは疑いない。
だが、おお勇敢なる英雄よ。
絶え間ない修練と無執着によって、それは制御できるのだ。

『バガヴァッド・ギーター』第6章35節

ヴァイラーギャ（離欲）を説明するために、シュリー・バガヴァーンは再び引用した。

saṅkalpa-prabhavān kāmāṁs tyaktvā sarvān aśeṣataḥ,
manasaivendriya-grāmaṁ viniyamya samantataḥ.
思考から生じたいっさいの欲望を棄て去り、
心によってすべての感覚の群れを制御しなさい。

『バガヴァッド・ギーター』第6章24節

アビャーサ（修練）について、

śanaiḥ śanair uparamed buddhyā dhṛti-gṛhītayā,
ātma-saṁsthaṁ manaḥ kṛtvā na kiñcid api cintayet.

堅固に保たれた知性によって、
徐々に心を内面に引き入れ、真我の内に確立させなさい。
他に何も考えてはならない。

『バガヴァッド・ギーター』第6章25節

ジニャーナ（叡知）について、

yato yato niścarati manaś cañcalam asthiram,
tatas tato niyamyaitad ātmany eva vaśaṁ nayet.

いつであれ心が揺れ動くとき、そこから心を引き戻し、
それを制御して自己の支配下に導くべきである。

『バガヴァッド・ギーター』第6章26節

＊聖典から引用した：この対話の『バガヴァッド・ギーター』の四節はサンスクリット語原典からの直訳。

1937年4月2日

対話 379

ケーララ州のニランブールから来た紳士ティルマルパドが、シュリー・バガヴァーンに *q1* 『**アートマ・ヴィディヤー**』（**真我の知識**）についての説明を求めた。

シュリー・バガヴァーンはこの五節の短い詩篇について以下のように説明を与えた。

マハルシ　チダンバラムは聖者ナンダナールにゆかりのある有名な巡礼の地です。ナンダナールは「真我の知識（アートマ・ヴィディヤー）は最も達成困難なものである」と詩に詠いました。しかしムルガナール（マハルシの古弟子）は、「真我の知識は最も達成しやすいものである」という言葉で詩を書き始めました。「アイイェ・アティスラバン」（真我の知識はたやすい）は、この詩の繰り返し部分となっています。この比類なき宣言の説明において、ムルガナールは「アートマンは真我であるため、誰にとっても永遠に明らかなものである」と述べています。もともとこの宣言とそれに続く理論は矛盾しています。なぜなら、もし真我がすべての自我の基盤であり、それほど明らかなものなら、達成する必要などないからです。

当然ながら、ムルガナールはその先を書き続けることができなかった。そのため、最初の四行を書いた後、残りの部分をシュリー・バガヴァーンに完結してもらうよう願い出た。

シュリー・バガヴァーンは弟子の表明が真理を示していることを認めたうえで、どうして明白であるはずの真我が隠されているのかを、真我と身体との誤った自己同一性などを理由として詩に示したのだった。

質問者　どうして誤った自己同一性は現れたのでしょうか？

マハルシ　想念ゆえです。もしそれらの想念が止まれば、真我はおのずと輝き出すでしょう。

質問者　どうすれば想念を止められるでしょうか？

マハルシ　想念の基盤となるものを見いだしなさい。すべての想念は「私」という一本の想念の糸に結び付けられています。それを静めれば他の想念も静まるでしょう。真我以外のあらゆる物事について知ったところで何の役に立つと言うのでしょう？　真我が知られれば、他のすべても知られるのです。だからこそ、真我実現は人間にとって最も重要な、唯一の義務なのです。

質問者　どうすれば「私」という想念を静めることができるでしょうか？

マハルシ　もしその源を見いだせば、「私」という想念は立ち現れないでしょう。こうしてそれは静められるのです。

質問者　どこにそれを見いだせるのでしょうか？

マハルシ　個人がさまざまな方法で働くのを可能にするのは意識です。純粋な意識が真我なのです。真我実現に必要なのは、「静かに在る」ことだけです。

質問者　それよりも簡単なことがあるでしょうか？

マハルシ　だからこそ、真我の知識は最も達成しやすいものなのです。

対話380

ヨーロッパから来た紳士が尋ねた。「『あなたは誰か？』という問いに対して、あなたならどのように答えますか？」

マハルシ　自分自身に「私は誰か？」と尋ねなさい。

質問者　あなたがどのようにそれを見いだしたのか教えてください。私自身では探し出せないからです。「私」とは生体的な生命力から生じたものです。その問いは沈黙をもたらします。私は師がどのように見いだしたのかを知りたいのです。

マハルシ　それを理論だけで見いだせるでしょうか？　科学的分析は知性によるものです。

質問者　J・C・ボースは「自然は虫と人間との間にいかなる違いも創り出さなかった」と語っています。

マハルシ　自然とは何でしょうか？

質問者　それは「存在するもの」です。

マハルシ　あなたはどうやって存在を知るのでしょうか？

質問者　私の感覚によってです。

マハルシ　「私の」という言葉は「あなたの存在」を示唆《しさ》しています。しかしあなたは他の存在について語っています。「私の感覚」について語るには、「あなた」が存在していなければなりません。「私」なしに「私の」はありえないからです。

質問者　私は憐《あわ》れな生き物です。そして偉大な師であるあなたのもとに来て「この存在とは何でしょうか？」と尋ねているのです。「存在」という言葉自体に特別な意味はありません。彼は存在し、私は存在し、他の人々も存在しています。それはいったいどういうことなのでしょうか？

マハルシ　誰の存在を仮定しようとも、そこにはあなた自身の存在があることを示しています。存在はあなたの本性なのです。

質問者　何であろうと存在しているものに不思議はありません。

マハルシ　どうやってあなた自身の存在を知る前に、他の存在を知ると言うのですか？

質問者　物事の存在について何か新しいことでもあるでしょうか？　私はあなたの本の中に、自分自身に問うべき質問は「私は誰か？」だけだと書かれてあるのを読みました。私は「あなたが誰なのか？」が知りたいのです。私には私自身の答えがあります。もし他の人も同じ答えであるなら、そして百万人の答えも同じであるなら、そこに真我の蓋然性《がいぜんせい》があるのです。私は質問に対する肯定的な答えを求めているのであって、言葉遊びをしているわけではありません。

マハルシ　そうしたところで、よくてもあなたは蓋然性の範囲にいるだけです。

質問者　そうです。確実性というものは存在しません。神でさえ絶対的確実性をもって証明することはできないのです。

マハルシ　神のことはさておきなさい。あなた自身についてはどうなのですか？

質問者　私は真我の確証が欲しいのです。

マハルシ　あなたは他の人から確証を求めようとしています。私たち一人ひとりは他者から「あなた」と呼ばれますが、自分自身のことは「私」と呼びます。確証は「私」によってのみ得られるのです。「あなた」というものなどまったく存在していません。すべては「私」の中に含まれているからです。自分が存在して初めて他者の存在を知ることができるのです。主体がなければ他者は存在しないからです。

質問者　これもまた何も新しいことではありません。私がC・V・ラーマン氏とともにいたとき、彼は匂いの理論は彼の光の理論を用いて説明できると言いました。もはや化学用語を用いずとも匂いについて説明できるのです。これは何か新しいことです。これが進歩というものです。私が「今聞いたことに何も新しいことはない」と言ったのは、こういうことを意味していたのです。

マハルシ　「私」はけっして新しいものではありません。それは永遠に変わらないものなのです。

質問者　そこに進歩はないと言われるのですか？

マハルシ　進歩は外向的な心によって知覚されます。心が内向的になったときすべては静かになり、そこに真我が見いだされるのです。

質問者　科学についてはどうなのですか?

マハルシ　すべての科学は真我の中に帰着するのです。真我が科学の究極の目的だからです。

午後五時になり、シュリー・バガヴァーンはホールを去った。そして紳士は駅へと向かった。

対話381

ベンガル州出身のエンジニア、ボース氏が『アートマ・ヴィディヤー』（真我の知識）の最終節の意味について尋ねた。

真我であるアンナーマライ*よ。
眼やその他すべての感覚器官を見る、心眼の背後にある眼よ。
空やその他すべての元素を知る者よ。
すべてを包括し、顕示し、知覚する存在よ。
ハートに輝く内なる虚空よ。
心が内面に向かい、すべての想いから解き放たれたとき、
アンナーマライは私自身の真我として現れ出す。
それには、まず恩寵が必要とされ、

愛が起こり、そして至福が溢れ出す。
見なさい、真我の知識はたやすいこと、
実にたやすい。

『アートマ・ヴィディヤー』第6節

シュリー・バガヴァーンは以下のように説明した。

マハルシ　世界は知覚されますが、知覚されたものは単なる現れにすぎません。それは存在する場と光を必要とします。そのような存在の場と光は、心と同時に立ち現れます。それゆえ物質的な存在と光は、精神的な存在と光の一部分なのです。精神的な存在と光は絶対的なものではありません。なぜなら心は現れては消え去るものだからです。心の根源は真我にあります。真我の存在と自ら発する光輝は明らかなものです。それゆえ真我は、眠り、夢見、目覚めを通して存在し続ける絶対的存在なのです。

世界は多様性によって成り立っています。それは心の働きです。心は真我の光を反映して輝いています。映画の画像は、まぶしく輝く光の中や暗闇の中ではなく、拡散された人工の光の中でのみ見ることができます。それと同じように、世界という画像《イメージ》も、無知の暗闇の中で真我から拡散され、（心に）反映された光のみを通して見られるのです。

＊アンナーマライ：聖なる丘アルナーチャラのタミル語の名称。

世界は眠りの中のように純粋な無知の中でも、真我実現のように純粋な光の中でも見ることはできません。多様性の原因は無知なのです。

質問者　私には知的にしか理解できません。

マハルシ　なぜなら、現在のあなたは知性にとらえられているからです。このようなことについて論じる目覚めの状態の間、あなたは知性に支配されているのです。

（しばらくの沈黙の後）

真我実現に必要なのは恩寵です。

質問者　どうすれば恩寵を得られるでしょうか？

マハルシ　恩寵とは真我のことです。それが現れないのは無知が優勢だからです。信仰（シュラッダー）とともに、それは明らかになっていくでしょう。

信仰、恩寵、光、霊性はみな真我と同義語なのです。

1937年4月5日

対話382

地味ながらも哲学を修めたアーンドラ・プラデーシュ州の紳士が、シュリー・バガヴァーンにマノーラヤ（一時的な心の静止）について尋ねた。

シュリー・バガヴァーンは紳士が手にしていた『ウパデーシャ・サーラム』（教えの精髄）を指して、「その本にすべて述べられています」と伝えた。

質問者　心とは何でしょうか？

マハルシ　それが何なのか見てみなさい。

質問者　心はサンカルパ・ヴィカルパートマカ（想念とその変化が織り成したもの）です。

マハルシ　誰の想念（*サンカルパ）でしょうか？

質問者　サンカルパは心の本性です。

マハルシ　何のサンカルパだと言うのですか？

質問者　外界のです。

マハルシ　そのとおりです。それがあなたの本性なのですか？

質問者　それは心の本性です。

マハルシ　あなたの本性は何ですか？

質問者　シュッダ・チャイタニャ（純粋な意識の光）です。

マハルシ　それならなぜサンカルパなどについて悩むのですか？

質問者　心は変化し続け、不安定なものだからです。

***サンカルパ**（saṁkalpa）：意図、意志、想念、動機、決意、願望。

マハルシ　「心は内面に向かい、真我の中に融け去らなければならない」と『ウパデーシャ・サーラム』に述べられています。
その進展はゆっくりなため、修練は長くかかるでしょう。そして真我の中に完全に融け去るまで続けられなければならないのです。

質問者　そのために恩寵を授かることを願っています。

マハルシ　それは常にあなたとともにあるのです。あなたに必要なのは、外向的な心に惑わされずに真我としてとどまることです。それが恩寵です。

紳士はひれ伏して礼をすると、その場を去った。

対話383

サンニャーシーのスワミ・ローケーシャーナンダが、シュリー・バガヴァーンに尋ねた。「ジーヴァン・ムクタ（生きながら解脱した人）にはプラーラブダがあるのでしょうか？」

マハルシ　この質問をしているのは誰ですか？　いったい誰からこの質問は起こっているのでしょうか？　尋ねているのはジーヴァン・ムクタですか？

質問者　いいえ、私はまだムクタではありません。

マハルシ　それなら、なぜジーヴァン・ムクタ自身にこの問いを問わせないのですか？

質問者　疑いは私のものだからです。

マハルシ　そのとおりです。疑いを抱くのはアジニャーニであってジニャーニではないのです。

質問者　アジャータ・ヴァーダ（非起源論）の教義によれば、「創造が起こったことはない」と言われています。シュリー・バガヴァーンの説明は完璧なものです。しかしそれは他の宗派の教義でも承認されているのでしょうか？

マハルシ　アドヴァイタ・ヴァーダ（非二元論）には三つの論理があります。

(1)アジャータ・ヴァーダ（非起源論）は「失われたものもなく、創造もない。誰も束縛されたことなどなく、修行者もなく、解脱への願望もなく、解脱さえもない」（『マーンドゥーキャ・カーリカー』第二章三二節）と表しています。これが究極の真理です。これによれば、ただ「一なるもの」だけが存在し、それ以上議論する余地を与えません。

(2)ドリシュティ・スリシュティ・ヴァーダ（同時創造）は以下のように説明します。

同時創造：二人の友人が隣り合わせで眠っています。その一人が友人とともにベナーレスに行って帰ってくる夢を見ました。彼は友人に、二人でベナーレスに行ったことを伝えますが、その友人はそれを否定します。それは一方から見れば真実であっても、他方から見れば真実ではないのです。

(3)スリシュティ・ドリシュティ・ヴァーダ（段階的創造とその知識）については単純明白です。

カルマは過去のカルマと仮定されています。それらは*プラーラブダ、アーガーミ、サンチタです。そこには行為者という感覚と行為者が存在するはずです。カルマは身体にとってのものではありません。なぜなら、身体に生命意識はないからです。カルマが身体に属すように見えるのは、「私は身体だという感覚」が存在する間だけです。「私は身体だという観念」がなければ、行為者という感覚（カルトゥリトヴァ）も行為者（カルター）もありえません。「私は身体だという感覚」を超越して、初めて人は真我実現した人（ジニャーニ）となるのです。

それゆえ、ジニャーニにカルマは存在しません。それが彼の体験です。そうでなければ、彼はジニャーニとは言えません。ジニャーニは自分を身体と同一視しません。しかしアジニャーニはジニャーニと彼の身体を同一視してしまいます。だからこそ、アジニャーニはジニャーニの身体が活動しているのを見て、「ジニャーニもプラーラブダの影響を受けるのではないか」と尋ねるのです。

聖典は、「真我の知識はすべてのカルマを焼き尽くす炎だ」と述べています。「すべて」という言葉には二通りの解釈の仕方があります。(1)プラーラブダを含む場合と(2)プラーラブダを含まない場合です。

第一の説明は、「三人の妻を持った男が死んだとき、その内の二人は未亡人と呼ばれ、三人目はそうは呼ばれないということがあろうか？　三人とも未亡人になるのだ」というものです。プラーラブダ、アーガーミ、サンチタにおいても同じことです。行為者が存在しなくなれば、すべてのカルマが効力を失うのです。

第二の説明は、しかしながら、疑問を抱く人を満足させるだけのものです。この場合、すべてのカルマが焼き尽くされ、プラーラブダだけが残ると言われています。そして身体は誕生した役割を果たすために機能し続けると言うのです。それがプラーラブダです。しかしジニャーニの見地からすれば、ただ真我だけが存在し、その真我がそのような多様性として現れるのです。真我を離れて身体やカルマは存在しません。それゆえ、行為がジニャーニに影響を与えることはないのです。

質問者　ジニャーニには「私は身体だ」という観念（デーハートマ・ブッディ）がないのでしょうか？例えば、もしシュリー・バガヴァーンが虫に刺された場合、何の感覚もないのでしょうか？

マハルシ　そこには感覚があり、「私は身体だ」という観念もあります。「私は身体だ」という観念はジニャーニにもアジニャーニにも共通していますが、唯一の違いは、アジニャーニは「身体だけが私である」（デーハイヴァ・アートマ）と考えますが、ジニャーニにとってはすべてが自己（アートママヤン・サルヴァム）なのです。あるいはすべてがブラフマン***q1***（**サルヴァン・カルヴィダン・ブラフマ**）です。痛みがあるなら、そうあらしめればいいのです。それもまた真我の一部です。真我はプールナ（完全、全体）だからです。

さて、ジニャーニの行為についてですが、それはただそう呼ばれているだけです。なぜなら、それは効力を持たないからです。

＊**プラーラブダ**（prārabdha）：過去世での行為によって定められた、現世で果たされるべき運命。**アーガーミ**（āgāmi）：現世で積まれた新しいカルマ。この一部が来世に持ちこまれる。**サンチタ**（sañcita）：前世から積まれてきたカルマの蓄え。

一般には、行為は個人の中にサンスカーラとして植え込まれています。それはアジニャーニの心が肥沃な土壌である場合にかぎります。ジニャーニの場合、彼の心の存在は推測されたものでしかありません。彼はすでに心を超越しています。それでも、見た目には活動しているように見えるので、彼の心は存在すると推測されるのです。ジニャーニの心はアジニャーニのように肥沃ではありません。だからこそ、***q2*** **「ジニャーニの心はブラフマンである」**と言われるのです。ブラフマンとはジニャーニの心に他なりません。その土壌でヴァーサナーが実を結ぶことはありえません。彼の心はヴァーサナーから解放された不毛の土地なのです。それでも、ジニャーニにはプラーラブダがあると見なされているため、ヴァーサナーもまた存在すると考えられています。もしヴァーサナーが存在するとすれば、それは喜びをもたらすもの（ボーガ・ヘートゥ）だけです。

行為は二種類の業果をもたらします。一つは喜びをもたらすもの。もう一つはサンスカーラという形で心に印象を残し、未来の誕生をもたらすものです。不毛の土地であるジニャーニの心は、カルマの種子を植えつけても生長しません。彼のヴァーサナーは、結果的に喜びだけをもたらす活動を通しておのずと尽き果てるのです。

しかし実際は、彼のカルマはアジニャーニの視点からのみ見られるものであって、ジニャーニは無為のままとどまります。彼は身体が真我から離れたものであるとは見ていません。だとすれば、どうして彼に束縛や解放がありえるでしょうか？　彼はその両方を超越しているため、現在も、未来においてもカルマに束縛されません。それゆえ、彼にとっては生きながら解脱した人（ジーヴァン・ムクタ）も死後に解脱した人（ヴィデーハ・ムクタ）も存在しないのです。

質問者　今言われたことによれば、どうやらジニャーニはすべてのヴァーサナーを焼き尽くした人が一番で、彼は石か棒切れのように無活動のままとどまるということです。

マハルシ　いいえ、そうある必要はありません。ヴァーサナーは彼に影響を与えないのです。石や棒切れのようにとどまること自体がヴァーサナーではないでしょうか？　サハジャが彼の境地なのです。

対話384

会話の焦点は[*1]ヴァーサナーに当てられた。

マハルシ　善い精神的傾向と悪い精神的傾向は共存します。一方はもう一方なしには存在できません。一方だけが優先的になることはあるでしょう。善い精神的傾向は培われなければならず、それもまた最終的にはジニャーナ（真我の知識）によって破壊されなければならないのです。

一人の若い天才についての話がもち上がった。シュリー・バガヴァーンは、「彼の中にある前世の潜在的印象（プールヴァ・ジャンマ・サンスカーラ）が強かったからです」と語った。

質問者　高名な聖者の言葉を自由に引用する能力は、どのようにして現れるのでしょうか？　それも種子という形をとったヴァーサナーにすぎないのでしょうか？

マハルシ　そうです。サンスカーラ[*2]（精神的傾向）は過去世で得られた知識が蓄積されたものです。ふさわしい状況や環境のもとでそれは現れます。強いサンスカーラを持った人は、弱いサンスカーラを持った人やまったくサンスカーラのない人よりも提示された物事を早く理解するのです。

質問者　発明家にとっても同じことが言えるのでしょうか？

マハルシ　「この世に新しいものは何一つない」と言われるように、発明や発見と呼ばれるものは、考察していた物事に対する強いサンスカーラを備えた優能な人による再発見にすぎないのです。

質問者　ニュートンやアインシュタインなどもそうなのでしょうか？

マハルシ　もちろんです。しかしどんなにサンスカーラが強くとも、静かで穏やかな心にならないかぎり、それが現れることはないでしょう。どんなに想い出そうとしても想い出せないことが、静かで穏やかな心になったときに突然想い出されるのは誰もが体験することです。忘れたことを想い出そうとすることにさえ、精神の静寂が必要となります。天才と呼ばれる人たちは、過去世で努力を重ねて知識を得、それをサンスカーラとして蓄積した人たちなのです。彼は現世において、自分が取り組んでいる主題に心が融け入るまで集中します。その静寂の中で、それまで沈潜していたアイデアが湧き上がってくるのです。それにはまた有利となる条件や環境も必要とされるでしょう。

＊1ヴァーサナー：心の潜在的傾向。性癖。

＊2サンスカーラ：ヴェーダーンタ哲学においては「無数の過去世で起こった行為によって心に刻まれた印象、痕跡、深い影響」を意味し、それによって形成された恐れや欲望や衝動などの性癖がヴァーサナーとなる。

1937年4月6日

対話385

アーンドラ・プラデーシュ州から来たヴェンカタ・ラーオ氏に、シュリー・バガヴァーンは会話の中でこう語った。

マハルシ　真我の知識（ジニャーナ）を得ないかぎり、真我実現した人（ジニャーニ）の境地を理解することはできません。イーシュヴァラ神の仕事などについて尋ねるのも無益なことです。

人々は「なぜ*q1* **シヴァ神はダールカーの森に裸で入り**、リシたちの妻の貞節を脅《おびや》かそうとしたのか？」と尋ねます。この出来事を記録した『プラーナ』は、*q2* **乳海が攪拌されているときに**、ハラーハラという毒を飲み干すことによって、シヴァが宇宙や神々を救い出したという出来事も記録しています。致命的な毒から世界を救い出すことができ、しかも賢者たちを解脱に導くことのできるシヴァ神が、リシたちの妻の周りを裸で歩き回ったりもしたのです。

通常の知性でジニャーニやイーシュヴァラ神の行動を理解することは不可能です。彼らを理解するには、ジニャーニにならなければならないのです。

質問者　私たちはジニャーニの生き方を学んで、それを真似なければならないのではありませんか？

マハルシ　それは役に立ちません。ヴァーサナーには四種類あります。

(1)純粋（シュッダ）、(2)不純（マリナ）、(3)混合（マディヤ）、(4)善（サット）です。

それにともなって、ジニャーニには四つの位があります。

(1)至高(ヴァリシュタ)、(2)最高(ヴァリヤ)、(3)上等(ヴァラ)、(4)良(ヴィト)です。

これらの結実は三通りあります。

(1)自らの意思によるもの(スヴェッチャー)、(2)他者の意思によるもの(パレッチャー)、(3)故意ではないもの(アニッチャー)です。

これまでガウタマ、ヴィヤーサ、シュカ、ジャナカといったジニャーニ(覚者)が存在しています。

質問者　ヴィヤーサはジニャーニだったのですか?

マハルシ　もちろんです。

質問者　それでは、なぜ ***q3*** **沐浴をしていた精霊の少女たちはヴィヤーサが**現れたときは服を身にまとったのに、シュカが通り過ぎたときは気づかなかったのでしょうか?

マハルシ　ジャナカ王から教えを得るようにとシュカを送り出したのは、他でもないそのヴィヤーサでした。シュカはジャナカ王のテストを受けました。そしてついにヴィヤーサの偉大さを確信して戻って来たのです。

質問者　ジニャーナ(真我の知識)とアールーダ(到達)は同じことなのでしょうか?

マハルシ　そうです。

質問者　バクティとジニャーナとの関係は何でしょうか?

マハルシ　永遠に途切れることのない自然な状態がジニャーナです。それは真我を愛することを意味しているのではないでしょうか？　それがバクティではないでしょうか？

質問者　偶像の崇拝は正しいこととは思えません。イスラム教徒は無形の神を礼拝しています。

マハルシ　彼らの神の概念はどのようなものでしょうか？

質問者　内在性などです。

マハルシ　たとえそうだとしても、神は属性を持っているのではないでしょうか？　姿形《すがたかたち》は属性の一つでしかありません。何らかの概念なしに神を礼拝することは不可能です。どのようなバーヴァナ*も属性を持った神（サグナ）を前提としています。そのうえ神に形があるかないかについて討論することが何の役に立つと言うのでしょう？　あなた自身が形を持っているかどうか見てみなさい。そうすれば、神のことも理解できるでしょう。

質問者　私には形がないということを認めます。

マハルシ　いいでしょう。あなたは眠りの中では姿形を持っていませんが、目覚めの状態においては自分を姿形と同一視しています。どちらがあなたの真の状態か見てみなさい。調べてみれば、あなたには姿形がないということが理解されるでしょう。自分自身の叡知によって、あなたの真我が無形であることを知ったなら、同じ叡知が神にもあるのだから、それゆえ神も無形であるということを認めるべきで

＊バーヴァナ（bhāvana）：瞑想や礼拝において神のイメージを想い描くこと。

はないでしょうか？

質問者　しかし神には神の世界が存在します。

マハルシ　世界はどのようにして現れるでしょうか？　私たちはどうでしょうか？　これを知れば、あなたは神を知るでしょう。神とはシヴァなのか、ヴィシュヌなのか、それ以外なのか、それともそれらすべてを一つにしたものなのか、ということを知るでしょう。

質問者　ヴァイクンタ（ヴィシュヌ神の司《つかさど》る天上界）は超越的真我（パラマパダ）の中にあるのでしょうか？

マハルシ　あなた以外のどこに超越的真我やヴァイクンタがあると言うのでしょうか？

質問者　ヴァイクンタなどは意図せずに現れます。

マハルシ　この世界は意図した結果現れるのでしょうか？

質問者　（沈黙）

マハルシ　これほど明白な「私」が、真我を無視して真我ではないものを探そうとしているのです。何と愚かなことでしょう！

質問者　これは*q4*サーンキャ・ヨーガです。すべてのヨーガの頂点でありながら、いったいどうして初めから理解できると言うのでしょうか？　バクティがそれに先立つのではありませんか？

マハルシ　シュリー・クリシュナはサーンキャ哲学から『ギーター』を始めたのではなかったでしょうか？

質問者　おっしゃるとおりです。ようやく理解できました。

対話386

質問者 シュリー・ラーマクリシュナの生涯において、偶像のラームラールが動き出したと言われています。それは本当でしょうか？

マハルシ あなたはこの身体が動くことについて説明できますか？ 偶像が動くのはこの身体が動くよりも不思議なことでしょうか？

質問者 金属がひとりでに動くことはありません。

マハルシ 身体は死体ではないでしょうか？ 死体がひとりでに動いたなら、あなたも不思議に思うでしょう？ そうではありませんか？

対話387

短期間の三人の訪問者の内、最年長の人が尋ねた。「『ウパニシャド』にはある創造の過程が述べられ、『プラーナ』では別の創造の過程が述べられています。どちらが真実でしょうか？」

マハルシ 多くの創造の理論が存在しています。それは、創造には原因があるということを示しています。そしてそこには創造者がいるはずだということを前提として、その原因を突き止めることを促しているのです。つまり重要なのは創造の過程ではなく、創造の理論の目的なのです。

しかも、創造は誰かによって知覚されます。主体なしに対象物は存在できません。対象物があなたのところにやって来て、「自分は存在する」とは言いません。「対象物が存在する」と言うのはあなたです。それゆえ、対象物はそれを見る人がつくり出すものなのです。主体なしにそれらが存在することはありえません。

あなたが何なのかを見いだしなさい。そうすれば世界とは何かがわかるでしょう。それが創造の理論の目的なのです。

質問者　個人の魂は微細な存在でしかありません。一方、創造は巨大なものです。どうして私たちにそれを推し量ることができると言うのでしょうか?

マハルシ　微細な存在が巨大な創造を語る、どこに矛盾があるでしょうか?

対話388

後に、シュリー・バガヴァーンはこう語った。

マハルシ　聖典によるものであれ科学によるものであれ、創造の理論は無数に存在しています。それらの中で最終的な結論に到達したものが一つでもあるでしょうか?　それは不可能です。ブラフマンは最も微細なものよりも微細で、最も巨大なものよりも巨大だと言われています。アヌとは一つの極微の粒子を意味しています。それは究極的に精妙な知覚に行き着きます。その精妙さは微細身、つまり心のものです。真我は心を超えたところにあります。いかに偉大な物事も概念でしかなく、概念は心に属するものです。そして心を超えたところに真我はあるのです。それゆえ、真我は最も精妙なものよりも精妙なのです。

創造の理論は数知れないでしょう。それらはみな外側へと拡大していくものです。それには果てがないでしょう。なぜなら時間と空間は果てしないものだからです。しかしながら、それらは心の中にしか存在していません。心を見なさい。そうすれば時間と空間は超越され、真我が実現されるでしょう。

創造に関しては、自分を納得させ満足させるために、科学的あるいは論理的に説明できるでしょう。それでも究極的な結論が導かれたことがあったでしょうか？　自分を納得させるための説明、それがクラマ・スリシュティ（段階的創造）と呼ばれるものです。その反対に、ドリシュティ・スリシュティ（同時創造）はユガパト・スリシュティ（宇宙は見る者である「私」と同時に出現し、創造の過程は存在しない）です。見る者なくして見られる対象物はありません。見る者を見いだしなさい。創造は見る者の中に含まれているからです。なぜ外側を見続けて、果てのない現象世界を説明しようとし続けるのですか？

対話389

贈り物についてシュリー・バガヴァーンが語った。「なぜ人々は贈り物を持って来るのでしょうか？　私がそれを欲しいとでも言うのでしょうか？　たとえ私が断ったとしても、彼らは贈り物を私に押し付けます。いったい何のために？　もしそれを受け入れたなら、私は彼らの望みをかなえなければなりません。それはちょうど魚をとらえるための餌のようなものです。釣人は魚に餌をやることを望んでいるのでしょうか？　いいえ。彼は魚を食べることを望んでいるのです」

サンニャーシーのスワミ・ローケーシャーナンダが尋ねた。「ジニャーナとヴィジニャーナという言葉の意味を教えていただけますか？」

マハルシ　これらの言葉の意味は文脈によって異なります。

ジニャーナとはサーマーニャ・ジニャーナ、つまり純粋意識を意味します。ヴィジニャーナとはヴィシェーシャ・ジニャーナ（特別な知識）のことです。*ヴィシェーシャには(1)世俗的（相対的知識）と(2)超越的（真我実現）という二つの意味があります。

ヴィシェーシャは心を必要とします。心は絶対意識の純粋性を変容させます。それゆえヴィジニャーナは、知性とそれを構成する鞘、つまり相対的知識を象徴しているのです。その場合、ジニャーナ（知識）はヴィジニャーナ（特別な知識）、サンジニャーナ（完全な知識、気づき）、プラジニャーナ（無限の知識、叡知）、アジニャーナ（対象物の知識、無知）、マティ（思考力）、ドリティ（堅実さ、着実さ、安定）であり、これらはすべて意識の異なった名前です（『アイタレーヤ・ウパニシャド』第三章二節抜粋）。あるいは、*q1* **ジニャーナ・ヴィジニャーナ・トリプタートマ**（ジニャーナとヴィジニャーナに完全に満たされた人）のように、ジニャーナは間接的（パロークシャ）であり、ヴィジニャーナは直接的（アパロークシャ）なものとも言えます。

質問者　ブラフマンとイーシュヴァラとの関係とは何でしょうか？

マハルシ　ブラフマンが世界と関わるとき、イーシュヴァラと呼ばれるのです。

質問者　シュリー・ラーマクリシュナがしたように、イーシュヴァラ神と話をすることはできるのでしょうか？

マハルシ　私たちは今、互いに話をしています。だとすれば、どうして同じようにイーシュヴァラ神と話せないということがあるでしょう？

質問者　それでは、なぜ私たちにはそれが起こらないのでしょうか？

マハルシ　それには心の純粋性と強さ、そして瞑想の修練が求められます。

質問者　それらを満たせば、神は明らかになるのでしょうか？

マハルシ　神の顕現はあなた自身の実在性と同じだけの実在性を持っているのです。言葉を換えれば、目覚めの状態であなたが自分を身体と同一視しているとき、あなたの知覚は粗大になり、夢見の状態のようにあなたが精妙な身体として（精神的な次元に）あるとき、あなたの知覚も同じように精妙になります。眠りの状態のようにアイデンティティがないとき、あなたは何も見ません。つまり見られる対象は見る人の状態に相応するのです。同じことが神のヴィジョンにも当てはまります。

神の姿は、長い修練を通して夢の中に現れるようになり、後には目覚めの状態にさえ現れるようにな

＊ヴィシェーシャ（viśeṣa）**：区別、識別、特質、特性、特徴、特色。**

ります。

質問者　それは神を実現した状態なのでしょうか？

マハルシ　遠い昔に起こったこのような話があります。

　ナームデーヴという聖者がいました。彼はヴィトーバーという神をその目で見、ともに語り合い、ともに戯れていたのです。ちょうど私たちが他の人とそうするように。彼はほとんどの時間を寺院でヴィトーバーとともに過ごすことに捧げていました。

　あるとき、大勢の聖者たちが集うことがありました。その中には非常に優れた高名な聖者ギャーナデーヴの姿もありました。ギャーナデーヴは焼物師である聖者ゴーラ・クンバールに、集まった聖者たちがうまい具合に焼けているかどうかを彼の熟練の勘で調べて欲しいと頼みます。そこでゴーラ・クンバールは棒を手に取ると、陶器の焼き具合を調べるように一人ひとりの頭をやさしく叩き始めました。彼がナームデーヴのところまで来て頭を叩くと、ナームデーヴはむっと腹を立てて抗議しました。すると、そこにいた誰もが笑って彼をはやしたてたのでした。ナームデーヴは激怒しました。そこで寺院に行ってヴィトーバーに助けを求めたのですが、ヴィトーバーは「何が正しいかは聖者が一番良く知っている」と答えたのです。この予期せぬ答えにナームデーヴの心はひどく動揺しました。

　彼は尋ねました。「あなたは神なのです。私はあなたとともに語り、ともに戯れます。人間にとってこれ以上得る価値のあるものなどあるでしょうか？」

ヴィトーバーは「それは聖者が知っている」と言うばかりでした。

ナームデーヴは尋ねました。「あなたよりも真実なものがあるのですか？」

ヴィトーバーは答えました。「私たちはあまりにも親しくなりすぎた。もはや私の助言はあなたの役には立たないだろう。森の中に住む乞食の聖者に尋ねなさい。そして何が真理かを知るがいい」

ナームデーヴはヴィトーバーに言われたとおり、その聖者を探しに行きました。しかし彼にはその男の中に神聖さを見いだすことができませんでした。男は裸で薄汚れ、床に横になったままリンガ（シヴァ神の象徴である石の像）の上に足を乗せてくつろいでいたのです。「どうしてこれが聖者だと言えるのか？」、ナームデーヴには理解できませんでした。ところが聖者はナームデーヴに微笑みかけながら、「ヴィトーバーがあなたをここに送ったのかね？」と尋ねたのです。ナームデーヴは仰天して、彼は偉大な人に違いないと信じ始めました。そこでナームデーヴは尋ねました。「あなたは聖者だと言われていますが、なぜリンガの神聖さを汚すようなことをするのですか？」。聖者は答えました。「わしは年老いて弱っている。正しいことさえろくにできない有り様なのだ。すまないが、わしの足を持ち上げてリンガのないところに置いてもらえないだろうか？」。ナームデーヴは言われたとおりに聖者の足を持ち上げると、別の場所に置きました。ところが驚いたことに、足の下にはまたリンガがあったのです。どこに足を置こうと、リンガはその下に現れたのでした。なすすべをなくしたナームデーヴは、聖者の足を自分自身の頭の上に置きました。するとナームデーヴ自身がリンガになってしまったのです。こうして彼は神がすべてに遍在するという真理を学んだのでした。

家に帰ってから数日の間、彼は寺院に行きませんでした。すると今度はヴィトーバーのほうからナームデーヴの家を訪れて、「どうして寺院に来なくなったのかね？」と尋ねました。ナームデーヴは答えました。「神が存在しないところなどあるでしょうか？」

この物語の教訓は明らかです。神のヴィジョンは真我実現よりも劣る次元にあるのです。

対話390

質問者　シュリー・バガヴァーンの本を読んで、探究が真我実現のための方法の一つであることを知りました。

マハルシ　そうです。それがヴィチャーラ（真我探究）です。

質問者　それはどのようにするのですか？

マハルシ　探究する人は自己の存在を認めなければなりません。「私は在る」が実現です。それを手がかりに探究し続けることがヴィチャーラです。探究と実現は同じものなのです。

質問者　どうもはっきりとしません。私はいったい何に瞑想すべきなのでしょうか？

マハルシ　瞑想は瞑想する対象を必要とします。一方、ヴィチャーラに対象はなく、主体だけがあるのです。瞑想とヴィチャーラが異なるのはこの点においてです。

質問者　瞑想は実現に向けての有効な方法なのではないでしょうか?

マハルシ　瞑想はある対象に精神を集中させます。それはさ迷う心を一つの想いだけにとどめるという目的を果たします。

その一つの想いもまた実現の前に消え去らなければなりません。しかし実現は新たに獲得されるようなものではありません。それはすでにそこにあるのです。ただ想念というスクリーンに妨げられているだけです。私たちの試みは、ただこのスクリーンを取り去るだけです。そうすれば実現は明らかになるのです。

もし真理の探究者が瞑想するように勧められれば、誰もがそのアドバイスに満足して立ち去ることでしょう。しかし彼らの中には「対象に瞑想する、その『私』とは誰なのでしょうか?」と尋ねる人がいるかもしれません。そのような人こそ、真我を探究するように告げられるべきです。これこそが究極の修練、ヴィチャーラなのです。

質問者　瞑想なしに、ヴィチャーラだけでも大丈夫なのでしょうか?

マハルシ　ヴィチャーラは過程であり、また目的です。「私は在る」は目的であり、最終的な真理でもあるのです。

努力で「私は在る」にとどまることがヴィチャーラであり、それが自然で自発的になったときが真我実現です。

対話391

サンニャーシーのスワミ・ローケーシャーナンダがサマーディについて尋ねた。
マハルシは次のように答えた。

(1)実在をとらえていることがサマーディである。
(2)実在を努力とともにとらえていることがサヴィカルパ・サマーディである。
(3)実在の中に融け込み、世界に気づかないままとどまることがニルヴィカルパ・サマーディである。
(4)無知の中に融け込み、世界に気づかないままとどまっていることが眠りの状態である。
(眠ると頭をがくりと落とすが、サマーディではそうならない)
(5)原初の純粋かつ自然な状態の中に、努力を要せずとどまっていることがサハジャ・ニルヴィカルパ・サマーディである。

質問者　ニルヴィカルパ・サマーディの中に二十一日間とどまった人は、物理的身体を放棄しなければならないと言われています。

マハルシ　サマーディは「私は身体だ」という観念を超越し、真我と身体との自己同一化がなくなった状態を意味します。ニルヴィカルパ・サマーディの中に一千年、あるいはそれ以上とどまっていた人もいたと言われています。

サヴィカルパ・サマーディ	
外的（バーヒャ）	**内的（アンタル）**
（見られる対象物に関連するとき：ドリシャーヌヴィダー） 心は1つの対象から別の対象へと飛び回る。それを安定させ、対象の背後にある実在に固定させなさい。	心は欲望（カーマ）、怒りや熱情（クローダ）などに苦しめられている。それらがどこから現れるかを見て、その源にとどまりなさい。
（聞かれる対象の音に関連するとき：シャブダーヌヴィダー） 外的現象（音）はその源である単一の実在から現れる。その実在を探し出してとらえなさい。	さまざまな想念が存在する。それは内なる実在から立ち現れる。その実在をとらえなさい。
４種類のサヴィカルパ・サマーディは、どれも努力を要する。	

ニルヴィカルパ・サマーディ	
外的（バーヒャ）	**内的（アンタル）**
あらゆる現象の根底に在る唯一の実在に融け入り、移ろいゆく現象には気づいていない状態。 この状態は波のない静寂な海に比較される。 （世界を観照しつつも内面で反応せず、実在をとらえている）	あらゆる想念が起こる源である単一の実在、その内奥に融け入り、それ以外の何にも気づいていない状態。 この状態は空気の流れに妨げられずに、揺るぎなく燃える炎に比較される。 （身体意識の喪失）
ニルヴィカルパ・サマーディが努力を要しないとき、波のない海である外的なサマーディと、不動の炎である内的なサマーディは同一となる。この境地がサハジャ・ニルヴィカルパ・サマーディである。	

対話392

スワミ・ローケーシャーナンダが新たな質問をした。

質問者　真我実現の前にクンダリニーが上昇しなければならず、その覚醒は身体に熱をもたらすと言われています。そうなのでしょうか?

マハルシ　ヨーギーはそれをクンダリニー・シャクティと呼んでいます。帰依の道を歩む者にとっての「神の姿への黙想」*1（バーガヴァタカーラ・ヴリッティ）と、知識の道を歩む者にとっての「ブラフマンの姿への黙想」*2（ブラフマカーラ・ヴリッティ）、その両者の心の状態とクンダリニー・シャクティは同じものです。それは実現が起こる前に起こらなければなりません。それによって起こる感覚は、熱をともなうものと言われています。

質問者　クンダリニーは蛇の形をしていると言われていますが、心の様態（ヴリッティ）がそうあるとは考えられません。

マハルシ　知識の道（ジニャーナ・マールガ）にとってのクンダリニーは、ハートであると言われています。それには霊的神経経路（ナディー）の網状組織《ネットワーク》、蛇の姿、蓮の花のつぼみなどさまざまな描写が与えられています。

質問者　このハートは生理学的なハートと同じものなのでしょうか?

マハルシ　いいえ。『シュリー・ラマナ・ギーター』はそれを「私」という想念の源だと定義しています。

質問者　しかしそれは胸の右側にあると書いてありました。

マハルシ　それはただ想像を助けるための描写です。六つのチャクラ、内的や外的などの多くのセンターについて書かれた本があります。ハートの描写は数あるセンターの一つであって、必要不可欠なものではありません。それは「私」という想念の源にすぎないのです。それが究極的な真理です。

質問者　ハートをアンタハカラナ（内的器官、思考機能）の源と見なしていいのでしょうか？

マハルシ　アンタハカラナは五つに分類されます。

(1)知識―ジニャーナ、(2)心―マナス、(3)知性―ブッディ、(4)記憶―チッタ、(5)自我―アハンカーラ。ある人は最後の四つだけであると言い、ある人はマナスとアハンカーラの二つだけだと言います。さらに別の人はアンタハカラナだけが異なった機能を異なった形で表すため、アンタハカラナだけでいいと言います。それゆえ、ハートがアンタハカラナの源なのです。

一方には、生命意識を持たない身体が存在し、もう一方には、自ら輝く永遠の真我が存在します。その二つの間に現れた一つの現象、それが自我です。それは心（マナス）、知性（ブッディ）、記憶（チッタ）、自我（アハンカーラ）、力（シャクティ）、生気（プラーナ）などの異なった名前で知られています。あなた自身の源を見いだしなさい。そうすれば、その探究は自動的にハートへと導くでしょう。アンタ

＊1バーガヴァタカーラ・ヴリッティ：自分の崇拝する神の姿だけに絶えず黙想し続けること。

＊2ブラフマカーラ・ヴリッティ：ブラフマン以外のすべての想念を排除して、絶え間なく姿なきブラフマンの姿にのみ黙想するという修練。

ハカラナとは微細身（スークシュマ・シャリーラ）を説明するための概念にすぎません。

物理的身体は、土、火、水、空気、空間《エーテル》という元素から成り立ち、生命意識を持っていません。真我は純粋で、自ら輝き、自ら明らかです。身体と真我の関係は、一方には五大元素の微細な相によって構成された微細身、もう一方には反映された真我の光を仮定することで説明されます。このように微細身すなわち心は、生命意識のあるものでもあり、生命意識のないものでもあるのです。

サットヴァ（純粋性）の質が五大元素に働きかけると、その輝きは心（マナス）や感覚（ジニャーネーンドリヤ）として現れます。ラジャス（活動性）が働きかけると、ラジャ（活動）の相が生気（プラーナ）や活動器官（カルメーンドリヤ）として現れ、タマス（不活発性）が働きかけると、タマ（暗質）の相が身体という粗大な現象として現れるのです。

質問者　しかし心もそれら三つの質（グナ）を備えていると言われています。

マハルシ　そうです。サットヴァの中には純粋性が存在し、ラジャス（活動性）もタマス（不活発性）もサットヴァの中に存在しているのです。シュッダ・サットヴァは完全に純粋ですが、ミシュラ（混合）はサットヴァと他の質が混ざったものです。サットヴァという質の定義は、他の二つの質よりも純粋性が優勢になった状態を指すのです。

後にシュリー・バガヴァーンはこう語った。

マハルシ　さまざまな学派による複雑な哲学の迷宮が問題を解消し、真理を明らかにすると言われています。しかし実際のところ、彼らは混乱の必要のないところに混乱をつくり出しているのです。何を理解するにも、まずそこに真我の存在がなければなりません。真我は明らかなものです。なぜ真我としてとどまらないのでしょうか？　真我でないものを説明する必要がどこにあると言うのでしょうか？

　ヴェーダーンタを例にとってみなさい。彼らは十五種類のプラーナが存在すると言います。学生はそれらの名称と機能を覚えるよう義務づけられます。気が上昇するときをプラーナと呼び、下降するときはアパーナと呼びます。インドリヤ（感覚器官）について語るときは、また何か別の名称があるのです。なぜこんなことを覚えなければならないのでしょう？　なぜ彼らはわざわざ分類し、それらに名称を与え、それらの機能を列挙しなければならないのでしょうか？　一つのプラーナがすべての働きを兼ねるということを知れば十分ではないでしょうか？

　アンタハカラナは考え、欲し、意思し、判断します。そしてそれぞれの機能は心、知性などの名前を持っていると言うのです。いったいプラーナやアンタハカラナを見た人がいるでしょうか？　それらは実際に存在するのでしょうか？　それらはただの概念でしかないのです。いったいいつになったらこのような概念はやむのでしょうか？

　次のことを考えてみなさい。

　ある人が眠っています。目覚めた後、彼は「眠っていた」と言います。疑問となるのは、なぜ彼は眠りの中で「自分は眠っている」と言わなかったのかということです。その答えは、「彼は真我の中に沈んでいたため話せなかったのだ」ということです。それはちょうど水の底に沈んだ物を手にするために潜るときのように、水の中では話せないが、沈んだ物を手にして水から出てきて初めて話すことができるのと同じです。

さて、これが説明です。

水中にいるのだから、話そうとして口を開けば水が入ってくるでしょう。実に単純なことではないでしょうか？ それなのに、哲学者はこの単純な事実に満足せずにこう言うのです。「話すという機能の上に鎮座している神は火の神だ。それは水と対立関係にある。それゆえ機能できないのだ」と！ これが哲学と呼ばれ、そのうえ学生はこれらすべてを学ばなければならないのです！ まったく時間の無駄ではありませんか？ さらには、神は個人（ヴャシュティ）の身体の各部や感覚の上に鎮座していると言われています。それらはヴィラート（サマシュティ）の手足や感覚器官です。それゆえ、さらにヒラニャガルバ（宇宙的意識）などについて説明し続けるのです。なぜ混乱をつくり出しておいて、それから解決しなければならないのでしょうか？ ああ！ このような混乱の迷宮に巻き込まれなかった人は幸運です！

私は幸運なことに、このようなことには一度も巻き込まれませんでした。もし巻き込まれていたら、いつも混乱の渦の中で道を見失っていたことでしょう。私の前世からの心の潜在的傾向（プールヴァ・ヴァーサナー）は、私を真っ直ぐに「私は誰か？」という探究に導いたのです。何という幸運でしょう！

1937年4月11日

対話393

質問者 『プラブッダ・バーラタ』の三月号の中に、聖テレサの霊的体験についての短い記述がありました。彼女はマドンナの姿に祈りを捧げていたのですが、ある日、彼女の目の前でマドンナが動き出したのです。彼女は至福に満たされました。これはシャクティパータ（聖なる力の降臨）と同じものでしょうか？

マハルシ 姿が動き出したということは、彼女の瞑想の深さを物語っています。シャクティパータは心を内面に向かわせます。心を自分自身の影に集中させるという瞑想の過程があります。それはやがて動き出し、質問すると応えるというものです。

それは心の強さあるいは瞑想の深さゆえです。何であれ外側にあるものは一時的な現れです。そのような現象はしばらくの間、喜びをもたらすでしょう。それでも、心の平安（シャーンティ）は訪れません。心の平安は無知を取り除いたときにのみ起こるのです。

対話394

質問者 どうすれば心を静めることができるのでしょうか？

マハルシ 心によって心を見なさい。あるいは心を真我に固定させなさい。心を真我の制御のもとに置きなさい。

質問者　そのために何かのヨーガの過程があるのでしょうか？

マハルシ　ただヴィチャーラ（探究）だけがそれを可能にするのです。

対話395

質問者　プールナ・ブラフマンにはどうやって到達するのでしょうか？　グリハスタ（家住者）にとって最もふさわしい方法とは何でしょうか？

マハルシ　あなたはすでにプールナ（完全、全体）と言いました。あなたはプールナから分離しているのですか？

もしそうなら、それをプールナと呼べるでしょうか？　もし分離していないなら、どうして質問が起こりえるでしょうか？

ブラフマンがプールナであり、あなたはそれから分離していないという知識、それが究極の真理です。それを見いだしなさい。そうすればあなたがグリハスタなどといった限定された存在ではないことが理解されるでしょう。

質問者　タットヴァ（真理、実在）とは何でしょうか？

マハルシ　プールナ・ブラフマンの知識が、それ以外の問題を自動的に解決するでしょう。

1937年4月12日

対話396

　神智学協会の熱心な信奉者で、長年ジャワ島で働き、現在はアディヤールに暮らしているオランダ人女性、ゴングリジプ夫人がアーシュラマムを訪れ、シュリー・バガヴァーンに尋ねた。

質問者　神智学はタンハー、つまり再誕生への渇望について語ります。タンハーの原因とは何でしょうか？

マハルシ　再誕生への渇望は、輪廻転生を終焉させるために生まれ変わろうとする願望から起こります。死を迎えようとしている霊魂は、現在の表面的な死の後で生まれ変わらなければなりません。

　現在の死とは自己の真の本性を忘れることであり、それを想い出すことが再誕生です。それは輪廻転生を終焉させます。それが永遠の生なのです。

質問者　私はタンハーという言葉の意味を「生にしがみつくこと」と受け取っています。それは永遠の生への欲望なのです。

マハルシ　間違いなくそのとおりです。その欲望はどうして現れるのでしょうか？　なぜなら、現在の人生が耐え難いものだからです。なぜでしょうか？　なぜなら、それはあなたの真の本性ではないからです。もしそれがあなたの真の本性であるなら、どんな欲望もあなたを困らすことはないでしょう。現在のあなたの状態があなたの真の本性とどのように異なると言うのでしょう？　真実のあなたは霊性です。しかしこの霊性は誤って自身を身体と同一視しています。身体は心によって投影されたものです。心そのものは霊性から生まれました。それゆえ、誤った自己同一視が終焉すれば、言葉では言い表せない永遠の至福と平和が訪れるのです。

質問者　生命は身体に属し、転生とは別の身体に生まれ変わることを意味しています。

マハルシ　単に身体を変えるだけでは意味はありません。この身体に結びついている自我が別の身体に移し替えられるのです。どうしてそれで満足できるでしょうか？

　しかも生命とは何でしょうか？　生命とは存在であり、あなたの真我です。それが永遠の生命というものです。さもなければ、あなたが存在しないときなど想像できるでしょうか？

　その生命は現在身体に条件付けられています。あなたは自己の存在と身体とを誤って同一視したのです。あなたとは条件付けのない生命です。心の投影である身体があなたに取りついたため、今のあなたは「私は身体だ」という観念に苦しめられています。もしこの観念が消え去れば、あなたは真我として在るのです。

　誕生する前のあなたは、どこでどのようにしていたのでしょうか？　あなたは眠りの中にいたのでしょうか？　どうしていたのでしょうか？　あなたは誕生する前も身体なしで存在していたのです。それからそこに自我が立ち現れ、そして心が身体を投影しました。「私は身体だ」という観念はその結果です。身体が存在するため、あなたは「身体は生まれ、そして死ぬ」と言います。そしてその考えを自己に置き換え、生まれるのは自分で、死ぬのも自分だと考えるのです。実際、眠りの中のあなたは身体なしで存在していました。しかし今は身体とともに在ります。真我は身体なしでも存在できますが、真我なしに身体が存在することはできません。

「私は身体だ」という考えは単なる無知であり、身体は真我から分離していないという考えが知識なのです。それが知識と無知との違いです。

身体とは心の投影でしかありません。心とは自我であり、自我は真我から生まれます。身体という観念はあなたを真我から逸脱させ心惑わせます。身体や誕生は誰に起こるのでしょうか？　真我、霊性にではありません。それは真我から分離していると想像する非真我に起こるのです。分離の感覚がそこにあるかぎり、苦悩をもたらす想念は起こり続けるでしょう。しかし存在の源に戻ることができれば、分離の感覚は消え去り、心の平安が訪れるのです。

石を真上に放り投げたときのことを考えてごらんなさい。それは源を去って上昇し、それから下降し始め、ついに源に戻るまで動きの中にいます。源には休息があります。同じように、海の水は蒸発し、雲となって風に吹かれ、水滴となって雨として落ち、水流となって丘を下り、ついには川となって源である海に帰り着きます。源にたどり着いたとき、初めてそれは安らぐのです。ですから、わかるでしょうか。源から分離しているという感覚があるかぎり、そこには不安と動揺があり、分離の感覚が失われるまで動きはやみません。あなたもまた同じです。現在のあなたは霊性である真我から分離して自分を身体と同一視しています。偽りの同一性が消え去る前に、源に戻らなければなりません。そうして初めて、あなたは幸福になるのです。

金は宝飾品ではありません。しかし宝飾品は金以外の何ものでもありません。宝飾品がどのような形を取ろうとも、その本質はただ一つ、金です。身体と真我についても同じことが言えます。唯一の真理は真我です。

自身を身体と同一視しながら幸福を探そうとすることは、ワニの背中に乗って河を渡ろうとするようなものです。身体との自己同一性をもたらすのは、外に向かってさ迷う心です。そのような状態にとどまるなら、混乱は際限なく続き、心の安らぎはありえません。あなたの源を探し出しなさい。そして真我に融け入り、「一なるもの」として在りなさい。

再誕生は現状への不満と、不満のないところに生まれたいという欲望を示しています。誕生は身体のものでしかないため、真我に影響を与えることはできません。身体が消滅した後でも真我は在り続けます。永遠の真我とははかなく消え去る身体との誤った自己同一化、それが現状への不満の正体です。身体とは自我の必要付属物です。自我が殺されれば、真我はその栄光とともにあきらかになるでしょう。

身体は十字架です。人の子としてのイエスは自我であり、「私は身体だ」という観念を意味しています。磔《はりつけ》とともに、彼は栄光ある真我――イエス、神の子として復活したのです。

「汝生きんとすればこの生を手放したまえ」

対話397

質問者　恐れとは存在を失うという可能性の結果です。それは身体に根づいたものです。眠りの中では、人は身体に気づいていません。人は恐れることなく喜んで眠りにつくというのに、死ぬことは恐れるのです。どうしてこのような違いが起こるのでしょうか？

マハルシ　眠りを求めたり死を恐れたりすることは、心が活動しているときだけで、眠りの状態や死の状態の中では起こりません。心は「身体を持つ実体が眠りの間も存続し、眠りの後に再び現れる」ということを知っています。それゆえ、眠りに恐れは起こらず、その代わりに身体的存在がなくなることの喜びが求められるのです。一方、心は死が起こった後、再び現れるかどうかに確信がないため、それを恐れるのです。

1937年4月14日

対話398

アーシュラマム在住の帰依者ダンダパーニは、現在北インドを旅している。その彼が『現代心理学評論』の中の「ハートのセンターは右側にあり、身体的器官は左側にある」という記事を抜粋して送ってきた。

その論題についての会話が続いた。

マハルシ　ヨーガ・マールガは六つのセンターについて語っています。それは修練によって到達され、不死性の甘露《ネクター》があるサハスラーラに達するまで一段階ずつ超越していかなければならないと言われています。ヨーギーはムーラーダーラ（仙骨神経叢《せんこつしんけいそう》）から始まるパラー・ナディー（霊的な神経経路）より入ると言います。一方ジニャーニは、パラー・ナディーはハートから始まると言います。これらの一見矛盾した見解は、秘伝の教義の中に見られる「ヨーガのパラー・ナディーはムーラーダーラから始まり、ジニャーナのパラー・ナディーはハートから始まる」という記述によって折り合いがついています。重要なのはパラー・ナディーに入らなければならないということです。ヨーガの修練によれば、一度下降して、それからまた上昇するというように、目的地に到達するまでさ迷い続けることになります。しかし知識の道の修練（ジニャーナ・アビヤーサ）においては、人は直接センターにとどまるのです。

質問者　パラーの後はパシャンティーが続くのではないでしょうか？

マハルシ　あなたが語っているのはそれとは別のことで、ヴァーク（話すこと）についてです。それは(1)パラー（音として現れる以前の段階）、(2)パシャンティー（発声の段階）、(3)マディヤマー（発声の段階）、(4)ヴァイカリー（声が耳に聞こえる段階）に分類されます。ヴァークはプラーナ・シャクティ（生気の力）ですが、心はテージョー・ルーパ（光の形態）あるいはチット・シャクティ（意識の力）です。シャクティとは非顕現である源が顕現したものです。

ヨーギーは脳の中枢あるいは千の花弁の蓮と呼ばれるサハスラーラに達することを最重要視していま

す。あるヨーギーたちは十万の花弁あるいは一億の花弁を持ったより高次の、より大きな螺旋状のセンターが存在すると言っています。それについては今は触れずにおきましょう。彼らは聖典の中にある「生命の気の流れは頭の泉門から身体に入る」という言葉を指摘し、ヴィヨーガ（分離）がそのようにして起こるため、ヨーガ（合一）は逆の経路から起こるのだと主張しています。それゆえ、ヨーガを成就するためには修練によってプラーナ（生気）を集め、泉門に到達しなければならないと言うのです。

ジニャーニは、ヨーギーが身体の存在を認め、身体が真我から分離していると仮定し、それゆえヨーガの修練によって再び合一するための努力を勧めるというヨーギーの論点を指摘します。

事実は、身体は心の中に存在し、心は脳をその座としています。心が別の源から借りた光によって機能していることは、ヨーギー自身も泉門の理論の中で認めています。ジニャーニはさらに一歩進めて議論します。「もし光が借り物であるならば、それはそれが生じた源から来たに違いない」と。それゆえ、その源に直接向かいなさい。借り物の源泉に依存してはならないのです。

鉄の玉は火の中で熱を帯び、鉄の塊から分離して造られます。それは後に冷たくなって熱を失います。しかしもとの鉄の塊に戻るためには、再び火にくべられ熱を帯びなければなりません。同じように、分離の原因は再び源に戻る要因でもあるのです。

もしあるイメージが映し出されているなら、そこにはちょうど壷の中の水に反映された太陽のように、そのイメージのもととなる実体があるはずです。その反映を取り除くには、ヨーギーが言うように泉門に到達することで水の表面を覆うか、（ジニャーナ・マールガの修練によって想念あるいは脳の活動を停止させることで）壷の中の水を空《から》にするかです。これがタパスと呼ばれています。

タポー・ブラフメーティ（タパスがブラフマンである）。

しかしながら、これらはみなジーヴァが真我、つまりブラフマンから分離しているという仮定をもとにしています。しかし私たちは本当に真我から分離しているのでしょうか？　ジニャーニ（真我実現した人）は「分離していない」と言います。自我とは単に真我と非真我との誤った自己同一化から生まれたものにすぎないのです。

それは無色の水晶とその背景の色のようなものです。水晶は無色でありながら、背景の色によって赤く見えたりします。背景が取り除かれれば水晶はもとの純粋な輝きを取り戻します。真我とアンタハカラナ（内的器官、思考機能）の場合も同様なのです。

とは言え、これもまた完全に適切な説明とは言えません。なぜなら、自我は真我をその源とし、水晶とその背景のように分離した関係ではないからです。真我をその源としているからこそ、自我を源に融け入らせるには、現れてきた過程を源までたどる他ないのです。

自我のセンターであり中核である「ハート」と「真我」は同じものです。

ある紳士が尋ねた。「ヨーギーもアナーハタ（四番目のチャクラ）に到達するのなら、方法は異なってもジニャーニのようにハート・センターを実現するのではないでしょうか？」

マハルシ　アナーハタとハート・センターは同じものではありません。もしそうなら、サハスラーラまでさ迷い続ける必要があるでしょうか？　疑問が生じるのは、私たちの中に分離の感覚が感じられるからです。私たちがハート・センターから離れることはけっしてありません。アナーハタに達する前も、それを過ぎた後も、人はハート・センターの中にい続けるのです。それを理解しようとしまいと、センターから離れるということはありません。ヨーガの修練やヴィチャーラをしている間でさえ、人は常にハート・センターの中にとどまっているのです。

質問者　私たちの修練はどうあるべきでしょうか？

マハルシ　修行者のための修練は、成就した人にとっての自然な状態（サハジャ）です。サハジャとは本来の状態です。それゆえ、修練とはこの不変の真理の実現を妨げるものを取り除くことに尽きるのです。

質問者　精神集中は修練（サーダナ）の一つなのでしょうか？

マハルシ　集中とは一つのことを考えることではありません。その反対に、それは私たちの真の本性のヴィジョンを妨げるすべての想念を取り除くことなのです。私たちの努力は無知のヴェールを剥《は》ぎ取るためだけにあります。今は、想念を静めることは難しく見えますが、霊的に生まれ変わった状態では、想念を起こすこと自体が難しくなります。実際、考えなければならないようなことが何かあるでしょうか？　ただ真我だけが存在しているのです。想念が活動するのはそこに対象物があるときだけです。しかし対象物は存在しないのです。どうして想念が起こりえると言うのでしょう？

習慣のせいで、私たちは思考を止めるのは難しいと信じ込んでいます。それが過ちだと分かりさえすれば、不必要に努力を重ねるような愚かしいこともしなくなるでしょう。

質問者　恩寵は修練よりも効力があるのではないでしょうか？

マハルシ　グルはただ無知を消し去ることを助けるだけです。彼があなたに真我実現を手渡すとでも言うのですか？

質問者　私たちは無知なのです。

マハルシ　自分を無知だと認めているのですから、あなたは賢いのです。自分を狂人だという人が本当に狂人だと言えるでしょうか？　グルの恩寵とは、あなたを水の中から救い出そうと差し出す手のようなものです。つまり、それはあなたが無知を取り除きやすくなるように手助けしているのです。

質問者　それは無知という病気を癒す薬なのではないでしょうか？

マハルシ　薬は何のためにあるのでしょうか？　それはただ患者をもとの健康な状態に戻すためにあるのです。このグルや、恩寵や、神についての話はいったい何なのでしょう？　グルはあなたを手でつかまえて耳元に何かささやくとでも言うのでしょうか？　あなたは彼が自分と同じだと想像しています。なぜなら、あなたは自分を身体だと思っているため、グルもまた身体であり、自分に身体を通して何かをしてくれると思うのです。しかし彼の仕事は内面で起こります。

グルはどのようにして得られるのでしょうか？　すべてに遍在する神は愛する帰依者を哀れに思い、

自分自身を帰依者の次元《レベル》に相応させた姿で現れるのです。帰依者は彼を人間だと思い、二つの身体の間に何らかの関係を結ぶことを期待します。しかし神であり真我の化身であるグルは、帰依者の内面から働きかけ、彼が道を誤っていることに気づかせ、内なる真我を実現するまで正しい道へと彼を導きます。

そのような実現の後、弟子は、「これまで私は心配し、悩んでばかりいた。私は結局のところ真我なのだ。何も以前と変わってはいない。ただ何にも影響されなくなっただけだ。惨めだった自分はどこに行ったのか？　もうその姿は見えない」と感じるのです。

では、私たちは何をすべきでしょうか？　ただ師の言葉にしたがい、内面に働きかけるだけです。グルは内面と外面の両方に存在しています。それゆえ、彼はあなたが内面に向かうような条件を外側につくり出し、あなたを中心へと引き込むように内面を準備します。こうしてグルは外側からあなたを押し入れ、内側から引き込んで中心に固定させるのです。

眠りの中では、あなたは内面に中心を置いています。目覚めると同時に心は外に飛び出して、あれやこれ、その他すべてについて考え始めます。これが止められなければなりません。それができるのは内面と外面の両方から働きかけることのできる人だけです。そのような人を身体と見なすことができるでしょうか？

私たちは努力しだいで世界を征服できると考えます。外側の世界で挫折し、内側に向かったとき、初めて私たちは感じるのです。「おお！　人間よりも高次の力が存在している」と。このように高次の力の存在が認められなければなりません。自我は実に強力な象であるため、ライオンにも劣らぬ力でなければ制御できません。それはグルより他にありません。グルが見つめただけで、象は震え慄《おのの》いて死ぬのです。

　時が経つにつれて、私たちの栄光は私たち自身が存在を消し去ったときにこそ在るということを知ります。その境地に達するには、人は「主よ！　あなたこそ私の救い主です！」と言って自己を明け渡さなければなりません。そのとき、師はこの人が教えを受けるにふさわしいことを見抜き、彼を導くのです。

質問者　自己を明け渡すとはどういうことでしょうか？

マハルシ　それは自己制御と同じことです。制御は自我の機能であるサンスカーラを取り除くことで成果が得られます。自我が明け渡すのは、高次の力の存在を認めたときだけです。そのような認識が、明け渡し、降伏、自己制御なのです。さもなければ、塔に刻まれた像があたかも自分の肩で必死に塔を支えていると見せるかのように、自我も虚勢を張り続けるでしょう。高次の力を離れて自我が存在することはできません。それにもかかわらず、自我は自分の意思で行為していると考えるのです。

質問者　どうすれば反抗的な心を制御できるでしょうか？

マハルシ　自我の源を探りなさい。そうすればそれは消え去るでしょう。さもなければ、明け渡しなさい。そうすればそれは打ち倒されるでしょう。

質問者　それでも心は私たちの制御をすり抜けてしまうのです。

マハルシ　それならそれでいいでしょう。考えずにいなさい。我に帰ったときに心を持ち直し、それを内側に向けなさい。それで十分です。

努力なしに成功する人など誰もいません。心の制御は生得権ではないからです。成功をおさめた少数の人たちは、忍耐力を持って成功したのです。

列車の中の乗客が頭の上に荷物を載せているとしたら、それは自分の愚かさゆえです。荷を下ろさせなさい。それでも荷物は目的地に到着するということを彼は知るでしょう。同じように、私たちも行為者であるふりをするのはやめましょう。そして高次の力の導きにこの身をゆだねるのです。

質問者　「霊的な師は弟子に霊性を移入させることができる」とスワミ・ヴィヴェーカーナンダは言っています。

マハルシ　そこに何か移入されるような実体があるでしょうか？　「霊性を移入させる」ということは、「自分は弟子である」という感覚の消滅を意味します。それが師の為すことです。あるとき何かであった人が、後に別の何かに変容するということではないのです。

質問者　恩寵はグルからの贈り物ではないでしょうか？

マハルシ　神、恩寵、グルはみな同義語です。それは内在する永遠なるものです。真我はすでに私たちの内面に存在しているのではないでしょうか？　それはグルの眼差《まなざ》しによって与えられるようなものでしょうか？　もしもグル自身がそう考えていたとしたら、彼はグルと呼ばれるに値しません。

ディークシャーには（手で触れる、接触による、目で見る、心で想う等の）数多くの伝授の種類があると聖典は述べています。聖典はまた、グルが火、水、ジャパやマントラなどを用いた儀式を執り行い、そのような奇妙な行動がディークシャーだと定義しています。あたかもグルによって行われるそのような過程を通り抜けて、初めて弟子が成熟するとでも言うように。

グルの臨在の内に在るときに、個人という実体を探し出そうとすると、どこにも見いだせません。グルとはそのような存在です。ダクシナームールティとはそのような存在なのです。彼は何をしたのでしょうか？　弟子たちが現れたとき、彼は沈黙を守っていました。彼はただ沈黙の内にとどまり、弟子の疑いは一掃されたのです。それはつまり、彼らが個人としてのアイデンティティを失ったからです。これこそがジニャーナであり、通常それにまつわる冗漫な儀式のことを言うのではありません。

沈黙は最も強い影響力を持っています。いかに聖典が広大で力強いものであっても、その効力は無に等しいものです。グルは静寂の内にあり、周囲のすべてを平和で包み込みます。彼の沈黙はすべての聖典を一つにしたものよりもさらに広大で、さらに力強いものです。こういった質問が起こるのは、あなたがここに長く滞在し、多くを聞き、多大な努力を重ねたにもかかわらず、何も得ていないと感じているからです。内面で進行している成長をはっきりと知ることはできません。しかし事実は、グルは常にあなたの内に座しているのです。

ターユマーナヴァルはこう語っています。「おお、主よ！　あなたはいくつもの再誕生に渡って私を見守り、けっして見放さず、ついには救ってくださったのです！」と。真我実現の体験とはこのようなものです。

『シュリーマッド・バガヴァッド・ギーター』は同じことを別の表現で伝えています。[q1]「**私たちは今が初めてではなく、今までずっと存在していたのだ**」と。

質問者　グルは現実の姿を取って現れるのではないでしょうか？

マハルシ　「現実の」とはどういう意味でしょうか？　あなたは自分を身体と同一視するため、このような質問をするのです。あなたが身体なのかどうかを見いだしなさい。

『ギーター』は[q2]**パラン・バーヴァン・アジャーナンタハ**（シュリー・クリシュナの超越的な本性を理解できない者たちは無知に惑わされた愚か者だ）と述べています。

師はその無知を払い去るために現れたのです。「野生の鹿をとらえるために鹿のおとりを使うように、グルは人の無知を一掃するために人として姿を現した」とターユマーナヴァルは言い表しています。グルは私たちの「私は身体である」という無知な観念を消し去るために、身体をともなって現れなければならなかったのです。

1937年4月15日

対話399

ベンガル地方出身のエンジニアであるボース氏は、『ガウダパーダ・カーリカー』とS*・ラーダークリシュナンの『インド哲学』を読んだ後で次のような質問をした。

質問者　夢見の体験と目覚めの状態の間には、何か明確な違いがあるのでしょうか？

マハルシ　目覚めの状態に比べれば、夢の中で創造された世界は一時的なものです。それが違いだと言えるでしょう。違いは表面的なもので、真実ではありません。

質問者　目覚めの状態は存在する対象物から独立しているのでしょうか？

マハルシ　もしそうなら、対象物は見る者なしでも存在しているはずです。つまり対象物自体が「自分は存在している」と言うはずです。そうでしょうか？　例えば、あなたの目の前で動いている牛が「私は動いている」と言うでしょうか？　それとも、あなたが自分で「牛が動いている」と言うのでしょうか？　対象物が存在するのは、見る者がそれらを認識しているからです。

質問者　ガウダパーダは『マーンドゥーキャ・カーリカー』の中で、「実在」すなわち「絶対なるもの」の観点からすれば、夢見と目覚めの状態に違いはないと述べています。

マハルシ　もちろん、違いなどありません。

質問者　バガヴァーンもまたそう言うと信じていました。『インド哲学』の中でS・ラーダークリシュナンは、「シャンカラーチャーリャは『ブラフマ・スートラ』が夢見と目覚めの状態を区別している」と述べています。それは事実でしょうか？　もしそうなら、それはどういうことでしょうか？　実在の観点に区別というものがありえるでしょうか？　何らかの形で心が存在するかぎり区別はあるでしょう。しかしアートマン、非二元性のブラフマンの観点に区別がありえるでしょうか？

マハルシ　夢は「私は目を覚ましている」と言う人にとって存在するのです。実際、「絶対なるもの」の観点からすれば、目覚めも夢も同様に非実在なのです。

質問者　純粋なアドヴァイタ哲学では、進化、創造、顕現は認められているのでしょうか？「ロープが蛇の姿として現れる」という比喩のように、「ブラフマンがその本性を忘れることなく、それ自身を世界として顕現する」というヴィヴァルタの理論についてはどうでしょうか？

マハルシ　宇宙の非実在性を証明するいくつかの異なった方法論が存在します。夢見の例はその中の一つです。目覚め、夢見、眠りについては、それらの根底にある実在を顕《あら》わにするために、聖典の中に詳しく説明されています。それはそれぞれの状態の違いを強調するための説明ではないのです。その目的ははっきりと認識されるべきです。

彼らは「世界は非実在だ」と言います。どの程度の非実在性でしょうか？「妊娠したことのない母親の息子」や「中空の花」のように、事実のともなわない単なる言葉といった程度でしょうか？一方、世界は現実であり、単なる言葉ではありません。実を言えば、世界とは薄暗闇《うすぐらやみ》の中で巻かれたロープを蛇と見間違えたように、実在の上に重ねられた単なる現れなのです。

＊**S・ラーダークリシュナン**：インドを代表する哲学者、政治家。一九六二年から第二代インド大統領。この当時はベナレス・ヒンドゥー大学総長。一九四〇年代にマハルシを訪れ、古代『ヴェーダ』のリシと同じ聖者が現代に生きていることに感銘を受け、帰依している。

しかしここにおいても、それがロープだということを友人が指摘すれば、誤った同一視はやみます。ところが、世界は非実在であることがわかった後でさえ存続します。なぜでしょうか？ 蜃気楼の中の水も、それが蜃気楼だと認識された後でさえ見え続けます。世界においても同様です。非実在だと知った後でさえ、それは現れ続けるのです。

しかし蜃気楼の水を見ても、喉の渇きを癒そうとしてそれを求めることはありません。それが蜃気楼だと知ったとたん無用と悟り、水を求めて追いかけることはなくなるからです。

質問者　世界の現れにおいてはそうはいきません。何度その現れは偽りだと言われても、この世の物事で自分を満足させようとする欲望は避けられないのです。そのような世界のどこが偽りだと言うのでしょう？

マハルシ　それは夢見の世界で夢の欲望を満たそうとする人と同じことです。そこには物事があり、欲望があり、その充足があります。夢見の世界は目覚めの状態と同じだけ意味を持っていますが、実在とは見なされないのです。

このように、それぞれの説明は非実在性の各段階を証明するという明確な目的に役立つのです。最終的に賢者は、「目覚めの状態から見れば夢見の世界が非実在であるのと同様に、真我実現の境地から見れば目覚めの世界も非実在である」と宣言します。

それぞれの説明は適切な文脈の中で理解されるべきであり、個々を独立した表明として学ぶべきではありません。それは鎖の連結部であり、その目的は、探究者の心をそれらすべての根底にある一つの実在に向けることにあるのです。

質問者　ガウダパーダとシャンカラの哲学との間には、この博学な教授が証明しようとしているような何らかの違いがあるのでしょうか？

マハルシ　違いは私たちの想像の中だけにあるのです。

質問者　S・ラーダークリシュナン氏は以下のように書いています。

「ガウダパーダの著作は全般的に『束縛も解放も、個人の魂も世界も実在ではない』という概念で占められている。これは、『実在しない魂が、実在しない〈至高善〉から逃避を試みようとしている。このこと自体が実在ではないのだ』と言うのと変わらないという辛辣《しんらつ》な批評を引き起こす。『不変の実在がその本性を失うことなく、それ自体を変化し続ける宇宙として表現することは神秘である』と言うことと、『変化し続ける宇宙はただの蜃気楼でしかない』として否定してしまうことは別の話なのだ。もし私たちが、『これはただのショーでしかなく、ゲームの報酬は皆無だ』と信じたうえで、人生というゲームを続けなければならないとしたら、生きていくことなどできはしない。どんな哲学もそのような理論を一貫して支持することはできないし、その中に解決を見いだすこともできない。そのような理論に対する最大の非難とは、理論的には対象世界の存在と価値を絶えず否定し続けながらも、その世界に巻き込まれながら生きていかざるを得ないという事実にあるのだ。それはただ『世界を包括しながらもそれを超越する何かが存在する』という事実を示すだけであって、『世界は一つの夢でしかない』という意味ではないのである」

マハルシ　すでに述べたように哲学全体の目的は、ジャーグラト、スワプナ、スシュプティあるいは個人の魂、世界、神の根底にある実在を示すことにあるのです。

それには次の三つの見解が可能です。

(1)ヴァーヴァハーリカ（現象世界の経験に基づく見解）：人は世界とその多様性を見て、創造者の存在を推論から導き出し、自分はその被造物であると信じる。これらすべては、世界（ジャガト）、個我（ジーヴァ）、神（イーシュヴァラ）という三つの基本原理に表される。人は創造者の存在を学び知り、不死性を得るために創造者に到達しようとする。たとえその結果自分が束縛から解放されたとしても、そこには解放に向かって努力しなければならない他の個人がまだ存在するだろう。すべての現象の根底には一つの実在が存在するということを、彼は多かれ少なかれ認めている。現象はマーヤーの戯れから起こる。マーヤーとはイーシュヴァラのシャクティ、あるいは実在の活動性である。それゆえ、無数の異なった個我や事物が存在するということがアドヴァイタ（非二元性）の見解と衝突することはない。

(2)プラーティバーシカ（世界を幻影と見る見解）：世界、個我、神は「見る者」によってのみ認識される。それらは見る者から独立して存在するわけではない。それゆえ、たとえ神であれ個人であれ、ただ一人の「見る者」（ジーヴァ）だけが存在する。それ以外はすべて作り話でしかない。

(3)パーラマールティカ（実在）：これは「一なるもの」以外の第二の存在を認めないアジャータ・ヴァーダ（非起源説）である。そこには実在も実在の不在もない。探究もなければ達成もなく、束縛もなければ解脱もない。

ここで、「それならば、なぜすべての聖典は『神が創造者である』と述べているのか？」という疑問が起こります。いったいどうして「創造者を創り出したのは創造物である私であって、世界、個我、神は単なる精神的概念にすぎない」と言えるのでしょうか？

その答えは以下の譬《たと》え話のとおりです。

この目覚めの状態では、あなたは父親が死んだことを知っています。彼の死からすでに数年が経っているからです。しかしあなたは夢の中で彼に出会い、自分の父親であることを認識します。あなたは彼によって誕生したのですし、彼はあなたに財産を残したのです。この譬え話では、創造者は創造物の中に存在しています。あるいは、あなたは王に仕える身で、王国の行政に携《たずさわ》っているという夢を見ます。しかし目を覚ましたとたん、夢の中の人々は、唯一の個人であるあなたを残してすべて消え去るのです。彼らはどこにいたのでしょうか？　あなた自身の中にです。

他の場合においても、この譬え話は当てはまります。

質問者　上記のヴァーヴァハーリカでは、マーヤー（幻影としての世界）はどのように現れるのでしょうか？

マハルシ　マーヤーとはイーシュヴァラのシャクティ、あるいは実在の活動性でしかありません。

質問者　どうしてそれは活動的になったのでしょうか？

マハルシ　なぜこの疑問は起こったのでしょうか？　あなた自身がマーヤーの中に在るのです。あなたはこの質問を尋ねるために宇宙の活動から離れて立って見ているのでしょうか？　その同じ力が最終的にすべての疑問を解消するためにこの疑問を起こしているのです。

質問者　夢見の世界は目覚めの世界のように意図を持ったものではありません。なぜなら、夢の中では私たちの望みはかなえられないからです。

マハルシ　そうではありません。夢の中にも喉の渇きや空腹はあります。あなたは目覚めの状態で腹いっぱいに食べ、次の日のための食べ物も保存してあるとします。それでも、夢の中で空腹を感じるかもしれません。目覚めの状態にある食べ物は役に立ちません。夢の中の空腹は夢の食べ物を食べて初めて満足できます。夢の中の欲望は夢の世界のものによって満たされるのです。

質問者　私たちは夢の記憶を目覚めの状態において想い出しますが、その反対ではありません。

マハルシ　それもまた違います。夢の中でも、あなたは自分が今話をしている自分と同じであることを認めるからです。

質問者　しかし目覚めの状態では自分が目覚めていることを知っていますが、夢の中では自分が夢見ていることを知らないのです。

マハルシ　夢とは目覚めと眠りの組み合わせです。それは目覚めの状態のサンスカーラによるものです。それゆえ、私たちは夢を現在において想い出すのです。その反対に、夢見の状態でのサンスカーラが目覚めの状態を形作るということはありません。それゆえ、私たちは夢と目覚めに同時に気づくこともないのです。それでも、誰もが夢の中で奇妙な状態に陥ったことを覚えています。人は、いったい自分は目覚めているのか夢を見ているのかと戸惑います。彼は議論し、自分は目覚めているのだという結論にたどり着きます。しかし本当に目を覚ましたとき、すべては夢でしかなかったことを悟るのです。

対話400

別の会話においてシュリー・バガヴァーンはこう語った。「フォティズム*（視覚性共感覚）は瞑想に対する熱意をもたらしますが、それ以上ではありません」

*フォティズム：視覚性共感覚。触覚や聴覚など視覚以外の感覚刺激によって生じる視感覚。

1937年4月16日

対話401

アーンドラ・プラデーシュ州から来たクリシュナムールティ氏が尋ねた。「私たちがタパス（苦行）

をするとき、視覚の対象を何に固定すればよいのでしょうか？　心は私たちが言葉として語ることに固定されてしまうのです」

マハルシ　何のためのタパスでしょうか？

質問者　真我実現のためです。

マハルシ　そのとおりです。タパスはその人の能力に依存します。人は黙想するために対象となるイメージを必要とします。しかしそれは十分ではありません。ずっと一つのイメージだけを見続けていられる人などいるでしょうか？　それゆえ、イメージへの黙想はジャパ（称名）とともに為されるべきなのです。ジャパはイメージを見ることだけではなく、心をイメージに固定することも助けます。このような努力の結果が精神集中であり、それが目的地《ゴール》への到達を可能にするのです。

　人は自分が考えるものになります。ある人にとってはイメージの名前だけでも十分です。どのような形も名前を持っています。名前はその神のあらゆる質を表しているのです。継続的なジャパはその他の想念をすべて払い去って、神の名に心を固定させます。それがタパスです。一点に専心すること、それがタパスに求められることなのです。

「何のためのタパスか？」と質問したのは、そのタパスが何の目的に仕えるかを知るためだったのです。タパスは目的に必要とされる形を取るからです。

質問者　身体的な禁欲生活もタパスと言えるのでしょうか？

マハルシ　タパスの一つだと言えるでしょう。それはヴァイラーギャ（離欲）によるものです。

質問者　私は一生涯片腕を上げ続けている人を見たことがあります。

マハルシ　それもヴァイラーギャです。

質問者　なぜ彼は身体に苦痛を与えなければならないのでしょうか？

マハルシ　あなたは苦痛と見なしますが、それはその人が立てた誓願であり、彼にとっては達成とその喜びなのです。ディヤーナは外的でも内的でもありえるでしょう。ジャパは外的な形態よりも重要です。ジャパは自然になるまで続けられなければなりません。それは努力とともに始められ、称名がひとりでに起こるようになるまで続けなければなりません。自然に起こるようになったとき、それが実現と呼ばれるのです。

　他の仕事に従事しているときでさえジャパをすることはできます。存在する「それ」、それは一なる実在です。一なる実在はジャパ、マントラ、ヴィチャーラといった修練形式に表現され、それらはみな最終的に一なる実在の中に融け入るのです。バクティ、ヴィチャーラ、ジャパは、実在ではないものを排除するための努力の異なった形式です。

　現在、非実在は一つの強迫観念となっていますが、実在こそが私たちの真の本性です。私たちは誤って想念や世俗の活動といった非実在なるものに固執しています。これらをやめることが真理を顕わにします。私たちの努力はそれらが心に入り込まないようにすることにあるのです。それはただ実在だけを想うことによって為されます。実在は私たちの真の本性であるにもかかわらず、私たちはあたかも実在について考えているように見えます。しかし実際には、私たちは真の存在の啓示を妨げるものを取り除こうとしているのです。

このように、瞑想やヴィチャーラとは私たちの真の本性に帰り着くことなのです。

質問者　私たちの試みは間違いなく成功するのでしょうか？

マハルシ　実在は私たちの本性なのです。それは新たに獲得されるようなものではありません。新しいものは永遠ではありえません。それゆえ、真我を得るだろうか失うだろうかと疑う必要などないのです。

対話402

脳とハートについて話していたとき、シュリー・バガヴァーンは昔に起こった出来事を想い出して次のように語った。

あるとき、カーヴィヤカンタ・ガナパティ・ムニは、脳が最も重要なセンターであると主張した。シュリー・バガヴァーンはそれよりもハート・センターのほうが重要であると言った。他の者たちは討論の行方を見守っていた。数日後、まだ大学にも入学していないN・S・アルナーチャラムという青年から一通の手紙が送られてきた。その手紙の中にはこの討論についての短い詩が含まれていた。

その詩は詩的創作力に溢れるものだった。詩の中のシュリー・バガヴァーン、カーヴィヤカンタ、そしてそこに集《つど》っていた人たちは、それぞれハート、脳、そして身体を表し、しかも太陽、月、地球をも表していた。

　太陽の光は月に反射され、地球は照らされる。それと同様に、脳はハートから生じた意識によって活動し、それによって身体は保護される。シュリー・バガヴァーンによるこの教えは『ラマナ・ギーター』の中にも見られる。ハートは最も重要なセンターである。そこから発せられる生命力と光は脳を照らし出し、その機能を可能にする。ハートの中に微細な形で閉じ込められている心の潜在的傾向（ヴァーサナー）は、映画の画像が投影される過程と同じように、後に極度に拡大されて脳へと投影される。これが、世界は映画のショーと何ら変わらないと言われる所以《ゆえん》である。

　シュリー・バガヴァーンは言葉を加えた。

マハルシ　もしヴァーサナーがハートではなく脳にあるとすれば、頭が断ち切られたときヴァーサナーは消滅し、輪廻転生も終焉するはずです。しかしそれは真実ではありません。明らかに、真我はヴァーサナーを最も身近な場所、ハートの奥底に保護しているのです。それはちょうど、けちな人が最も価値のある宝物を肌身離さず持って誰にも見せないようなものです。それゆえ、ヴァーサナーのある場所は真我、つまりハートであって脳ではありません。脳はハートという温室から現れるヴァーサナーの芝居の舞台《ステージ》でしかないのです。

1937年4月17日

対話403

『現代心理学評論』の記事の抜粋から「ハート・センターを探知する機器が存在するかどうか、霊的な道の熟練者の体験を記録するにふさわしい人がいるかどうか」ということに話が及んだ。ホールの中の人々はこれについて語り合っていた。

マハルシ　『真我実現』という伝記の中には、私が無意識になり、続いて死の兆候が起こったときの出来事についての記述があります。その間、私はずっと気づいていたのですが、身体的な心臓《ハート》の活動は停止したのに、ハート・センターの活動には支障をきたしていなかったことが感じられました。この状態は約十五分続きました。

私たちは、「ある弟子たちがシュリー・バガヴァーンの胸に手を当て、そのハート・センターが右側にあるのを感じとることができたという話は本当なのですか？」と尋ねた。

シュリー・バガヴァーンは「そうです」と答えた。ヴィシュヴァナータ・アイヤールやナーラーヤナ・レディたちは、「実際にシュリー・バガヴァーンの胸に手を当ててハート・センターを感じたのです」と語った。

一人の帰依者が言った。「もし人の手がハート・センターを感じ、その位置を示すことができるなら、精密な科学の機械もそうできるに違いありません」

質問者　ハートは右側に、あるいは左側に、あるいは中心にある、と言われています。そのような意見の食い違いがありながら、いったいどうやってフリダヤ（ハート）に瞑想できると言うのでしょう？

マハルシ　あなたは存在します。それは事実です。ディヤーナはあなたによって、あなたに対して、あなたの内で為されます。それはあなたの在る場で続いていかなければならないのです。それはあなたの外側ではできません。それゆえ、あなたがディヤーナの中心なのです。それがハートです。

　しかし身体に即したハートの位置が示されています。あなたはあなたが存在していることを知っています。あなたはどこに在るのでしょうか？　あなたは身体の中に在り、その外ではありません。しかし身体全体でもありません。あなたは身体全体を占めていますが、それでもあなたは想念がそこから生まれ、そこへと消え去る中心があることを認めるはずです。たとえ手足が切断されたとしても、身体の一部が欠けているという感覚とともに、あなたはそこに存在しているのです。

　それゆえ、そこに中心が在るということは認められるはずです。それがハートと呼ばれるものです。ハートとは単なる中心ではなく、真我です。ハートとは真我の別の名前なのです。

　疑いが生じるのは、あなたがそれを触れることのできる身体的なものと同一視するときです。確かに聖典はハートを百一のナディー（霊的な神経経路）の源として描写しています。『ヨーガ・ヴァーシシュタ』の中でチューダーラーは、「クンダリニーは百一のナディーで構成される」と述べています。それゆえハートを何か別のものと同一視してしまうのです。

ハートとは概念でもなければ瞑想のための対象でもありません。それは瞑想の座なのです。真我は完全な一なる存在です。あなたはハートの中に身体を見、世界を見ています。真我から離れて存在するものなど何もないからです。それゆえ、あらゆる努力はただそこだけに集中されるのです。

1937年4月18日

対話404

訪問者が尋ねた。「ニシュター（ある状態にとどまること）とは何でしょうか？　眉間を見るにはどのようにすればよいのでしょうか？」

マハルシ　私たちはどのように物事を見るでしょうか？　物事を見るには光が必要です。あなたの質問の要点は、「どのようにしてその光を見るか」ということです。

質問者　眉間にある一点にはどのような意義があるのでしょうか？

マハルシ　それは「目を使って見てはならない」ということを意味します。

質問者　呼吸の制御は何を目的としているのでしょうか？

マハルシ　心を制御することだけを目的としています。

しばらくの沈黙の後、シュリー・バガヴァーンは語り始めた。

マハルシ　心は、一つは光として、もう一つは対象物として機能します。もし対象物が取り去られれば、光だけが残るのです。

質問者 それでも、私たちはそこにそのような光があることを知らなければなりません。

マハルシ 視覚も認識もその光なしには不可能です。眠りの中ではどうやって物事を認識しますか？ 私たちの認識が現在の状態にのみ可能なのは、そこに光が存在するからです。視覚には光が必要不可欠です。日常の生活においては、それはあまりにも明白なことです。光の中でも太陽の光が最も重要です。それゆえ、人々は百万の太陽の栄光について語るのです。

質問者 両瞼《まぶた》を指で押さえれば、そこに光は見えます。

別の質問者 そのような光を見ることに何の意味があると言うのですか？

マハルシ それをしたところで、私たちは目的を忘れてしまうだけでしょう。修練は注意が他の物事に向かわないようにするのを助けるのです。

対象が見られるのも、光が認識されるのも、そこに主体が存在するからです。対象が見られようと見られまいと、主体に何の影響を与えると言うのでしょう？ もし認識する者、意識、つまり光を見るなら、他に見られる対象はなくなります。そして純粋な光である意識だけが残るのです。

質問者 それでは、どうして呼吸の制御が必要なのでしょうか？

マハルシ 呼吸の制御は心を制御するためにされるのです。そうすることで、心がさ迷い出さないように。

質問者 それは心を制御するためだけのものなのですか？

マハルシ　光が見られるだけでは十分とは言えません。心が一つの活動に専心することが必要となります。それはちょうど象の鼻が鎖をつかんだようなものです。

質問者　チンターマニ（すべての望みをかなえる宝石）を得るにはどれほど時間がかかるのでしょうか？

マハルシ　『ヨーガ・ヴァーシシュタ』の中にチンターマニについての記述が見られます。チンターマニは真我の本性を意味しています。以下がその物語です。

　ある男がチンターマニを得るために苦行をしていました。すると不思議なことに、一つの宝石が彼の掌《てのひら》の上に落ちて来ました。彼は、「これがチンターマニであるはずはない。なぜなら私の努力はチンターマニを得るにはあまりにも短くわずかだったからだ」と考えます。彼はそれを投げ捨てると、再びタパス（苦行）を続けました。あるとき、一人のサードゥが彼の前に輝く小石を置きました。見た目の素晴らしさに騙されて、彼はそれを手に入れました。しかしその小石が彼の望みをかなえることはありませんでした。同じように、真我は私たちの内に存在しているため、他の場所を探すべきではないのです。

　もう一つの物語があります。あるところに、しばしば飼い主にいじめられていた象がいました。あるとき、その飼い主は事故で象の背中から地面へと落ちてしまいます。もし望みさえすれば、象は彼を踏み殺すこともできたでしょう。しかし象はそうしませんでした。残念ながら、飼い主は密林の中に穴を掘って象を落とし入れ、殺してしまったのです。

*チューダーラーはこの物語を用いてシキドヴァジャの間違いを示しました。シキドヴァジャは王国を統治している間でさえヴァイラーギャ（離欲、無執着心）を備えていました。もし自我を殺すところまでヴァイラーギャを徹底させたなら、彼は真我を実現していたことでしょう。しかし彼はそうせずに森に入り、タパスの時間割を定めて努力をしました。それにもかかわらず、十八年経った後でさえ何の改善もありませんでした。彼は自分自身が生み出した想像の犠牲となったのです。チューダーラーはシキドヴァジャに自我を放棄するよう助言しました。彼はそれにしたがって、ついに解脱したのです。

チューダーラーの物語からも明白なように、自我によって為されたヴァイラーギャ（放棄）に価値はありません。一方、自我が消え去ればどのような所有物も問題とはならないのです。

＊チューダーラー：第1巻の訳注・引用文の対話41の【4】を参照されたい。

1937年4月19日

対話405

品格ある正統派ヒンドゥー教徒の紳士が***q1*** **シュリー・チャクラ**について尋ねた。

マハルシ　シュリー・チャクラは深い意味を持っています。それには四十三の角《かど》があり、そこには神聖な文字が刻まれています。それを礼拝することは精神集中をもたらします。心には常に外側に向かっていく傾向があるため、それを食い止めて内側へと向けなければなりません。外的な対象物はみな名前と形を持っているため、心はその名前と形にしがみつくことを習慣としてしまいます。心を外的な対象物から引き離してそれ自体の内にとどめさせるために、そのような名前と形を精神的概念の象徴《シンボル》にしたのです。偶像、マントラ、[q2]**ヤントラ**などは、内向的な状態の心に与える栄養です。それによって、やがて精神集中は可能になり、自動的に崇高な境地が到達されるのです。

１９３７年４月２０日

対話406

アーシュラマムに暮らす弟子の一人であるコーヘン氏は、この数日、神智学協会の著名な会員によって書かれた『ニルヴァーナ』という本について想いをめぐらせていた。その本の中で著者は、毎晩眠りについた後でニルヴァーナに達すると書いていた。彼は「ニルヴァーナという光の大海の中で、自分の師や他の神智学協会の師たちを輝く光として見る」と宣言していたのである。コーヘン氏はシュリー・バガヴァーンに、「アドヴァイタの教えによれば、ニルヴァーナの体験は『存在』という純粋意識と同じであるはずなのに、どうしてそのようなことが可能なのでしょうか？」と尋ねた。

マハルシ　ニルヴァーナは完全なものです。その完全な状態の中には主体も対象もなく、見るものもなければ感じるものもなく、知るものもありません。見ることや知ることは心の働きです。ニルヴァーナの中には至福に満ちた「私は在る」という純粋意識以外の何ものも存在しないのです。

質問者　それでは、なぜ高度な洞察力を持つといわれる神智学協会の高名な指導者が、このニルヴァーナの鮮明な描写を真実と受け入れて、この本の著者を賞賛するのでしょうか？　なぜ神智学協会は「奉仕」という概念にあれほどまで取りつかれているのでしょうか？

マハルシ　神智学協会やその類《たぐい》の組織は、人類を利他的にし、至高の真理に向かわせる下地を与えています。その意味において彼らは良い仕事をしているのです。ジャパや祈り、あるいは神の名のもとに為された仕事のような奉仕でさえ、究極の目的である真我実現へと導くのです。

質問者　しかしいったいどれほどかかるのですか？　しかも絶対的知識を受ける用意のある人が、どうして相対的知識にしがみつかなければならないのでしょうか？

マハルシ　すべてには起こるべきときがあるのです。絶対的知識を受ける用意のある人なら、その知識を耳にし、それを究明するときが必ずやって来ます。彼はあらゆる徳の中でもアートマ・ヴィディヤー（真我の知識）が最高のものであり、また旅の終焉でもあることを悟るでしょう。

　それから、対話３９１で語られた外的なニルヴィカルパ・サマーディと内的なニルヴィカルパ・サマーディの違いについての質問があった。

マハルシ　外的なサマーディは世界を観照しつつも内面で反応することなく実在をとらえている状態で、そこには波のない海の静けさがあります。内的なサマーディは身体意識の喪失を含みます。

質問者　身体意識の喪失はサハジャ・サマーディの賜物として起こるのでしょうか？

マハルシ　身体意識とは何でしょうか？　詳しく調べてみなさい。身体と身体に限定された意識が存在し、その二つが身体意識を構成しています。それらは絶対的で何にも影響されない「もう一つの意識」の中に存在するはずです。それをとらえなさい。それがサマーディです。それは身体意識が不在のときに存在します。なぜなら、それは身体意識を超越するからです。それは身体意識が存在するときも存在します。それゆえ、それは常に存在しているのです。身体意識が失われようと回復しようと、それが何だと言うのでしょうか？　身体意識が失われたときが、内的サマーディであり、身体意識が維持されれば、それは外的サマーディです。ただそれだけのことです。

　六つのサマーディの内のどれであろうと、人はその中にとどまらなければなりません。そうすればサハジャ・サマーディは容易に達せられるでしょう。

質問者　心はそのような状態に一瞬でさえ没入しないのです。

マハルシ　それには、「私は心や現象を超越した真我である」という強烈な確信が必要とされます。

質問者　それにもかかわらず、心は没入しようとする試みに抵抗するのです。

マハルシ　たとえ心が活動的であろうと、それが何だと言うのでしょう？　それはただ根底に在る真我の上でさ迷っているだけです。心が活動している間でさえ、真我をとらえなさい。

質問者　私には十分深く内面に入って行くことができません。

マハルシ　そのように言うことが誤りなのです。いったいあなたは今、真我以外のどこにいると言うのでしょう？　どこへ行かなければならないと言うのでしょうか？　ただ「私は真我である」という断固たる確信が必要なだけです。他の活動は、むしろあなたにヴェールを覆っているのです。

質問者　そのとおりです。

マハルシ　つまり確信が弱かったのです。

質問者　私は「私」が偽りでしかないことを理解しています。真の「私」を実現できずにいるのは、偽りの「私」が真の「私」を実現しようとして活動的になっていたからです。

マハルシ　『ヴィヴェーカ・チューダーマニ』は「ヴィジニャーナマヤ・コーシャ（知性の鞘）という偽りの『私』は一つの投影であり、人はそれを通して真の根源である『私』の意義を見いださなければならない」と明確に述べています。

対話407

質問者　聖テレサや他の聖者は、聖母マリアの生きた姿を見ました。それは外的なものでした。他にも帰依心を通して神の姿を心の中のイメージとして見た人がいます。これは内的なものです。この二つのヴィジョンにいくらかの程度の差はあるのでしょうか？

マハルシ　どちらの場合も、その人の瞑想が非常に高い境地まで進展したことを示しています。どちらも好ましく進歩しており、そこに程度の差という問題はありません。

ある人は神聖さの概念を抱き、そこから精神的なイメージを想い描いてそれを感じ取ります。他の人はイメージの中に神聖さの概念を抱き、それをイメージの中に感じるのです。どちらの場合もその情感は内なるものです。

1937年4月21日

対話408

身体の右側にあるハート・センターの位置について、シュリー・バガヴァーンが語った。

マハルシ　私はこれまで学識ある人が「生理学は別のことを教えている」と反論したにもかかわらず、ハート・センターは右側にあると語り続けてきました。私は体験から語っています。そのことは、私がマドゥライの家で超越状態になったときから知っていました。それから、『真我実現』（マハルシ最初期の伝記）という本に述べられている出来事においても、私は非常にはっきりとした***q1*** **ヴィジョンと体験を得ています。**

あるとき、まったく突然一方から光が現れ、私を包み込みながら世界の視野をかき消していったのです。最後には世界の視野は完全に消え去り、光がすべてを覆い尽くしました。私は左側にある心臓の筋肉器官が活動を停止したことを感じ、血液循環が止まり、身体が青ざめて動かなくなったので死体になったのだと理解しました。ヴァスデーヴァ・シャーストリは私の体を抱きしめると、私が死んだと言って泣き始めました。しかし私は話すことができませんでした。この間、私はずっと右側のハート・センターが今までどおり働いているのを感じていたのです。この状態は十五分から二十分続きました。するとロケットが発射するかのように、何かが突然身体の右側から左側へと発射されたのです。こうして血液循環は回復し、通常の状態に戻ったのでした。私はヴァスデーヴァ・シャーストリに付き添って歩いてもらうように頼みました。こうして私たちはヴィルーパークシャ洞窟に戻ったのです。

『ウパニシャド』は「百一のナディー（霊的な神経経路）がハートの中へと終結し、そこから七万二千ものナディーが身体中を駆けめぐっていく」と述べています。それゆえ、ハートは身体の中心なのです。それがセンターだと言えるのは、私たちが身体の中にいるという考えに慣れてしまったからです。実際は、身体もそれ以外のすべても、そのセンターの中に存在しているのです。

回想録

対話 409

ある中年の男性がシュリー・バガヴァーンの前にひれ伏した。シュリー・バガヴァーンは「元気にしていましたか?」と尋ねた。

数分後、シュリー・バガヴァーンは昔起こった出来事を想い出してこう語った。「この人は私が叩いた唯一の人なのです」と。それはおよそ三十年前のことだった。

シュリー・バガヴァーンは*ムライパール・ティールタムに暮らしていた。その近隣のママラトゥ洞窟にはジャダ・スワミが暮らしていた。当時、この男性は八歳の子供で、シュリー・バガヴァーンを含めたみなに悪戯《いたずら》をしていたのだった。

ある日、彼はマハルシのところへ行き、「ジャダ・スワミがバケツを欲しいと言っているよ」と言うと、許可が与えられるのを待つまでもなく、さっとバケツを持ち去ってしまった。従者だったパラニ・スワミはそのときそこにいなかった。そこでマハルシは少年の後を追ってジャダ・スワミのところまでやって来た。マハルシがそこに到着する前に、少年は「ブラーフマナ・スワミ（マハルシの当時の呼び名）が僕にバケツを持って行くようにと言ったんだよ」とみなに言って回った。ジャダ・スワミは「どうしてだろうか?」と不審に思っていた。

しばらくしてそこに到着し、何が起こったのかを察したマハルシは少年に平手打ちを与えようとして手を上げたのだが、彼の心はそうしようとしなかった。

しかし彼は自分自身に言い聞かせて、この子を叩いてやるべきだと決心したのだ。こうして少年は彼の平手打ちを受けたのだった。

***ムライパール・ティールタム**：聖山アルナーチャラのヴィルーパークシャ洞窟から少し下ったところにある沐浴場で、飲み水用の井戸もある。この隣にはマンゴー樹の洞窟があり、マハルシは十七年間、夏場をこの洞窟で間過ごした。

対話410

アヴァイによるタミル語の詩がある。それはプラーナ（生命の気）が胃に対して訴えた言葉だった。

ああ、胃よ！
お前は食べ物がないときには飢え死にもできず、
食べ物がたくさんあるときにはたくさん食べて貯め込むこともできない。
ただ食べたいときに食べたいものを食べるだけ。
こうして休む暇もなく私を悩ませる。
お前とは一緒にやっていけないよ！

シュリー・バガヴァーンは、この詩を胃がプラーナに対して語った言葉に置き換えた。

ああ、プラーナよ！
何とお前は私に苦労をかけるのか！
お前は立て続けに食べ物を詰め込んで私を休ませもしない。
お前とは一緒にやっていけないよ！

こう言ってシュリー・バガヴァーンは笑った。シュリー・バガヴァーンはしばしば「私*は必要以上に食べさせられている」と訴えている。

＊「私は必要以上に食べさせられている」：帰依者から絶え間なく捧げ物を受けるため。

1937年5月21日

対話411

ブラーフマナ階級の人たちと結婚式について話していたとき、シュリー・バガヴァーンは、「*q1* **カーシー・ヤートラー**は花婿がヴァイラーギー・プルシャ（世俗の欲望を絶った人）であることを表しています。

だからこそ、彼は家庭生活を始めるに当たってカニャー（処女）を与えられるべきなのです。そしてただヴァイラーギーだけが良い世帯主となれるのです」と語った。

対話412

丘の上のヴィルーパークシャ洞窟に暮らしていた頃のある寒い日、シュリー・バガヴァーンは洞窟の中に座り、両腕で胸元を覆いながら寒さから身を守っていた。

そのとき、アーンドラ・プラデーシュ州からある訪問者がやって来て*ココナッツを割ると、その冷たいジュースをアビシェーカム（聖水を御神体にかける儀式）としてシュリー・バガヴァーンの頭の上に注ぎかけた。シュリー・バガヴァーンは驚いた。

＊ココナッツを割ると…：インドでは神の像にココナッツの果汁をかけることが、線香や花や果物などの供物を捧げることとともに礼拝の儀式の一部とされている。

対話413

ある訪問者が尋ねた。「一時間あるいはそれ以上ジャパを続けていると、私は眠りのような状態に陥ってしまいます。はっと目覚めてジャパが途絶えてしまったことに気づき、またやり直すのです」

マハルシ　「眠りのような状態」は正しいものです。それは自然な状態だからです。現在のあなたは自我と結びついているので、自然な状態が何か修練を妨げるものだと思ってしまうのです。それゆえ、それがあなたの自然な状態だと悟るまで、繰り返しその体験をしなければなりません。そのとき、あなたはジャパが外部にありながら、しかも自動的に続いていくことを知るでしょう。現在の疑問が生じたのは（自分とジャパをする心との）偽りの同一性のためです。

ジャパとは一つの想念に固執し、他のすべての想念を排除することです。これがジャパの目的です。それはディヤーナへと導き、ついには真我実現をもたらすのです。

対話414

帰依者の一人であるG・V・スッバラーマイアー氏が興味深い短編詩を書いた。その内のいくつかは一人の子供に関するものだった。シュリー・バガヴァーンは語った。「神は子供となり、子供は神となります。それはつまり、子供の中のサンスカーラはまだ秘められた状態なので、その純真さは完全なものだということです。サンスカーラが消滅すれば、大人でさえ子供になり、神となるのです」

スッバラーマイアー氏　子供は「我が家」の雰囲気をつくり出してくれます。

マハルシ　そうです。子供はいつも「我が家」にいるからです。私たちもそこにいるのですが、「我が家」の外にいると想像し、夢見ているのです。

私は『ダクシナームールティ・ストートラム』を翻訳したときに、「青年（ユヴァン）」という言葉を「子供（バーラ）」という言葉に訳しました。このほうがよりふさわしく見えるからです。生まれ変わるということは、再び子供になるということです。ジニャーナを得る前、つまり自然な状態を取り戻す前に、私たちは生まれ変わらなければならないのです。

対話 415

シュリー・バガヴァーンは『タミル国語辞典』の序章から、タミル語の偉大さを謳《うた》った詩節をいくつか読み上げ、それについて非常に興味深い解説をした。

（南インド、タミル・ナードゥ州の歴史の中で）ヒンドゥー教のシヴァ神信奉派がジャイナ教よりも優位にあることを証明しなければならないという試練が三度訪れた。

その一度目は、聖者ティルニャーナ・サンバンダールがパンディヤ王の病気を治すため、王宮に招かれたときの話だった。女王は彼がたった十二歳だということを心配していた。ティルニャーナ・サンバンダールは、「いかに強敵のジャイナ教徒が数知れずいようとも、いかに私が若かろうとも、私には彼らをはるかに上回る力がある」という詩をつくって女王の不安を消し去った。この詩を読み上げているとき、シュリー・バガヴァーンは感極まり、涙で喉を詰まらせて先に読み進むことができなかった。

二度目はカドジャンの葉が火に焼かれても燃えずにいたとき、三度目はカドジャンの葉が川の流れに逆らって進んで行ったときのことだった。（『ティルヴェーダカム』より）

シュリー・バガヴァーンは、その他にもイーシュヴァラ神が年老いた男の姿で乞食《こつじき》したこと、若者の姿で食べ物を食べたこと、赤ん坊の姿で女性の帰依者を救ったことなどの物語も語った。

そして再び彼は、「赤ん坊のような」、「狂人のような」、あるいは「霊魂」といった言葉を用いてジニャーニ（賢者）の境地を示した。そして「赤ん坊」（バーラ）が何よりもジニャーニの境地に近いものだと語った。

対話416

シュリー・バガヴァーンは次のように語った。「ヴァールミーキの『ラーマーヤナ』が二万四千頌で構成されているのに対して、『カンバ・ラーマーヤナ』は一万二千頌で書かれています。カンバの『ラーマーヤナ』は誰にでも理解できるようなものではなく、学識ある者だけに理解できるものです。トゥルシーダースはタミルの聖者が『カンバ・ラーマーヤナ』を朗読するのを聞いて、その後に有名な『ラームチャリトマーナス』を書き記したのです」

対話 417

『パーフェクト・マスター』というメーヘル・ババに関する本が一九三七年に出版された。その中に「ババと彼の一行がニューヨークに入港したとき、入国を拒んでいた入国管理官のもとに船長が現れ、入国を許可するよう指示した。一行の一人がお礼を言いに行ったが、船長の姿はどこにも見あたらなかった」という出来事が記述されていた。

その出来事は、あたかもババのために奇跡が起こったという印象を残す書き方で記録されてあった。その文面はシュリー・バガヴァーンに向けて読み上げられた。

マハルシ そうです。それが何か?

質問者 それは奇跡だったのでしょうか?

マハルシ そうかもしれません。しかし入国管理官は自分よりも上位に立つ船長の命令にしたがうべきだと認識したのではありませんか? それだけのことです。もしババの一行の一人が彼を見つけられなかったとしても、それには何らかの理由があったからでしょう。

対話 418

質問者 シュリー・バガヴァーンは『カンバ・ラーマーヤナ』を読まれましたか?

マハルシ いいえ。私は何も読まなかったのです。私が学んだのは、すべて十四歳になる前までに学んだことだけです。それ以来、私は読みたいとも学びたいとも思いませんでした。人々は、どうして私が『バガヴァッド・ギーター』について語ることができるのかと不思議に思っています。それは人から伝え聞いたのです。私は『ギーター』を読んだこともなければ、その意味について注解書を調べたりしたこともありません。私がシュローカ（詩節）を耳にすると、その意味は明白だと思われるので、そのままを伝えるのです。ただそれだけのことです。他の引用文についても同様です。それらの言葉は自然に口を突いて出てくるのです。真理は会話や知性を超越しています。それなら、なぜ読んだり、理解したり、詩句を復唱したりすることに心を費やす必要があるでしょうか？　それらの目的は真理を知ることにあります。目的が果たされたなら、学問に時間を費やす必要はないのです。

　ある人が言った。「もしシュリー・バガヴァーンが学問に傾倒していたなら、私たちは今日、聖者としてのあなたにお目にかかれなかったでしょう」

マハルシ　おそらく私の学問はすべて過去世で学び尽くされ、私は辟易《へきえき》していたのでしょう。それゆえ、現在その分野にサンスカーラ（精神的傾向）が作用しないのでしょう。

対話419

　一九三七年七月三日のマハー・プージャーの一週間前になって数多くの訪問者が訪れた。その中にはシュリー・バガヴァーンの親類縁者も多くいた。その中に、一八九六年の夏にシュリー・バガヴァーンが暮らした家の所有者スッバアイヤール氏の未亡人である老年の女性がいた。

シュリー・バガヴァーンが彼女を見たとき、子供の頃の懐かしい想い出が蘇った。

あるお祭りの日、彼は料理の手伝いをするように頼まれた。だが、そのためには服を着替えてカウピーナ（ふんどし）だけを着けなければならなかったので、気恥ずかしくなって、結局断ってしまった。そのため、彼は叔父や叔母（この女性）から叱られたのだった。老婦人は謙虚に、そして静かに語った。

「無理もありません。このような高い境地にあられる運命にあったお方が、あのような卑しい仕事をされるはずもございません」

シュリー・バガヴァーンは答えた。「あのときカウピーナを着けることを拒んだので、今私はいつもそれを着けなければならないという罰を受けているのですよ」

女性はシュリー・バガヴァーンが数日間頭痛に苦しんだときのことを想い出した。

マハルシ　そう、そうです！　あれは私がマドゥライを離れる直前のことでした。あれは頭痛ではなく、あのとき私が抑え込んでいた言葉にならない苦悩だったのです。それでも、私も言ったように外面的な兆候は頭痛でした。あなたが私の頭痛のことでとても胸を痛めていたことをよく覚えています。あなたは毎日私の額に塗り薬を塗ってくれましたね。私の苦悩は、マドゥライを去ってこの地に到着するまで消えなかったのです。

1937年6月4日

対話420

クダロールから来た弁護士が、「そこに太陽は輝かない。月も、星も、稲妻も。どうして火がそこで輝けよう? これらの光は彼の光の中でのみ輝く。彼の光によって、すべては輝くのである」という言葉を『バガヴァッド・ギーター』(第十五章六節)から引用した。

質問者 ここで言う「彼の光」とは何を意味するのでしょうか? すべてが輝くのは「彼のおかげで」ということでしょうか、それとも「彼の光の中で」ということでしょうか?

マハルシ ただ彼だけが存在するのです。彼と彼の光は同じものです。何か他のものを知覚する個人がいるということではありません。なぜなら、知覚する者も知覚されるものも、すべては彼でしかないからです。太陽や月などはどのようにして輝くのでしょうか? それらがあなたのところに来て、「自分たちは光り輝く」と言うのでしょうか? それとも他の何かが来て、「それらは輝く」と言うのでしょうか?

質問者 もちろん、それらが輝くと言うのは私です。

マハルシ ですから、それらが輝くのはあなたゆえなのです。それらが輝くということを知るには意識が必要です。その意識とはあなたの真我、あなた自身です。つまりあなた、あるいはあなたの意識は、すべてを輝かす彼と彼の光と同じものなのです。

質問者 その光は太陽の光のようなものなのでしょうか?

マハルシ　いいえ。日の光はジャダ（生命意識のないもの）です。あなたはそれに気づいています。それは物事を知覚することを可能にし、暗闇を追い払います。

一方、意識は光だけではなく暗闇も知覚することを可能にする光です。暗闇は光の前では存在できません。しかし意識の光の中では暗闇もあり続けることができます。同様に、この意識は純粋な知識であり、その中で知識と無知は輝くのです。

質問者　もし神がすべてであるなら、なぜ個人は行為によって苦しむのでしょうか？　そのために個人が苦しむ羽目になる行為でさえ、神によって駆り立てられたものなのではないでしょうか？

マハルシ　自分を行為者と見なす人が苦しむ人でもあるのです。

質問者　しかし行為は神によって促され、個人は神の道具でしかありません。

マハルシ　この論理は自分が苦しむときにだけ当てはまり、喜ぶときには当てはまりません。もしこの確信を常に抱いているなら、苦しむことはないでしょう。

質問者　苦しみはいつ終わるのでしょうか？

マハルシ　個人性が失われるまでは苦しみが終わることはないでしょう。もし善い行為も悪い行為も両方とも神のものであるなら、なぜ喜びと苦しみだけがあなたのものだと考えるのでしょうか？　善と悪を為す者が快楽を楽しみ、苦痛に苦しむのです。それは放っておきなさい。そしてあなた自身に苦しみを押し付けるのはやめなさい。

対話421

アーシュラマムに暮らす帰依者のクンジュ・スワミが、一九二三年に起こった***q1*強盗騒ぎ**の後でのシュリー・バガヴァーンの様子について語った。

何人かの弟子たちが、「なぜ強盗はサードゥのような者まで襲ったのでしょうか？　なぜサードゥたちは強盗から自分の身と所持品を守ろうとしなかったのでしょうか？」と尋ねた。

マハルシ　かつては、そう望みさえすればもう一つの宇宙を創り出すことさえできるヴィシュヴァーミトラのようなリシ（賢者）たちがいました。彼らはラーマやシーターに苦悩をもたらした魔王ラーヴァナと同時代を生きた人たちです。ヴィシュヴァーミトラは彼の超能力でラーヴァナを破滅させることができなかったのでしょうか？　可能であったにもかかわらず、彼は沈黙を守ったのです。なぜでしょうか？　賢者たちはその出来事を知ってはいましたが、出来事は彼らの心に印象をとどめずに過ぎ去って行くのです。大洪水でさえ彼らには些細な出来事でしかないでしょう。彼らは何も気にとめないのです。

1937年6月7日

対話422

グントゥールから来た医師、ヴェンカタラーオ氏が尋ねた。「グルが弟子に倫理に背いたことをするように命じたとします。弟子は自分が師と仰ぐその人の意にかないたいと思うのですが、道徳的観念がそれを妨げます。このようなとき、彼はどうすればよいのでしょうか？」

マハルシ　（沈黙）

質問者　言いたいことを明確にします。グルが弟子に泥棒をしなさいと言い、弟子はそうしませんでした。師は言います。「私はあなたが自己を完全に明け渡したかどうか、あるいはまだ個人性を保っているかを見ようとしてテストしたのだ。今、それがはっきりとした」と。このように弟子に命じるグルは正しいと言えるのでしょうか？

マハルシ　（沈黙）

別の人が意見を述べた。「私が判断や批判を下したくない人々がいます。それでも、中にはグルという呼称を受けるに値しないと感じざるを得ない人たちがいます。彼らは偽者《にせもの》のように見えるのです。もし彼らが本当にグルという名に値するなら、弟子にそのような命令をすることはないでしょう」

マハルシ　しかしこの人は「テスト」だと言っています。

質問者　では、それにしたがうべきなのですか？

マハルシ　その答えはあなたが最初に言った言葉の中にあります。

二人の質問者が一緒になって尋ねた。「行為はふさわしいものではありません。それは為されるべきなのでしょうか？」

マハルシ　その質問はそのグル自身に尋ねられるべきです。その状況の責任を負っているのは彼なのです。

対話423

ある若者が尋ねた。「私は意志の力を培おうと試みるのですが、成功しません。どうするべきでしょうか？」

マハルシ　（沈黙）

質問者　私は三年前にここに来ました。シュリー・バガヴァーンは精神力を得るには意志の力が必要だとおっしゃいました。それ以来、私は意志の力を養おうとしてきたのですが、成功しませんでした。

マハルシ　（沈黙）

質問者　この数年間には四、五回の失敗がありました。その失敗は私を深く挫折させました。何かを試みるたびに失敗の恐れがつきまとうのです。その結果自信を失ってしまい、それが私の努力が失敗に終わることを運命づけるのです。成功ほど成功をもたらすものはなく、失敗ほど挫折をもたらすものはありません。だからこそ、質問しているのです。

マハルシ　（沈黙）

質問者　成功するためには意志の力が必要なのではありませんか？　それは成功を確実なものにし、失敗を払い去るのです。

マハルシ　（沈黙）

質問者　私は意志の力を得ようとするのですが、何年経っても出発地点に後戻りしている自分を見いだすのです。まったく進歩が見られません。

マハルシ （沈黙）

質問者 意志の力を得る方法とは何でしょうか？

マハルシ あなたが抱いている意志の力という観念は、成功を確保するためのものです。成功であろうと失敗であろうと平静に受け止めることのできる心の強さ、それが意志の力というものであり、それは成功と同義語ではないのです。

なぜ試みがいつも成功しなければならないと言うのでしょう？　成功は高慢さを助長し、それゆえ霊的な成長を止めてしまいます。

その反対に、失敗は自己の限界に目を開かせ、自己を明け渡す心がまえをもたらすということにおいて有益なのです。自己を明け渡すことと永遠の幸福は同義語です。それゆえ、いかなる状況においても動じない心を得るように心がけるべきです。それが意志の力というものです。しかも、成功や失敗は意志の力ではなく、プラーラブダの結果です。

清く正しい行為だけをしながら、失敗する人もいます。その反対の行為をしながら、成功ばかりをおさめる人もいるでしょう。だからといって、一方の人に意志の力があり、もう一方にはないということではないのです。

質問者 『実在についての四十頌』の中に、「世界は心の産物だ」と述べられてはいませんか？

マハルシ　そうです。

質問者　そうだとすれば、心が強くなるにしたがって、世界をコントロールすることもできるようになるのではないでしょうか？

マハルシ　外的な活動に従事する心が世界を生じさせるのです。そのような活動は心の強さを減少させてしまいます。心の強さは外的な活動を止めて、それ自身の内にとどまることにあるのです。

質問者　十まで数を数えることもできない白痴がいます。彼の心は思慮深い人よりもさ迷い出すことがないでしょう。前者のほうが後者よりも優位だと言えるでしょうか？

マハルシ　彼のことを白痴だと呼ぶのは誰でしょうか？　さ迷い出すあなたの心がそう言うのです。

質問者　意志の力は想念を払い去ることによって得られるのでしょうか？

マハルシ　それはむしろ一つの想念に心をとどめることによって得られるのです。最終的には、その一つの想念も純粋意識を後に残して消え去るでしょう。精神集中がそれを助けるのです。

質問者　それでは、心を制御し集中させることによって意志の力を得ることができるのですね。人格はそれと何の関わりもないのですね。

マハルシ　人格は外的な活動の根本原因です。「最高善」を得るためには、それは消え去らなければならないのです。

対話424

学識ある男性が、会話の中でプルシャ*（純粋精神）とプラクリティ（根本原質）について尋ねた。

マハルシ　プルシャとプラクリティは単に「至高なるもの」が分岐したものでしかありません。それらが推測によって導き出されたのは、弟子が二元的感覚の中に深く根づいていたからです。『バガヴァッド・ギーター』も、プルショッタマ（至高の人、クリシュナ）はプルシャとプラクリティの彼方に存在すると述べています。

質問者　パラー・ナディーとスシュムナー・ナディー、そしてハートとは何でしょうか？

マハルシ　スシュムナーはパラー（至高なるもの）の中に融け去ります。ハートは通常胸の左側に位置する臓器と見なされています。『現代心理学評論』は「身体的臓器は左側に、ハート・センターは右側にある」と述べています。『聖書』は「愚か者のハートは左に、賢者のハートは右にある」と述べています。『ヨーガ・ヴァーシシュタ』は「二つのハートが存在する。一つはサンヴィット（意識）、もう一つは血液循環の器官である」と述べています。

質問者　アナーハタとは何でしょうか？

マハルシ　アナーハタとはハートの背後にあるチャクラのことです。それはサンヴィットではありません。『ラリタ・サハスラナーマ』はアナーハタ・チャクラスターヤイ・ナモー・ナマハ（アナーハタ・チャクラに位置する女神を礼拝いたします）と述べています。そして次のマントラでフリト（ハートの中）

について述べています。ですから、アナーハタとフリトが同じものでないことは明らかです。

＊プルシャ（純粋精神）とプラクリティ（根本原質）：訳注・引用文の対話385の【4】を参照されたい。

対話425

マハルシ　意志の力であろうと何であろうと、それは修練（アビヤーサ）によって得られるのです。

質問者　成功はグルの恩寵によるのではありませんか？

マハルシ　そのとおりです。あなたの修練自体、そのような恩寵によって起こるのではないでしょうか？　成功は修練の結果の賜物であって、自然に現れるものです。『カイヴァリヤ・ナヴァニータム』の中に次のような詩節があります。「ああ、グルよ！　あなたはいくつもの過去世を通して私を見守り続け、ともにいてくださいました。そして私が解脱に達するまで道を定めてくださったのです」。真我は機が熟せばグルとして外的な姿を現します。さもなければ、彼は常に内面にとどまり、あなたにとって必要なことをしているのです。

1937年6月12日

対話426

アラハバード大学のダース氏が尋ねた。「普段食べる食事は霊的側面の向上や低下をもたらすのでしょうか？　つまり食事は霊性にとって良い影響や悪い影響を与えるのでしょうか？」

マハルシ　そうです。適度な量の*サートヴィックな食べ物を食べることは霊的な進展を助けます。

質問者　家住者（グリヒー）にとって、どのような行動や振る舞いが最も霊的な助けとなるでしょうか？

マハルシ　ディヤーナまたはバクティです。それはどちらも同じことを意味しています。

質問者　神の名を唱えることにはどのような意義があるのでしょうか？　どうすれば次に述べる二つの概念を一致させることができるでしょうか？

聖書は「神の名を無駄にしてはならない」と述べています。

ヒンドゥー教の聖典は神の名を常に唱えるように命じています。

マハルシ　心を込めずに、神の名を機械的、表面的に唱えるべきではありません。神の名を唱えるなら、人は神に呼びかけ、無条件に神に明け渡さなければならないのです。そのような明け渡しが為された後、神の名は絶えず彼とともにあることでしょう。

質問者　霊的に偉大な人を見いだすための基本的なテストとは何でしょうか？　彼らの中には狂人のように振る舞う人もいると言われています。

マハルシ　ジニャーニの心はジニャーニによってのみ知られるのです。他のジニャーニを理解するには、自分自身がジニャーニにならなければなりません。それでも、聖者の臨在から周囲に放たれる心の平和は、真理の探究者が聖者の偉大さを測り知る唯一の方法だと言えるでしょう。
　言葉、行為、姿などがジニャーニの偉大さを示すことはありません、なぜなら、聖者は一般人の理解を超えたところにいるからです。

質問者　人は自由意志を持っているのでしょうか、それとも人生に起こるすべては運命づけられ、あらかじめ決められているのでしょうか？

マハルシ　自由意志は個人性との関連の中にその領域を保っています。個人性が存続するかぎり自由意志は存在するでしょう。すべての聖典はこの事実に基づいたうえで、自由意志を正しい道に導くように助言しているのです。
　自由意志や運命は誰にとって問題となるのか？　それを見いだし、その中にとどまりなさい。そうすれば、その二つは超越されるでしょう。この質問について討論しあう目的はただそこだけにあるのです。いったいこの質問は誰にとって現れるのか？　それを見いだしなさい。そして心安らかになりなさい。

質問者　知性や感情は物理的身体のように、人の誕生とともに成長します。それらは死後消え去るのでしょうか、それとも生き残るのでしょうか？

マハルシ　死後について考える前に、眠りの中で何が起こるのか考えてみなさい。眠りとは二つの目覚めの状態の合い間でしかありません。知性や感情はその合い間で生き残るでしょうか？

＊サートヴィックな食べ物：サットヴァ（純質）の食品。乳製品、フルーツ、野菜、穀物など。

質問者　はい。生き残ります。

マハルシ　死においても同じことが起こるのです。知性や感情はただ身体意識を表しているだけです。あなたが自分を身体と見なすなら、それらは常にあなたを支配するでしょう。もしあなたが自分を身体と見なさなければ、それらがあなたに影響を与えることはなくなります。

眠りの状態にいた人が、今目覚めの状態で話をしています。眠りの中では、あなたは身体ではありませんでした。あなたは今、身体なのでしょうか？　見いだしなさい。そうすれば、すべての問題は解決するでしょう。

同様に、生まれたものは死ななければなりません。その誕生とは誰のものでしょうか？　あなたは生まれたのですか？　もし生まれたのだと言うなら、誰の誕生についてあなたは語っているのですか？　それは生まれ、そして死んでいく身体についての誕生です。どうして誕生と死が永遠の真我に影響を与えると言うのでしょうか？

誰にとってその質問が起こったのか、それについて考え、そして言いなさい。そうすれば、あなたは知るでしょう。

対話427

質問者　宇宙は光と音で構成されていると言われています。それらの構成要素は物質世界における光や音のようなものなのでしょうか？　それらは目や耳といった身体的器官によって見たり聞いたりできるものなのでしょうか？　それとも、それらは主観的にしか体験されないものなのでしょうか？

マハルシ　光と音はタントラの専門用語のビンドゥとナーダに相応し、ヴェーダーンタにおいては心と生気（プラーナ）に相応します。それらには粗大、精妙、超越の質があります。身体的器官は粗大な側面を知覚できますが、他の側面は知覚しがたいものです。精妙なものは推測することができますが、超越的なものはただ超越しているのです。

質問者　ヒンドゥー教はジーヴァの輪廻転生を主張しています。一つの身体の死から次の身体の誕生までの間、ジーヴァには何が起こるのでしょうか？

マハルシ　眠りの状態を振り返ってこの問題を解いてみなさい。眠りの中では何が起こるのでしょうか？

質問者　わかりません。

マハルシ　それでもあなたは存在しています。それゆえ、それはそこに知識と無知を超えた存在があるということを示しているのです。現在のあなたの考えでは、無知が優勢になっています。それでも、眠りの中のあなたは「わかりません」とは言いません。目覚めでも眠りでも、あなたはずっと同じままで存在しています。単に無知であることが、あなたの存在という事実を否定することはないのです。

質問者　瞑想の修練において、探究者の真我実現への進展を示す自覚的な体験の兆候は見られるのでしょうか？

マハルシ　どれだけ無用な想念から自由になったか、どれほど一つの想念に集中できるようになったかが進展を測る目安となるのです。

質問者　真我実現のために、サンニャーサを取ること（出家）は必要でしょうか？

マハルシ　サンニャーサとは自己の個人性を放棄することです。頭を剃ったり、僧衣に着替えたりすることではありません。たとえグリヒー（家従者）だとしても、自分をグリヒーだと見なさなければ、彼はサンニャーシーなのです。反対に、僧衣を身に着けて放浪していたとしても、自分をサンニャーシーだと見なしているなら、彼はそうではないのです。自分をサンニャーシーと見なすこと自体、その目的に背《そむ》いていることになるからです。

　人々は世界を見ます。知覚しているということ自体が、見る者と見られるものの存在を示唆しています。対象は見る者とは異質のものですが、見る者は自分に親しい真我です。しかし人々はこの明白な見る者の存在に注意を向けることもないまま、見られるものについて調査し分析するのです。心が拡大すればするほど、それは遠く離れて行き、真我実現への道をより困難に、複雑にしてしまいます。人は真っ直ぐに「見る者」を見ることによって、真我を実現しなければならないのです。

質問者　それはつまり現象を統合し、その背後に在る一なる実在を見いだすことなのですね？

マハルシ　なぜまだ現象について考えるのですか？　誰が見る者なのかを見なさい。統合とは心を他の何かに従事させることであって真我実現への道ではないのです。

質問者　私は真我を実現するために、真我ではないものを消し去りたいのです。どうすればいいでしょうか？　真我ではないものの特徴とは何でしょうか？

マハルシ　そこには真我ではないものを消し去らなければならないと言う人がいます。それは誰でしょうか？

質問者　それは、つまりこの私です。カルカッタからマドラスまで旅するとき、私はマドラスがどこにあるか知っていなければなりません。そうしなければ、無知なために途中の駅で降りてしまうでしょう。そこには道中私を導いてくれる標識や時刻表があります。私の真我探究におけるガイドは何でしょうか？

マハルシ　旅に関してならそれでいいでしょう。あなたは自分がマドラスからどれほど離れているか知っています。探究すると言うのなら、あなたがどれほどあなたの真我から離れているか言えますか？

質問者　わかりません。

マハルシ　あなたは真我から分離したのですか？　分離することが可能でしょうか？　この世界はあなたにとって異質なものではありませんか？　そして真我は最も親しいものではないでしょうか？　いったい真我を得るためにどこへ行くと言うのですか？

質問者　現在の私は真我から離れています。私はそれを取り戻すために来た道を戻らなければならないのです。

マハルシ　どれだけ離れていると言うのですか？　真我から離れていると言うのは誰でしょうか？　そこに二つの自己が存在しうるでしょうか？

質問者　個人は真我が変容したものだと言われています。ちょうど宝飾品の金のように。

マハルシ　ある人が素材の金に気づかぬまま宝飾品について語っているなら、その人には「それは金なのですよ」と言わなければならないでしょう。しかしここではその人は意識でありながら、「自分はその意識が変容したものだ」と言っているのです。「自分は意識が変容したものだ」と言うのなら、あなたは真我から分離しているということですか？

質問者　金が「自分は宝飾品になった」と言うと想像することはできませんか？

マハルシ　生命意識を持たない金がそう言うことはないでしょう。しかし個人には生命意識があり、意識を離れて機能することはできません。真我は純粋意識です。それにもかかわらず、人は自分を生命意識のない身体と同一視するのです。身体がそれ自身で「私は身体だ」と言うことはありません。他の誰かがそう言うのです。無限の真我もそうは言いません。いったい誰がそう言うのでしょうか？　生命意識のない身体と純粋意識との間に現れた偽りの「私」が、それ自身を身体に限定してそう言うのです。この偽りの「私」を見いだしなさい。そうすれば、それは幽霊のように消え去るでしょう。その幽霊とは自我、心、個人性のことです。

すべての聖典はこの幽霊が現れたということを土台とし、その消滅を目的として書かれています。現在の状態は単なる幻影でしかないのです。この幻影を消し去ることが聖典の目的であり、それ以外の何ものでもありません。

質問者　心は想念の束だと言われています。

マハルシ　なぜなら、心は唯一の根源である「私」という想念をもとに機能しているからです。

マーナサン・トゥ・キン・マールガネー・クリテー、
ナイヴァ・マーナサン・マールガ・アールジャヴァート。
mānasaṁ tu kiṁ mārgaṇe-kṛte naiva mānasaṁ mārga ārjavāt.

q1 **心は分離した実体としての存在を持たない。**

質問者　想念とは心の投影ではないでしょうか？

マハルシ　その場合、「心」とは「私」という想念あるいは自我と同義語と見なされるのです。

1937年12月15日

対話428

シュリー・バガヴァーンは帰依（バクティ）を描写したシュリー・シャンカラの高名な作品『シヴァーナンダ・ラハリー』から十の詩節を選び出した。

(1)バクティとは何か？

木から落ちたアンコラの実が再び木と一つになるように、あるいは鉄が磁石に引き寄せられるように、ひとたび立ち現れた想念もその源に戻って消え去る。これがバクティである。想念の源はイーシュヴァラ神の御足元《みあしもと》にある。神の御足を愛すること、それがバクティである。（第六一節）

(2) バクティの結実。

神の御足という超越的な空《そら》の上で生まれた帰依心（バクティ）に溢れる雲は、至福の雨を降らし、心という湖を満ち溢れさせる。そのとき初めて、無益な輪廻転生を果てしなく繰り返してきたジーヴァの真の生きる目的は遂げられるのである。（第七六節）

(3) バクティの在処《ありか》。

源であり終着地でもある神々に帰依することは、同じように原因と結果をともなった結実をもたらす。永久《とわ》の至福の内に在るためには、永久の至福の源である神の御足に帰依心を捧げなければならない。（第八三節）

(4) バクティは体験が重要なのであって、単なる言葉は重要ではない。

論理や論争に何の益があるのか？　人生の危機や苦境にガターパタ（論理家たちが好んで用いる論法）が助けになると言うのか？　ならば、なぜそれについて考えたり討論したりすることで人生を無駄にするのか？　口を動かすのはやめなさい。ただ神の御足だけを想い、甘露《ネクター》を飲みほしなさい！

（第六節）

(5)帰依心の結実は不死性である。

神の御足をハートの内奥に植えつけた人を見たとたん、死は大昔に***q1*** **マールカンデーヤに出会ったときの悲惨な出来事**を想い出して、一目散に逃げ出す。他の神々はみな、シヴァ神の御足元に頭《こうべ》を伏せ、ただ彼だけを礼拝する。そのような私心なき礼拝を受けることは、シヴァ神にとっては自然なことだ。

彼の妻である解脱の女神は、いつも彼の一部としてそばに寄り添っている。（第六五節）

(6)ただ帰依心さえあれば、ジーヴァであることに影響されはしない。

いかに身体が移り変わろうと、神の御足元に失われるのは心だけ。そして至福は溢れ出す！（第十節）

(7)帰依心が弱まることはけっしてない。

いつであれ、いかにあれ、ただ心だけを「至高なるもの」の中に失いなさい。それがヨーガ、それが至福だ！　それがヨーギー、至福の化身なのだ！（第十二節）

(8)カルマ・ヨーガもバクティである。

神を礼拝するのに花々や物を捧げるのは厄介なこと。ハートというたった一本の花をシヴァの御足に捧げて安らぎなさい。こんな単純なことさえ知らずに、さ迷い続けるのは何と愚かなことか！

何と不幸なことか！（第九節）

(9)このカルマ・ヨーガはサンリーラを終わらせる。

帰依者が人生のどの段階（アーシュラマ）にあろうと、ひとたび神を想うだけで、シヴァはサンサーラという重荷を帰依者から解放して、彼自身で背負うのだ。（第十一節）

⑽バクティ（帰依）はジニャーナ（真我の知識）である。
シヴァの御足元に心を失うことこそが帰依である。無知は消え去った！　これが叡知！　これが自由だ！（第九一節）

1937年12月16日

対話429

バンガロールから数人の女性が訪れていた。その内の一人が尋ねた。「私たちの目から見れば、世界は差異や相違で成り立っています。この区別を克服し、すべての存在に宿る一つの本質を理解するにはどうすればよいのでしょうか？」

マハルシ　区別は行為者であるという感覚から起こるのです。もしこの根元を断ち切れば、その果実も破壊されるでしょう。ですから行為者であるという感覚を手放しなさい。そうすれば区別は消え去り、本質である実在はおのずと現れるでしょう。

行為者であるという感覚を放棄するには、「行為者とは誰か？」を探し出さなければなりません。内側を探究しなさい。そうすれば行為者であるという感覚は消え去ります。ヴィチャーラ（真我探究）はそのための方法なのです。

1937年12月22日

対話430

マハーラーシュトラ州から来た紳士が尋ねた。「私は真我実現について多くの本を読んできました。そしてジャパ（称名）やプージャー（儀式）などをしましたが、何一つ私を満足させてくれるものはありませんでした。シュリー・バガヴァーン、どうか私をお導きください」

マハルシ　あなたが得たいと願って探しているもの、それは何でしょうか？　誰もが幸福を探しています。幸福は毎日の眠りの中にあるのです。その幸福な状態を目覚めの中にももたらしなさい。それだけのことです。

質問者　私には理解できません。どうすればよいのでしょうか？

マハルシ　アートマ・ヴィチャーラが道なのです。

質問者　あまりにもつかみどころがなく、したがうには難しすぎるようです。もし私がこの探究の方法にふさわしくないと感じたなら、どうすればいいのでしょうか？

マハルシ　導きはすでに示されたのです。それを役立てるかどうかは個人の決断の問題です。

1937年12月25日

対話431

アーンドラ・プラデーシュ州から来た紳士が立ち上がって尋ねた。「すべてのヴァーサナー（心の潜在的傾向）が消し去られたとき、心は純粋になると言われています。そしてそれはまた究極でもあります。そこに獲得されるような何かがあるとすれば、それは二元性なのではないでしょうか？」

マハルシ　何よりもまず心を純粋にしなさい。その後で、まだ同じ疑問が起こるなら、答えを求めることもできるでしょう。

1937年12月26日

対話432

アーンドラ・プラデーシュ州の訪問者が尋ねた。「眠りとは何でしょうか？」

マハルシ　なぜですか？　あなたは毎日それを体験しているのではありませんか？

質問者　それが正確に何なのかを知りたいのです。そうすれば、それをサマーディと区別できるでしょうから。

マハルシ　目覚めているときに、どうして眠りのことを知れるでしょう？　その答えは、眠りの中に行き、それが何なのかを見いだすことです。

質問者　しかしその方法では知ることができません。

マハルシ　この質問は眠りの中で問われるべきです。

質問者　しかし眠りの中では質問できません。

マハルシ　そうです。それが眠りなのです。

シュリー・バガヴァーンは数分間ホールを出た。戻ってから、同じ質問者が尋ねた。

質問者　真我実現したジニャーニは他の人と同じように食事をし、活動します。彼らも同じように夢や眠りの状態を体験するのでしょうか？

マハルシ　たとえそれがジニャーニのだとしても、なぜ他の人の状態を知りたがるのですか？　他の人のことについて知ることで、いったい何を得ると言うのですか？　あなたはあなた自身の真の本性を知らなければならないのです。あなたは自分を誰だと思っているのですか？　明らかに身体だと思っているのです。

質問者　そのとおりです。

マハルシ　同じように、あなたはジニャーニも目に見える身体だと見なしています。そして「その身体が行為している」という観念を彼に押し付け、それがあなたにこのような質問をさせるのです。ジニャーニ自身が夢や眠りの状態を体験するかどうかと問うことはありません。彼には何の疑問もないからです。疑問はあなたの中にあるのです。これであなたの仮定が間違っていたことは認識されたはずです。ジニャーニは身体ではありません。彼はすべての生きとし生けるものの真我なのです。
　眠り、夢見、サマーディなどといった状態は、すべてアジニャーニ（真我実現していない人）の状態です。真我はこのような状態のすべてから自由です。あなたの最初の質問への答えもここにあるのです。

質問者　私はスティタ・プラジニャータ（揺るぎなき叡知）の状態を知りたいと願っています。

マハルシ　聖典はジニャーニのためにあるのではありません。彼には晴らすべき疑いがないからです。疑問はアジニャーニのためだけにあります。聖典は彼らのためのものなのです。

質問者　眠りとは無知の状態です。サマーディもまたそうだと言われています。

マハルシ　ジニャーナは知識と無知の両方を超えています。その境地に関する質問は、そこでは起こり得ないからです。それが真我なのです。

対話433

　オックスフォード大学のサンスクリット語教授であるトーマス氏は、トリヴァンドラムで東洋文化会議を主宰し、カルカッタへの帰途にシュリー・バガヴァーンを訪れた。額が広く、物腰の静かなこの老紳士は、ゆっくりと穏やかに話をした。彼は東洋の文学、特にサンスクリット語に大きな関心を寄せていた。そしてタミル語が豊かな言語であることも耳にしていた。また『シュリーマッド・バガヴァッド・

ギーター』の英語の翻訳はどれが一番良いものかを知りたいと望んでいた。

ホールの中は込み合っていた。その中の数人が各人の見解から、ティボート、マハーデーヴァ・シャーストリ、テラングなどの翻訳がいい、と声を上げた。シュリー・バガヴァーンはF・T・ブルックスの名を上げた。トーマス氏は韻律詩形式のものを求めていた。なぜなら、韻律詩は『ギーター』のラサ（本質）の媒介にふさわしいものだからである。「ラサとは平和でもあります」と彼は言った。

マハルシ　そうです。ブラフマンとはまさにラサのことです。

質問者　ラサは至福も意味しています。

マハルシ　ラサ、アーナンダ、平和は、すべて同じ至福の名前なのです。

教授はパリの哲学会議でのグラント・ダフ氏の講演の文章を受け取り、それに目を通した。後に、彼はG・H・ミース博士による『ダルマ』という本を受け取った。その本を読んだ後、彼はシュリー・バガヴァーンに「カースト制度についてどう思われますか？」と尋ねた。

マハルシ　カースト制度は身体に関わるもので、真我とは無関係です。真我は至福です。至福を実現するには、真我を実現しなければなりません。カースト制度などについて心を煩《わずら》わす必要はないのです。

質問者　アハンカーラ（自我）もまた自己（self）と呼ばれています。

マハルシ　アハンカーラは限定されています。一方、真我（Self）はそれを超えているのです。

質問者　東洋の哲学と宗教に関する英語の書物が数多く出版されています。その中には異なった教えを説く多くの唱道者がいます。ラーマーヌジャの教えの体系の提示は非常に優れています。ラーダークリシュナン教授はアドヴァイタ・ヴェーダーンタ哲学の体系を解説しています。彼は証明することよりも体験を重視しています。シャンカラは高度に発展した精神を示しています。

その後、討論の話題は直接的知覚へと移った。教授は感覚的知覚とは異なった視点で、精神的知覚についても語った。

マハルシ　自己の存在について推論するのに、証拠など何も必要ありません。自我から立ち現れた心や感覚では真我に関する証拠にならないからです。真我はそれらの基盤です。心や感覚は真我から独立して存在するわけではありません。自己の存在はおのずと明らかです。至福が真我です。すべてのものを愛しいと感じるのは、ただ真我の愛ゆえなのです。

質問者　愛は二元性を前提としています。どうして真我が愛の対象となれるでしょう?

マハルシ　愛は真我と異なったものではありません。対象物に対する愛は低次の愛であり、持続しません。一方、真我は愛そのものなのです。言葉を換えれば、「神は愛なり」です。

質問者　それはキリスト教徒の考えでもあります。

教授はシュリー・バガヴァーンにどの方法が目的達成にとって最高の道かと尋ねた。

質問者　パタンジャリの道が最高ではないのでしょうか?

マハルシ　q1**ヨーガシュ・チッタ・ヴリッティ・ニローダハ**（ヨーガは心の変化変容を止める）という教えはすべての人に受け入れられるものです。それはすべての人の目的でもあるのです。方法はその人の適性によって選ばれます。誰にとっても目的は同じです。しかし目的に到達するまでの過程に適する異なった名前が目的に与えられているのです。バクティ、ヨーガ、ジニャーナはどれも同じことです。

q2**スワ・スワルーパーヌサンダーナン**・バクティリティ・アビディーヤテー。

真我への黙想がバクティと呼ばれるものである。

質問者　シュリー・バガヴァーンはアドヴァイタを唱道されますか？

マハルシ　ドヴァイタ（二元論）とアドヴァイタ（非二元論）は相対的な名称であり、それらはともに二元的感覚を基盤としています。真我はあるがままです。そこにはドヴァイタもアドヴァイタもありません。「私は私で在るものである」。純粋な存在が真我なのです。

質問者　これはマーヤー・ヴァーダ（世界は幻影であり、ブラフマンだけが真理であるという理論）ではありません。

マハルシ　心がマーヤーなのです。実在は心を超えたところにあります。心が機能するかぎり、二元性やマーヤーは存在するでしょう。ひとたび心が超越されれば、実在が輝き出します。「輝き出す」という表現を使いましたが、真我は常に自ら輝いているのです。

質問者　それはサット—チット—アーナンダです。

マハルシ　サット―チット―アーナンダは、「至高なるもの」が非―存在（アサット）ではなく、非―意識（アチット）ではなく、非―至福（アナーナンダ）ではないことを示していると言われています。われわれは現象界の中にいるために、真我をサッチダーナンダとして語るのです。

質問者　「私」（アハム）という言葉は個人にも相応し、ブラフマンにも相応します。それはかえって不適切に見えます。

マハルシ　それはウパーディ・ベーダ（限定された付属性の違い）です。身体的な限定はジーヴァのアハム「私」に属しています。一方、普遍的な限定はブラフマンのアハム「私」に属しているのです。ウパーディ（限定された付属性）を取り除いてみなさい。そうすれば、アハム「私」は純粋で単一になるのです。

質問者　バガヴァーンはディークシャー（伝授）を与えますか？

マハルシ　最高の、そして最強のディークシャーはマウナ（沈黙）です。それはシュリー・ダクシナームールティによって実践されました。触れること、見ることなどによる伝授は順位の低いものです。沈黙による伝授はすべての人のハートを変えてしまいます。グルもなければ弟子もないのです。アジニャーニは身体を真我と混同するため、グルも身体だと見なします。しかしグルが自分の身体を真我と見なすでしょうか？　いいえ、彼は身体を超越したのです。彼にとって違いは存在しません。それゆえ、アジニャーニにはグルの見地と弟子の見地を正しく理解することができないのです。

質問者　それではグルと弟子との間に違いはないのでしょうか？

マハルシ　現象世界の視点から見れば違いはありますが、実在から見れば違いはありません。

教授は感謝の意を表した。「シュリー・バガヴァーンにお会いして会話できたことで、教えの真価をより深く評価できるようになれると思います」と教授は語った。

会話の中でシュリー・バガヴァーンは、「礼拝や瞑想は心が存在するかぎり可能ですが、心が停止するとともにそれらの修練も停止します。それらは最終的な想念の消滅と心の静寂に先立つものなのです」と語った。

質問者　シヴァ神を信奉するシッダーンタ学派は、永遠なる基本原理が三つあると仮定しています。それはヴェーダーンタとは異なるのでしょうか？

マハルシ　個人、神、そして束縛という三つの実体があります。そのような三位《さんみ》はどの宗教にも共通のものです。心が機能しているかぎり、それらも実在性を持つでしょう。しかしそれらは単なる心の産物でしかありません。心が立ち現れて初めて神の存在を主張できるのです。神は真我と異なったものではありません。真我が神として対象化されたのです。それはグルについてもしかりです。

教授は夕方再び戻って来て、「善い行為」について尋ねた。

さらに彼は「なぜブラフマンはサッチダーナンダと呼ばれているのに、神はそう呼ばれないのですか？」と尋ねた。

マハルシ　サット（存在）は存在《サット》と非存在《アサット》の彼方を、
チット（意識）は意識《チット》と非意識《アチット》の彼方を、
アーナンダ（至福）は至福《アーナンダ》と非至福《アナーナンダ》の彼方を示しています。

つまりどういうことでしょうか？　たとえ存在《サット》でも非存在《アサット》でもないとしても、それは存在《サット》と認める他ありません。ジニャーナ（真我の知識）という言葉と比較してみなさい。それは知識と無知を超えた状態です。しかしジニャーナは無知ではなく知識です。サット―チット―アーナンダについてもそれは同じなのです。

質問者　それは一側面を支持するのですね。

この後、アートマ・ヴィチャーラという言葉についての会話があった。そして教授は、「まだいくつかの疑問が残っていますが、これ以上シュリー・バガヴァーンを煩わすことはできません。今日聞いたお話について黙想（ニディディアーサナ）したいと思います」と言ってホールを去った。

マイソールから来た判事が尋ねた。「ウパーサナやディヤーナは精神的活動です。精神的活動の停止は実現であるとも言われています。だとすれば、ウパーサナやディヤーナなしでどのようにして実現するのでしょうか?」

マハルシ　それらは準備段階なのです。そのような行為が無為という望ましい状態へと導くのです。

質問者　ハートは右側で体験されるものだと言われています。生理学は、それは左側にあると言います。

マハルシ　それは霊的体験について言われたことです。

質問者　それは霊的なハートなのですか?

マハルシ　そうです。

質問者　それが右側にあるとどうやって知るのでしょうか?

マハルシ　体験によってです。

質問者　それを示すようなしるしが何かあるのでしょうか?

マハルシ　自分自身を指差してごらんなさい。そうすればわかるでしょう。

1937年12月28日

対話434

クリスマスの休日となり、アーシュラマムは遠方や近隣から来た大勢の訪問者で溢れていた。あるグループがホールに来て床に座ると、その内の二人が次のように尋ねた。

質問者　あなたは英語を話せますか?

質問をするように促されて、彼は語り始めた。

質問者　あなたは真我を実現したのですか？

シュリー・バガヴァーンは微笑んで言った。「どうぞ、続けなさい」

質問者　あなたはニルヴィカルパ・サマーディを体験しましたか？

質問者はまず質問を終わらせるようにと言われた。

質問者　あなたは自分の意志で自由にニルヴィカルパ・サマーディに入ることができますか？　賢者は周囲の人々に影響を与えるべきではないでしょうか？

別の質問者　シュリー・バガヴァーンは私たちが真理を実現することを助けることができますか？

マハルシ　助けは常にそこにあります。

質問者　それでは質問をする必要もありません。私には常に存在するという助けを感じることができないのです。

マハルシ　明け渡しなさい。そうすればそれを見いだすでしょう。

質問者　私はいつもあなたの御足元にいます。私たちがしたがうことのできる教えを何か与えてくださいますか？　さもなければ、どうして千キロも離れたところに暮らす私が助けを受けられると言うのでしょう？

マハルシ　サッドグルは内側にいます。

質問者　私には自分が理解できるように導いてくれるサッドグルが必要なのです。

マハルシ　サッドグルは内側にいます。

質問者　私は目に見えるグルが欲しいのです。

マハルシ　その目に見えるグルが、サッドグルは内側にいると言っているのです。

質問者　私はサッドグルの慈悲に自己をゆだねればよいのでしょうか？

マハルシ　そうです。自分自身を明け渡していないかぎり、教えは必要となるでしょう。

質問者　瞑想には特定の時間帯が必要でしょうか？

マハルシ　瞑想は心の強さに依存します。たとえ仕事に従事しようと、瞑想は続けられなければなりません。特定の時間帯は初心者のためのものです。

質問者　サッドグルが間違いなく私に助けを差し出してくださる確証として、私の頭に手を置いてくださいますか？　そうすれば、あなたの約束が満たされるに違いないという慰めを得られるからです。

マハルシ　もしあなたが助けを受けていないと想像し始めたとすれば、次には契約書が必要となり、さらには告訴されるでしょう（笑い）。

質問者　近くに寄ってもよろしいでしょうか？（祝福を受けるために）

マハルシ　そのような疑いを起こすべきではありません。それはあなたの明け渡したという言葉に背《そむ》いています。サッドグルはいつもあなたの頭の上にいるのです。

質問者　明け渡しは努力をした後にやって来るのです。

マハルシ　そうです。それは時を経るにしたがって完全なものとなるでしょう。

質問者　教えには師が必要でしょうか？

マハルシ　必要です。もしあなたが何か新しいことを学びたいのであれば。しかしここではあなたは学んだことを棄てるのです。

質問者　それでも師は必要です。

マハルシ　あなたはどこか他のところで探していたものをすでに得ているのです。ですから、師の必要はありません。

質問者　探究者にとって真我実現した人は助けとなるのでしょうか？

マハルシ　そうです。彼はあなたの「自分は実現していない」という妄想を棄て去るように助けてくれるのです。

質問者　では、どのように助けるのか教えてください。

マハルシ　その方法はただ個人を催眠状態から目覚めさせるためのものなのです。

質問者　催眠状態から目覚めさせてください。どの方法にしたがえばよいのか教えてください。

マハルシ　あなたは今、どこにいるのですか？　どこへ行くべきだと言うのですか？

質問者　私は「私は在る」ことを知っています。しかし「私は在る」が何なのかを知らないのです。

マハルシ　それでは、そこには二人の「私」がいると言うのですか？

質問者　それでは質問を避けていることになります。

マハルシ　そう言っているのは誰でしょうか？　それは存在する「私」ですか、それとも「私」が何なのかを知らないと言うもう一人の「私」ですか？

質問者　私は在ります。しかしそれが何なのか、どのように在るのかを知らないのです。

マハルシ　「私」は常にそこに存在しています。

質問者　その「私」は、例えば死において何らかの変容を通るのでしょうか？

マハルシ　その変容を観照するのは誰でしょうか？

質問者　あなたはジニャーナ・ヨーガ（知識の道）を説いておられるようですが、これはジニャーナ・ヨーガなのですか？

マハルシ　そうです。

質問者　しかし明け渡しはバクティ・ヨーガです。

マハルシ　どちらも同じことなのです。

しばらくしてその男性が言った。「それでは、私は意識であり、私の存在なしには何一つ起こらないと結論づけねばなりません」

マハルシ　論理によって結論づけることと確信させられることは別です。

もう一人の男性が尋ねた。「私は助けが来るかどうか三ヶ月待ってみます。さあ、その確証をいただけますか？」

マハルシ　これが明け渡した人からの質問でしょうか？

四人の訪問者はホールを退いた。同じ男性はまだ言い続けていた。「約束を守ってください」（笑い）。「神様は私に十分なパンとバターをくださいました。私は幸せです。それに加えて私は心の平安が欲しいのです。だからお願いしているのです」

1937年12月29日

対話435

セイロン（スリランカ）から二人の女性と二人の紳士が訪れていた。

質問者　あなたは神を実現されたのですか？　もしそうなら、どのような姿だったのでしょうか？

マハルシ　神を見る人がどこに残っていると言うのでしょうか？　それは「あなたは自分自身を知りましたか？」という質問でもよいでしょう。

質問者　私は自分自身を知っています。

マハルシ　あなたの知っているという自分は、「私」とは異なるものでしょうか？

質問者　私は自己が身体と同一のものであることを知っています。もし自己が身体とは異なるとおっしゃるなら、どうすれば自己が身体から分離していることを見れるのか教えてください。シュリー・バガヴァーンは神を実現したのですから、私に教えることができるはずです。

マハルシ　なぜ自己が身体から分離しているべきなのでしょうか？　身体は身体としてあるがままにあらしめればいいのです。

質問者　魂が身体を離れたとき、すべての身体を見通すことができるのです。

マハルシ　そのとき、他者は存在するでしょうか？　あなた自身の身体さえ存在するでしょうか？　眠りの状態を考えてごらんなさい。眠っているとき、あなたは自分の身体に気づいていません。それでも、あなたは同じように存在しているのです。そのとき、あなたはこの身体または別の身体で世界を知覚したでしょうか？　いいえ、知覚しませんでした。それでも、自分自身の存在を否定することはできないのです。世界を見るにはそこに主体が存在していなければなりません。そしてその主体もまた限定されているはずです。もし限定されていないと言うなら、無限の自己（真我）以外にどうして他者が存在しうるでしょうか？

質問者　神にも何らかの限定があるのでしょうか？

マハルシ　神のことは放っておきなさい。眠っている間、あなたの本来の自己にどんな限定があったでしょうか？

質問者　それならば、死が最高の状態であるに違いありません。

マハルシ　そうです。私たちは今、死の中に生きているのです。無限の真我に限定を負わせた人々は、そのような限定を負わせることによって自殺をしているのです。

質問者　「真我に集中しなさい」とあなたは言われます。どのようにするのですか？

マハルシ　もしそれが解決したなら、すべては解決するでしょう。

質問者　「あなた自身を知りなさい」とあなたは言われます。どのように知るのでしょうか？

マハルシ　現在、あなたは自分が身体であることを知っています。

質問者　ラージャ・ヨーガは身体、感覚などを通して実現します。シュリー・バガヴァーンは考えることによって実現することを勧めています。これはジニャーナ・ヨーガです。

マハルシ　身体なしでどうやって考えると言うのですか？

質問者　神は考えません。

マハルシ　それなら、なぜあなたは「どのような姿の神を見たのか？」と尋ねたのですか？

質問者　神は感覚を通して感じられるはずです。

マハルシ　あなたは神を感じないのですか？

質問者　誰もが神を常に感じているのでしょうか？

マハルシ　そうです。

質問者　それでは、実現とは何でしょうか？

マハルシ　実現とは、私は実現していないという迷妄を払い去ることです。

質問者　要点が飲み込めません。

彼らは記念写真を撮った後でホールを去った。

対話436

質問者　*q1*ヴィシュヴァルーパとは何でしょうか？

マハルシ　それは世界を神の真我として見ることです。『バガヴァッド・ギーター』は、「神はさまざまな物や生き物であり、また宇宙全体でもある」と述べています。どうやってそれを実現するのでしょうか、あるいは見るのでしょうか？　人は自分の真我を見ることができるでしょうか？　見えないからといって、真我が否定されうるでしょうか？　何が真実なのでしょうか？

質問者　では、誰かがそれを見たと言ったなら、それは偽りだということですか？

マハルシ　それはあなたの存在と同じ程度に真実なのです。『ギーター』は*q2*「**誰も生まれてはいない**」という言葉で始まっています。第四章では「あなたも私も無数の転生を繰り返してきた。私はそれを知っているが、あなたは知らないのだ」と言っています。これら二つの言葉の中のどちらが真実でしょうか？

教えは聞く人の理解にしたがうのです。もし第二章が全真理を包括しているなら、なぜ多くの章がその後に続くのでしょうか？

『聖書』の中で神は「アブラハムより以前に私は在る」と述べています。神は「私は在った」ではなく、「私は在る」と言っているのです。

対話437

マハルシ　人々は、ヴィヴェーカーナンダがシュリー・ラーマクリシュナに「あなたは神を見ましたか？」と尋ねたということを本で読んだため、彼の真似をします。「あなたは神を実現しましたか？」と聞くのです。

私は「実現とは何か？」と尋ね返します。

実現とは完全性を意味しています。あなたが限定されているとき、あなたの知覚もまた限定されています。そのため、あなたの知識もまた不完全なものとなるのです。不完全な知識にどんな価値があると言うのでしょう？

ヴィシュヴァルーパ・ダルシャンにおいて、アルジュナは「何であれ見たいと望むものを見なさい」と言われたのであって、「目の前に示されたものを見なさい」と言われたのではないのです。そのようなダルシャン（見ること）がどうして真理だと言えるでしょうか？

1937年12月30日

対話438

　ある訪問者が尋ねた。「私のような初心者にとって、特定の神を礼拝することと『私はブラフマンである』という確言への黙想のどちらが最もふさわしいでしょうか？」

マハルシ　答えは質問の中に含まれています。質問そのものが特定の神への礼拝のほうがふさわしいことを示しています。

質問者　目覚めと夢の状態の中では「私」を感じられますが、深い眠りの中では感じられません。なぜそうなのでしょうか？

マハルシ　では、深い眠りの中に「私」は存在しないと言うのですか？

質問者　なぜなら、目覚めと夢の状態の中には精神的状態が存在しますが、眠りの中にそのような状態は存在しないからです。

第4章（1）

1938年1月3日～
1938年3月22日

1938年1月3日

対話439

質問者　ラーマ神は尋ねます。「どうして純粋であるはずのブラフマンから幻影（マーヤー）が現れ、しかもそのブラフマンを覆い隠してしまうのでしょうか？」。聖者ヴァシシュタは答えます。「強固な無執着を備えた純粋な心にこのような質問は起こらない」と。もちろん、アドヴァイタ哲学の中にジーヴァ、イーシュヴァラ、マーヤーが存在する余地はありません。真我の内に沈潜した自己のヴァーサナーは完全に消え去り、そのような質問の起こる隙さえ与えないからです。

マハルシ　その答えは探究者の理解の許容力によるのです。『バガヴァッド・ギーター』の第二章には、「誰も生まれず、誰も死なない」と述べられています。しかし第四章でシュリー・クリシュナは、「私とアルジュナは無数の転生を経てきた。私はそのすべてを知っているが、アルジュナは知らないのだ」と述べています。どちらの声明が真実でしょうか？　どちらも真実です。ただ異なった見地から述べられているだけなのです。

ここで質問が起こります。「いったいどうして真我からジーヴァが現れることができるというのか？」と。私はこう答えなければなりません。「ただあなたの真の存在を知りなさい。そうすれば、この質問は起こらないでしょう」と。

なぜ人は「自分は分離している」と考えるのでしょう？　生まれる前、人はどうだったのか？　死んだ後、人はどうなるのか？　なぜそのような討論で時間を無駄にするのでしょうか？　あなたは深い眠りの中で、どのような姿をしていましたか？　なぜあなたは自分を個人だと見なすのですか？

質問者　深い眠りの中での私の姿は、精妙な形のままとどまっています。

マハルシ　結果がそうであれば、原因もまたそうあるように、木がそのようにあれば、種もまたそのようにあります。木全体が種子の中に含まれており、その種子が後に木として姿を現すのです。生長をとげた木は、私たちがマーヤーと呼ぶ基盤を持っているはずです。ところが真実は、種子も木も存在せず、ただ存在のみが在るのです。

質問者　ヴァーサナー・クシャヤ（すべての精神的傾向の終焉《しゅうえん》）――マノー・ナーシャ（心の消滅）――アートマ・サークシャートカーラ（真我実現）、これらは互いに関係しあっているように見えます。

マハルシ　それらの異なった表現は、ただ一つのことを意味しています。ただ各個人の霊的進展の度合いにしたがって表現が異なるだけです。「無執着」。「実現」。これらはみな同じことを意味しているのです。「修練と無執着」とも言われます。なぜ修練なのでしょうか？　なぜなら、心の動きは一度源に沈んでも再び立ち現れ、また沈んで再び立ち現れる、というように際限がないからです。

質問者　このいつ始まったかもしれない心の潜在的傾向は、人の行動を誤らせます。ジニャーナ（真我の知識）なしにこの精神的傾向が消え去ることはありません。それでも、ジニャーナはほとんど不可能なように見えます。罪の贖《あがな》いだけですべてのカルマを終わらせることはできません。いったいどれほどの贖罪《しょくざい》が必要となることでしょう！　私たちの道のりを見てください！　すべてがあまりにも困難で、不可能にさえ見えます。賢者との交際のみが唯一の救いのようです。

マハルシ　何が為されるべきでしょうか？　実在は「一なるもの」です。どうして「それ」を「実現」できると言うのでしょう？　それゆえ、実現とは一つの幻想なのです。

修練はどうしても必要に見えます。しかし誰が修練するのでしょうか？　行為者を探すことで、行為とそれにともなうものは消え去るのです。

さらに、もし実現が今ここにないなら、新たに獲得されたものにどうして益があると言うのでしょう？　永久に在るものは、永遠に存在するはずです。新たに得られたものが永久でありえるでしょうか？

今、ここに在るものを実現しなさい。これまで賢者はそうしてきましたし、今も変わらずそうしています。それゆえ、彼らはあたかもそれが新たに得られたかのように語ります。かつて無知で覆われていたものが、後に露《あら》わにされるため、実在はいかにも新たに実現されたように見えます。しかしそれは新しいものではないのです。

質問者　カルマ、バクティ、ヨーガ、ジニャーナ。そしてさらにそれらを細分した道があります。それらは心を惑わせるばかりです。先達の言葉にしたがうことだけが、唯一正しいことのようです。いったい何を理解すべきなのでしょうか？　どうぞお教えください。聖典（シュルティ）や法典（スムリティ）を調べ尽くすことは、私にはできません。それらはあまりにも広大なのです。どうぞ私に助言をお与えください。

マハルシ　（沈黙）

対話440

質問者　論理も専門用語も使わずに、どうか真我の至福への道を示してください。ただグルの恩寵だけでいいとおっしゃってください。

マハルシ　あなたが何を望んでいるのかについてはっきりとした考えを持ちなさい。誰が何を得たいと望んでいるのでしょうか？　それから方法について尋ねなさい。

質問者　至福はときおり現れます。しかし私にはそれを描写できません。ときには光明がさすこともあります。しかしそれは実在なのでしょうか？　もしそうなら、どうすればそれを永久的なものにできるのでしょうか？　方法は単純であるべきです。論理や討論や神秘的な言葉を用いることなしに、どうかはっきりと教え示してください。

マハルシ　（沈黙）

別の訪問者が尋ねた。「すべての方法の中で最も効果のあるものはどれでしょうか？　神への礼拝、グルの恩寵、精神集中……」

マハルシ　一つの方法の結果がもう一つの方法へと導きます。そのそれぞれが次のステージへと導きながら、継続的に全体を構成していくのです。神、グル、真我は異なったものではありません。それらは一つであり、同じです。それゆえ、方法を選択するという問題ではないのです。

対話441

アラハバードから来た政府の高官であるパンナラール氏が、非常に教養の高い夫人と引退した判事のブリジナーラーヤン氏を連れてアーシュラマムを一週間訪れていた。出立の前夜、疑問を解くために彼らは質問をした。

質問者　私たちには偉大なグルがおりました。彼はハリ[*1]の名前を唱えることを私たちに勧めました。彼は、「それは何よりも偉大だ。心を集中させるのに努力は必要ない。『ハリ』の名を唱え続ければ、集中はひとりでに起こるだろう」とおっしゃいました。私たちはそれを続けてきたのですが、グルは逝去され、私たちはあたかも大海原《おおうなばら》の真ん中で舵を失った船のような気持ちでいたのです。不安を抱えながらも安全な導き手を探しておりましたところ、シュリー・バガヴァーンのことを本で読み、人からも話を聞いていましたので、ここへ来ることを願っておりました。二年間待ち望んだ末、ついにこうして望みをかなえることができました。

ここに来てシュリー・バガヴァーンのお話を聞き、師が真我探究（アートマ・ヴィチャーラ）を教えていることを理解しました。この方法は知識の道（ジニャーナ・マールガ）であり、一方私たちを導いてくださった師の教えは帰依の道（バクティ・マールガ）です。いったいどうすればよいでしょう？　以前の方法をあきらめてこの新しい方法を取るべきでしょうか？　ひとたび方法を変えたなら、私たちは出会う師にしたがって何度も方法を変えてゆくことになるのでしょうか？　そのようにたびたび方法を変えていては、進展など得られるでしょうか？　どうかこの疑問を解き払って、私たちに祝福をお与えください。

シュリー・バガヴァーンはカハンガードにあるアーナンダ・アーシュラマムが発行する月刊誌『ヴィジョン』の九月号の記事を、その紳士に読んで聞かせた。

聖ナーム・デーヴによる『聖なる名前の哲学』

名前は宇宙全体に密に充満している。それが冥界のどれほど深くまで、そして天界のどれほど高くまで行きわたっているかを誰が知ろう。無知なる者は物事の本質を知らずに八百四十万もの生命の種を輪廻転生していく。「名前は不生不死である」。形は無数にある。だが、名前は存在するすべてである。

名前そのものが形であり、形そのものが名前である。名前と形に違いはない。神は顕現し、名称と形態を装った。名前ゆえに『ヴェーダ』は確立されたのである。名前を超えたマントラはないと知りなさい。これに異議を唱えるのは愚か者である。「名前はケーシャヴァ[*2]そのものである」。これは主の愛すべ

＊1ハリ：ヴィシュヌ神あるいはクリシュナの別名。
＊2ケーシャヴァ：ヴィシュヌ神の化身であるクリシュナの別名。

き帰依者にのみ知られる。
すべてに遍在する名前の本性は、人が「私」を自覚したときにだけ理解される。自己の名前が自覚されないまま、すべてに遍在する名前に達することは不可能である。本来の自己を知ったとき、人は名前がいたるところに存在することを知るだろう。名前と名前を授かったものとの間に違いを見るのは迷いである。ナームデーヴ曰く、「聖者に尋ねなさい」

知識や瞑想や苦行によって名前を実現することは誰にもできない。まず、あなた自身をグルの御足元《みあしもと》に明け渡しなさい。そしてあなたの中の「私」とは誰なのかを学びなさい。「私」の源を見いだして、二元性のない、独立した存在であるあの「一なるもの」の中にあなたの個我を融かし去りなさい。三界に充満するのは、かの名前である。名前はパラマートマンそのものである。その中には二元性から起こるいかなる行為も存在しない。

1938年1月8日
対話442

自作の詩についてシュリー・バガヴァーンは以下のように説明した。

恩寵に満ちた甘露の海よ、宇宙さえも飲み込むあなたの輝きよ！
ああ、至高なるアルナーチャラ！

太陽となって、わがハートの蓮華を至福の内に開かせたまえ！

『シュリー・アルナーチャラへの五連の詩』第１節

マハルシ　太陽は宇宙を輝かしますが、アルナーチャラという太陽は、宇宙がかすむほど眩《まぶ》しい完全な光輝ですべてを覆い尽くします。しかしこれは現在の状態では実感されていません。それはハートの蓮華が開いたときにのみ実感されます。普通の蓮華は目に見える陽光の中で開花しますが、霊妙なるハートは太陽の中の太陽の前でのみ開花するのです。アルナーチャラが私のハートを開花させ、「彼」の完全なる光だけが輝き続けますように！

シュリー・バガヴァーンはさらに語り続けた。

マハルシ　鏡は物体を映し出しますが、その反映は実在ではありません。なぜなら、反映は鏡なしには存在できないからです。同様に、世界は心の中の反映だと言われています。なぜなら、心が不在のとき、世界は存在しないからです。

ここで疑問が起こります。もし宇宙が反映ならば、心に映るためには宇宙という現実の客体が存在するに違いありません。これは具象的な宇宙の存在を認めることになります。ところが実際は、そうではないのです。

そのため、夢の説明が提示されました。夢の世界は具象的存在を持っていません。では、それはどうやって創造されたのでしょうか？　そこには何らかの精神的印象があるはずです。それはヴァーサナーと呼ばれます。ヴァーサナーは心の中でどのように存在していたのでしょうか？　それは微細な姿で存在していたのです。ちょうど木全体が種子の中に潜在的可能性として含まれていたように、世界もまた心の中に存在しているのです。

そこで質問が問われます。「種子は木から生じた。その木は種子以前に存在して種子を生み出したはずだ。それゆえ、世界もそのように長い時間存在し続けてきたに違いない」と。その答えはと言えば、「違う！」のです。現在こうして現れた姿は、いくつもの転生を通して集められた印象に違いありません。今、私がこうして存在しているように、以前にも私は存在していたはずです。その答えを見いだす最短の道は、そこに世界が存在しているかどうかを見ることです。世界の存在を認めるとすれば、そこには他でもない私自身である「見る者」がいることを認めなければなりません。世界と「見る者」の関係を知るためには、私自身を見いださなければならないのです。私が真我を探し出して、真我としてとどまるとき、見られる対象である世界は存在しません。では、実在とは何なのでしょうか？「見る者」だけが実在であって、世界ではないのです。

それが真理であるにもかかわらず、人は世界の実在性に基づいて論争し続けます。いったい誰が世界の実在性を説明する訴訟を彼に依頼したと言うのでしょうか？

『ヨーガ・ヴァーシシュタ』は「解脱とは偽りを放棄し、『存在』としてとどまることである」と明確に定義しているのです。

対話443

質問者　鏡による説明は視覚のみに関係しています。世界は他の感覚によっても知覚されています。その非実在性は他の感覚との関係によっても確立されうるのでしょうか？

マハルシ　映画館のスクリーン上に映し出された人物は、あたかもその中で全世界を見ているかのように見えます。その映画の中の主体と対象の背後にある実在性とはいったい何でしょうか？　幻影である存在が幻影の世界を見ているのです。

質問者　しかし私はその映画の観照者（鑑賞者）です。

マハルシ　確かにそのとおりです。あなたも世界も、映画の中の人や世界と同程度の実在性しか持っていないのです。

対話444

弁護士の訪問者　心は感覚を通して世界に気づきます。感覚が活動しているとき、世界の存在を感じないわけにはいきません。どうして純粋な気づきを得るために、カルマ・ヨーガが役立つと言うのでしょうか？

マハルシ　世界は感覚を通して心によって知覚されます。つまり世界は心に属するのです。「見る者」は心と感覚を、真我から分離したものではなく、真我の内にあるものとして見ています。「行為する者」

は、行為に影響されずにとどまることでさらに純化され、真我実現へと導かれていくのです。

1938年1月9日

対話445

『アルナーチャラ・アクシャラ・マナ・マーライ』の詩節について説明しているとき、シュリー・バガヴァーンは「マウナは最高の教え（ウパデーシャ）です。それは師、弟子、修行者を『沈黙』として表しているのです」と語った。

シュリー・バガヴァーンを訪れていた三人のサンニャーシーが討論を始めた。

質問者　もし静寂にとどまるなら、行為はどのように為されるのでしょうか？　カルマ・ヨーガの立場はどうなるのでしょうか？

マハルシ　まずカルマとは何なのか、誰のカルマなのか、誰が行為者なのかを理解しましょう。それを調べ、その真実を探究していくと、人は必然的に真我として静寂の内にとどまることになります。それにもかかわらず、行為は続いていくのです。

質問者　私が行為せずに、どうして行為が続いていくと言うのでしょうか？

マハルシ　誰がこの質問を尋ねているのでしょうか？　それは真我でしょうか、それとも何か他のものでしょうか？　真我が行為に関心を持つでしょうか？

質問者　いいえ。真我が関心を持つのではありません。それは別の、真我とは異なった何かです。

マハルシ　ですから、真我が行為に関心を抱かないのは明らかです。それゆえ、質問は起こらないのです。

質問者　おっしゃるとおりです。

別の質問者　実現した人の状態はどうなのでしょうか？　彼は行為をしないのでしょうか？

マハルシ　その質問が示しているのは、つまり実現した人は質問者ではないということです。なぜ他の人のことを気にかけるのですか？　あなたの義務は自分自身を見入ることであって、他人について尋ねることではないのです。

質問者　聖典は賢者を理想と見なしています。

マハルシ　確かに賢者は理想です。しかし実現しなければならないのはあなたなのです。たとえ彼の境地について描写されたとしても、それについてのあなたの理解は、あなたの許容範囲内のものでしかないでしょう。あなたは自分自身の理解の許容範囲に限界があることを認めています。聖典は、真我実現の境地にはいかなる限定もないことを認めています。それならば、賢者の境地を理解する唯一の方法は、真我を実現し、それを体験することです。その後で質問が起こるなら、答えも見つかるでしょう。

別の質問者　*q1*『ウパデーシャ・サーラム』の第一節には、「生命意識のあるもの」（チット）と「生命意識のないもの」（ジャダ）の違いが説かれています。

マハルシ　教え（ウパデーシャ）はそれを聞く人の観点に合わせて説かれます。生命意識のないもの

（ジャダ）の中に真理はありません。一つの全体意識（チット）だけが存在するのです。

1938年1月24日

対話446

グラント・ダフ氏がホールにいた。シュリー・バガヴァーンは『マハー・ヨーガ』を初めとするアーシュラマムの何冊かの新しい出版物について話していた。彼は、『マハー・ヨーガ』がグラント・ダフ氏の読んだ『サット・ダルシャナ・バーシュヤ』とは異なった見解を示していることにきっと驚くに違いないと言った。どちらもシュリー・バガヴァーンの哲学を表していると宣言しながらあまりにも異なっており、実際[q1]**『マハー・ヨーガ』はもう一方を批判している**ほどだったのだ。

ある人が『サット・ダルシャナ・バーシュヤ』の中から興味深い文章を読み上げた。それは、「個人性は自我が失われた後でさえ維持される」というものだった。

マハルシ　どうしようがあるでしょう？　『ムンダカ・ウパニシャド』はブラフマヴィッド・ブラフマイヴァ・バヴァティ（ブラフマンを知る者はブラフマンになる）と述べています。ブラフマヴィッドは一人だけではないでしょう。「彼らはみな同じなのか？　彼らは別々ではないのか？」と尋ねる人もいます。このような人は身体《からだ》だけを見て、彼らの実現を見てはいません。ブラフマヴィッドの実現に違いというものはありません。それが真実です。しかし身体という視点から見れば、「そうだ、彼らは異なっている」と答えることになるのは避けられないでしょう。これが混乱の原因なのです。

グラント・ダフ氏　仏教徒は世界を否定します。ヒンドゥー教の哲学は世界の存在を認めていますが、「それは実在ではない」と言います。私の理解は正しいでしょうか?

マハルシ　見解の相違は見る角度の違いによるのです。

質問者　シャクティが世界を創り出すと言われています。世界が非実在であるという知識は、マーヤーの覆いを取り払うことで得られるのでしょうか?

マハルシ　シャクティが世界を創り出すということに関しては、誰もが認めています。その創造の母*の本質とは何でしょうか?　それは創造の本質と一致するはずです。創造の母の本質と創造物の本質は同じなのです。

質問者　幻影には段階があるのでしょうか?

マハルシ　幻影そのものが幻影なのです。幻影はそれを超えた者によって見られるはずです。そのような「見る者」が幻影の支配を受けるでしょうか?　「見る者」が幻影の段階について語ることなどできるでしょうか?

映画の画像がスクリーンの上に投影されています。火は建物を灰へと焼き尽くし、水は船を難破させるかのように見えます。それでも、画像がその上に映し出されるスクリーン自体は、焼けることもなけ

＊創造の母：ヒンドゥー教のシヴァ神帰依者やシャクティ信奉者は、シヴァ神を非顕現である純粋意識と見なし、シャクティは自己を世界として顕現させる至高の創造力（宇宙の母）であると見なす。

れば濡れることもありません。なぜでしょうか？　なぜなら画像は実在ではなく、スクリーンが実在だからです。

同様に、鏡の中の反映は移り変わりますが、反映されたものの量や質に鏡が影響を受けることはありません。

それゆえ、世界は「一なる実在」の上に現れた単なる現象でしかなく、実在が現象から影響を受けることはないのです。実在はただ一つです。

幻影に関する議論は、見る角度の違いによるのです。あなたの見る角度をジニャーナの角度に変えて見てみなさい。そうすれば宇宙はブラフマンでしかないことがわかるでしょう。今は世界の中にいるため、あなたは世界をそのように見ています。世界を超えて行きなさい。そうすれば、世界は消え去るでしょう。そしてただ実在だけが輝き出すのです。

対話447

シュリー・バガヴァーンは次のように語った。「その昔、アルナーチャラに暮らしていた聖者ナマハ・シヴァヤは、たいへんな苦難を生きたに違いありません。なぜなら、彼は詩にこう書き残しているからです」

「神は過酷な試練で帰依者を試そうとなされる。洗濯夫が石板に服を叩きつけるのは、引き裂くためではない。ただ汚れを取り除くためなのだ」

1938年1月25日

対話448

聖ナームデーヴによる『聖なる名前の哲学』の翻訳

(1)名前は空に大地に、そして宇宙全体に密に充満している。それが冥界のどれほど深くまで、そして天界のどれほど高くまで行きわたっているかを誰が知ろう。無知なる者は物事の本質を知らずに八百四十万もの生命の種を輪廻転生していく。ナームデーヴ曰く、「名前は不生不死である」。形は無数にある。だが、名前は存在するすべてである。

(2)名前そのものが形であり、形そのものが名前である。名前と形に違いはない。神は顕現し、名称と形態を装った。名前ゆえに『ヴェーダ』が確立されたのである。名前を超えたマントラはないと知りなさい。これに異議を唱えるのは愚か者である。ナームデーヴ曰く、「名前はケーシャヴァ(クリシュナ神)そのものである」。これは主の愛すべき帰依者にのみ知られる。

(3)すべてに遍在する名前の本性は、人が「私」を自覚したときにだけ理解される。自己の名前が自覚されないまま、すべてに遍在する名前に達することは不可能である。本来の自己を知ったとき、人は名前があらゆるところに存在することを知るだろう。名前と名前を授かったものとの間に違いを見るのは迷いである。ナームデーヴ曰く、「聖者に尋ねなさい」
(4)知識や瞑想や苦行で名前を実現することは誰にもできない。まず、あなた自身をグルの御足元に明け渡しなさい。そして「私」自身が名前であることを学びなさい。「私」の源を見いだして、二元性のない、独立した存在の、あの「一なるもの」の中にあなたの個我を融かし去りなさい。ドヴァイタ（二元性）とドヴァイターティータ（二元性を超えたもの）を超えて広がるそれ、その名前が三界の中に現れたのである。名前はパラブラフマンそのものである。その中には二元性から起こるいかなる行為も存在しない。

シュリー・バガヴァーンがこれを読み上げたとき、ある音楽家がホールに入ってきて、テルグ語でティヤーガラージャのキールタン*を歌い始めた。その内の一つはこう歌った。

真珠採りが真珠を求めて潜るように、超越的な音（ムーラーダーラ・シャブダ）の源を求めて深く潜れ。

そして次の歌はこう歌っていた。

心を制御した人にとって、どこに苦行（タパス）の必要があろう？「私は身体だ」という観念を放棄しなさい。そして「私は存在しない。神がすべてである」ということを悟りなさい。

この詩はホールにいたグラント・ダフ氏に対して通訳された。

グラント・ダフ氏が尋ねた。「呼吸を制御することは必要でしょうか？　呼吸制御を修練していない人はどうなるのでしょうか？」

マハルシ　呼吸制御はただ深く沈潜することを助けるだけです。心の制御によっても深く潜ることはできます。心が制御されれば、呼吸は自動的に制御されます。呼吸制御を試みる必要はありません。心の制御だけで十分です。呼吸制御は心を直接制御できない人に勧められるものなのです。

Nāham　ナーハム――私はこれではない――レーチャカ（呼気）

Koham　コーハム――私は誰か？（「私」の探究）――プーラカ（吸気）

Soham　ソーハム――私は彼である（真我だけが在る）――クンバカ（保持）

これがプラーナーヤーマの機能です。

別のパターンは、

Na - Aham　ナ――アハム（ではない――「私」）

Kah - Aham　カハ――アハム（誰――「私」）

Sah - Aham　サハ――アハム（彼――「私」）

接頭語を取り払い、これらすべてに共通する要素をとらえなさい。それがアハム、つまり「私」です。これがすべての問題の要点なのです。

後にシュリー・バガヴァーンはティヤーガラージャの詩について語った。

＊キールタン：インドの神々への信愛、信仰、帰依を歌に託したもの。神の名や神への賛歌、あるいはマントラを含む。

マハルシ　ティヤーガラージャは実に巧みに言い表しています。心は制御されなければなりません。ここで疑問が起こります。「心とは何なのか？」と。彼自身が次の二行連句の中で、それは「私は身体だ」という観念であると答えています。次の疑問は「どうすれば心の制御がもたらされるか？」ということです。彼はこのように答えています。「完全な明け渡しによって」。「私は存在しない。すべては神である」。その詩は素晴らしく、しかも簡潔です。彼はもう一つの修練方法である呼吸制御についても述べています。

1938年1月31日

対話449

グラント・ダフ氏がホールを去った後、彼がアーシュラマムを訪れたことについての話があった。シュリー・バガヴァーンはこう語った。「あるシャクティ（力）が地球上のあらゆる場所から人々をこの中心地に引き寄せているのです」。一人の帰依者が的を射て、「そのシャクティはシュリー・バガヴァーンと異ならないのです」と言った。シュリー・バガヴァーンはすかさず答えた。「私をこの地に引き寄せたシャクティとはいったい何だったのでしょうか？　その同じシャクティが同じように他の人々も引き寄せているのです」

シュリー・バガヴァーンは朗《ほが》らかに、以下の物語を語った。

(1)あるところに一人の王と献身的な王妃がいました。王妃はラーマ神の帰依者だったため、夫も同じようにラーマ神の帰依者となることを切望していました。ある夜、王妃は王が眠っている間に何かをつぶやいていることに気づきます。耳を彼の口元に近づけてみると、それはジャパのように途切れることなく繰り返される「ラーマ」という言葉ではありませんか。王妃は喜びに溢《あふ》れ、翌日大臣に祝宴を開くよう命じました。そこに登場した王は、祝宴の理由を王妃に尋ねます。王妃は起こった出来事を彼に伝え、「長年の願いがついにかなったことを神に感謝するための祝宴なのです」と言いました。しかしながら、王は彼の帰依心が公《おおやけ》になってしまったことを悩み苦しみました。そしてある人たちが伝えるには、王は自分を神への信仰に値しない者と見なして、自殺してしまったということでした。

それは自分の信心を誇示してはならないということを意味しています。しかしここでは、王は王妃に「私の信仰心について大げさなことをする必要はない」と説得し、その後二人は幸せに暮らした、と私たちは受け取っておきましょう。

(2)トンダラディーポディ（バクターングリレーヌ）・アルヴァール：この名前は「帰依者の御足元《みあしもと》の埃を崇める者」を意味します。アルヴァールはトゥルシー（バジル科の神聖な薬草）を自分の土地で栽培し、それで花輪をつくっては寺院の神像に捧げて暮らしていました。彼は生涯独身で、その生活や振る舞いの清らかさから人々の尊敬を集めていました。ある日のこと、娼婦として暮らしていた二人の姉妹が彼の庭の近くを通りかかり、一本の木の下に座りました。妹が言います。「何と忌《い》まわしい生活を私は送っているのでしょう。私は毎日心身を汚《けが》しながら生きているのです。この男性の生き方こそ最も望ましいものです」。姉はそれに答えます。「どうしてあなたに彼の心がわかると言うの？　彼は見た目ほど善い人ではないかもしれないわ。身体的な機能は強制的に制御されているかもしれないけれど、心は放埒《ほうらつ》な想いにかき乱されているということもある。人は身体的なレベルほど簡単にヴァーサナーを制御できないものなのよ」

妹は答えました。「行為は心の状態を表します。彼の人生は彼の心が純粋であることを示しているのです」

姉は答えました。「必ずしもそうとは限らないわ。まだ彼の心は証明されていないのだから」

妹は姉に証明するよう挑みました。姉はそれを受け入れます。彼女は薄いぼろ切れ一枚をはおっただけの姿になると、一人にさせて欲しいと頼みました。妹は姉を一人残して家に帰って行きました。姉は木の下にとどまって、つつましやかに何かを悔《く》いているかのようでした。聖者は彼女の姿に気づくと、しばらくしてそばに近づいて行きました。彼はどうしてそんな姿でいるのかと尋ねました。彼女は自分の過去の人生を悔い改めて、これからはもっと純粋で高尚な人生を送りたいと願っていると告白します。そして自分を彼の従者として、または奉仕として庭仕事をさせて欲しいと懇願しました。彼は彼女に、家に帰って普通の暮らしをするようにと告げます。しかし彼女はどうしてもと言って聞きませんでした。そこで彼はトゥルシーの木に水をやるということで彼女を受け入れました。彼女はその仕事を喜んで受け入れ、庭で働き始めたのでした。

ある雨の夜、彼女は聖者の暮らす藁葺き小屋の軒下に立ちすくみ、ずぶ濡れの服のまま寒さにこごえていました。どうしてそんな哀れな姿でいるのかと彼が尋ねると、彼女は「自分の住む場所は屋根もなく雨にさらされているため、しばらく軒下に雨宿りをさせてもらっています。雨がやんだらすぐにでも帰るつもりです」と答えた。彼は「小屋に入って、濡れた服を着替えなさい」と言いました。彼女に着替えのための乾いた服はありませんでした。そこで彼は自分の服を彼女に差し出しました。彼女はそれを身に着けると、彼の足にマッサージをさせて欲しいと願い出ます。彼はそれを受け入れました。そして、ついに二人は抱き合ったのでした。

翌日、彼女は家に戻ると良い食事をし、良い服を身に着けました。それでもまだ庭の仕事は続けていました。

ときには自分の家に長い間とどまることもありましたが、そうすると今度は彼のほうから彼女の家を訪れ始めるようになりました。そして最終的には彼女と一緒に暮らすようになったのです。それでも、彼は庭の手入れを怠《おこた》ることなく、毎日神に花輪を捧げ続けていました。しかし世間の人々は彼の生活の変化を中傷し始めます。

これを見ていた神は、彼を以前の正しい道に戻そうと決意し、敬虔《けいけん》な帰依者アルヴァール自身の姿となって、ある高級売春婦（ダーシー）の前に現れました。そして彼女に寺院の神像に飾られていた足輪を内密にプレゼントします。彼女はとても喜び、それを自分の枕の下に隠しました。聖者の姿をした神はその直後に姿を消しました。しかしその家の女中はこの一部始終を隠れて見ていたのです。

翌日、寺院の神像の宝飾品が消え去っていることが発見されました。足輪が失われていることに気づいて、礼拝者が寺院の管理人に報告したのでした。管理人は、誰であれ失われた足輪の発見の手がかりとなる情報を報告した者には魅惑的な報奨金を出すと宣言します。一部始終を見ていた女中は、手がかりとなる証言をもとに報奨金を求め出ました。こうして警察は足輪を見つけ出し、高級娼婦を逮捕しました。彼女は足輪は神の帰依者アルヴァールからもらったのだと訴えます。アルヴァールは法廷で手荒く扱われました。すると天上から神の声が聞こえました。「それは私がしたのだ。彼を解放しなさい」

王を初めとするすべての人が、驚きのあまりアルヴァールの足元にひれ伏すと、彼を解放しました。それからの彼は、より良い、より高尚な生活を送ったのでした。

(3)カドゥヴェリ・シダールは非常に禁欲的な隠者として知られていました。彼は落ち葉を食べて暮らしていたのです。国王はその話を聞いて隠者と会見しました。そしてその後、この男の真価を証明できる者には褒美を取らすと宣言したのでした。すると一人の高級娼婦が名乗り出ました。彼女は隠者の近くに暮らし始め、彼に奉公することを装いました。彼女は彼が好んで食べていた落ち葉の上にパパダム[*1]をそっと置きます。彼がそれを食べたのを見て、彼女は他のより美味しい食べ物を枯葉の上に置き、ついに彼はその美味しい食べ物も食べるようになりました。彼らは親しくなり、二人の間には子供ができました。そして彼女は王にこのことを報告したのでした。

王は、彼女が二人の相思相愛の関係を一般の人々に証明できるかどうか知りたがりました。彼女はそれに同意し、ある計画を提案します。王は彼女の言うとおりにダーシーによるダンスの舞台を用意して人々を招待しました。人々が会場に集まると、彼女もそこに姿を現しました。しかし彼女はその前に自分の子供に一服の薬を与えてから、その子を聖者の世話にまかせて家においてきたのでした。

ダンスが演技の頂点に達しようとしていた頃、彼女の子供は母親の名を呼びながら家で泣いていました。父親は赤ん坊を腕に抱えるとダンス会場へと向かいました。彼女は陽気に浮かれて踊っているところでした。彼の方から子供を連れて彼女に近づくことはできませんでした。彼女は彼と子供がいることに気づくと、踊りながら聖者のいるところまで近づいて行って自分の足を蹴り上げました。そうすることで足輪が足から外れるようにしたのです。彼女が足を静かに上げると、彼はその足に足輪を結びつけました。観客は声高々に叫び、大笑いしましたが、彼は影響を受けることもなく落ち着いたままでした。それでも真意を明かすために、彼はタミル語で詩を詠《うた》いました。

＊1パパダム：黒豆を粉に挽いて捏ね、紙のように薄くし、かりかりに揚げたもの。

「勝利のために、怒りを手放そう！　湧き起こる心を私は解き放つ。もしも私が真我に完全に気づきながら昼も夜も眠るということが真実ならば、この岩よ、真っ二つに裂けて爆発せよ！」

言うが早いか、岩は爆音とともに破裂し飛び散ったのです。人々はただただ驚愕するばかりでした。


シュリー・バガヴァーンは語り続けた。


マハルシ　こうして彼は白分が不動のジニャーニであることを証明しました。人はジニャーニの外見に騙《だま》されてはならないのです。

『ヴィヴェーカ・チューダーマニ』の第一八〇節はこのように説いています。

「身体と関わりを持つジーヴァン・ムクタは、（プラーラブダゆえに）無知に陥ったように見える場合もあれば、叡知に富むように見える場合もある。だが雲に覆われていようと雲が風で一掃されようと、彼は澄みきった虚空のように常に純粋である」

愛情深い妻がただ夫だけに尽くすように、ジーヴァン・ムクタは常に真我の中だけに没入しています。彼は無学な者のようにただ沈黙しているだけかもしれませんが、『ヴェーダ』の中で語られた言葉が必然的に二元性を含んでいるがゆえに、彼は無関心を保っているのです。彼の沈黙は彼が実現した非二元性の至高の表現であり、究極的には真に『ヴェーダ』が説く真義と等しいものです。

ジーヴァン・ムクタは弟子を指導しますが、師という立場を取りません。それは彼が、師と弟子という立場は幻影（マーヤー）から生まれた伝統的因習でしかないことを確信しているからです。それを知りながらも、彼は天からの声のように言葉を用いて語り続けます。それとは反対に、もし彼が狂人のように支離滅裂な言葉をつぶやいていたとしても、それは抱擁に酔い痴れる恋人同士の言葉のように、彼の体験が表現不可能なものだからです。たとえ彼が説教師のように多くの言葉を用いて流暢《りゅうちょう》に語っていたとしても、それは彼の体験の回想であり、彼自身はもはや満たすべき欲望の消え失せた、不動なる非二元的「一者」なのです。たとえ彼が人と死に別れて凡人のように嘆き悲しんでいるように見えたとしても、それは彼がその場にふさわしい愛と慈しみを表しているだけなのです。実現する前は、彼もそのような嘆きを制御していましたが、実現された今、それらは至高の存在の単なる表現であり、方便でしかないからです。もし彼が世界の不思議に深い興味を見せたとしても、それはただ幻想から生まれた人々の無知を冷やかしているだけです。たとえ彼が性的快楽に耽《ふけ》っているように見えたとしても、それはただ真我がそれ自体を個的自己と普遍的自己に分離し、それから再びその本性を得るために、真我に本来そなわった合一されるときの至福を彼が楽しんでいるからに他なりません。もし彼が激怒しているように見えたとしても、それは無礼を働いた人に対する善き計らいなのです。彼の行為はすべて、人間界の次元に表れた神聖さの顕われとのみ見なされるべきであって、彼が生きながら解脱を得た存在であることに微塵《みじん》の疑いも起こしてはならないのです。なぜなら、彼は世界の善のためだけに生きているからです。

シュリー・バガヴァーンはジニャーニの行為を見た目で判断して、それを軽蔑するという過ちを犯してはならないと再びみなに警告した。そして***q1*** **パリクシットの物語**を語った。

マハルシ　パリクシットは死産児でした。母親はクリシュナに子供の命を救って欲しいと泣いてすがります。アシュヴァッターマンの矢の魔力によって死産児として生まれてきた赤ん坊を、いったいどのようにクリシュナが救うのかと、その場を取り囲んでいた聖者たちは不思議に思いながら、好奇心に満ちた目で見守っていました。クリシュナは言いました。「もし禁欲を永遠に守る人に触れられたなら、この子は生き返るだろう」。聖者シュカでさえその子に触れる勇気はありませんでした。高名な聖者たちも一人として果敢にもその子供に触れようとする者がいないのを見たクリシュナはその子に近づくと、こう言って赤ん坊に触れました。「もし私が永遠に禁欲を守る人であるなら、この子は命を吹き返すだろう」。すると赤ん坊は呼吸をし始めたのです。こうしてパリクシットは命を授かったのでした。

考えてもみなさい！　一万六千人ものゴーピー[*2]に囲まれたクリシュナがブラフマチャーリー[*3]だなんて！　ジーヴァン・ムクタはかくも神秘的な存在なのです！　ジーヴァン・ムクタとは真我から離れたものは何もないということを知っている人です。

しかし、もしシッディ（超自然能力）を意識的に見せびらかすような人がいれば、そのような人は神から突き放されるのが落ちでしょう。

＊2ゴーピー：クリシュナへの愛にすべてを捧げたブリンダーヴァンに暮らす牛飼いの女性帰依者たち。

＊3ブラフマチャーリー（brahmacārī）：ヒンドゥー教の四住期と呼ばれる人生の四つの修行段階の第一段階であるブラフマチャリヤ（学生期）にある人、あるいは禁欲主義者。貞節、純潔を守る人。語根はブラフマチャーリン。

1938年2月3日

対話450

　ヒンドゥー教に改宗したポーランド人女性のウマーデーヴィーが、シュリー・バガヴァーンに尋ねた。「以前、私はバガヴァーンに、私がヒンドゥー教に改宗した頃にシヴァ神の姿を見たことをお話ししました。コールタラムにいたときにも同じような体験が起こりました。これらのヴィジョンは一時的ではあっても、至福に満ちたものです。私は、どうすればそれが絶えず起こるようにできるのかが知りたいのです。どこを見回しても、シヴァ神なしでは私の人生はありません。シヴァ神のことを想うだけで、私は本当に幸せなのです。どうか、どうすれば神の姿が永遠に現れるのかを教えてください」

マハルシ　あなたはシヴァのヴィジョンについて語ります。ヴィジョンとは常に対象です。それはつまり、そこに主体が存在することを暗示しています。ヴィジョンの価値はそれを見る者と等しいものです。ということは、ヴィジョンとそれを見る者の本性は同じ次元にあるということです。出現したということは消滅することも暗示しています。何であれ現れたものは消え去らなければなりません。ヴィジョンはけっして永遠ではありえません。しかしシヴァは永遠なのです。

　シヴァ神を目で見るというヴィジョンは、そこにそれを見る目、視野の背後にある知性（ブッディ）、視野と知性の背後にある「見る者」、そして「見る者」の根底に在る意識が存在することを示唆しています。このヴィジョンは、人が想像で想い描いたものと同じように、実在ではありません。なぜなら、それは本質的でも本来的でもなく、直接の体験でもないからです。それはいくつかの連続する意識の相を通った結果です。これらの意識の相の中で、変化しないのは（純粋）意識だけです。それが「永遠なるもの」、それがシヴァ、それが真我なのです。

　ヴィジョンはそれを見る者の存在を暗示しています。そして見る者は真我の存在を否定できません。意識である真我が存在しない瞬間などありえず、見る者が意識を離れることもありえません。この意識こそが永遠の、そして唯一の存在なのです。見る者は自分自身を見ることができません。しかしヴィジョンを目で見たように自分を目で見ることができないからといって、自分自身の存在を否定するでしょうか？　いいえ。それゆえ、プラティヤクシャ（直接体験）とは、「見ること」ではなく、「在ること」を意味するのです。

　「在ること」とは真我を実現することです。だからこそ、「私は私で在るものである」（I AM THAT I AM）と言われるのです。「私は在る」（I AM）がシヴァです。彼なしには何も存在できません。すべてはシヴァの中に、シヴァゆえに存在しているのです。

　それゆえ、「私は誰か？」と探究しなさい。内面深く沈み、真我としてとどまりなさい。それが「存在」としてのシヴァなのです。シヴァのヴィジョンが繰り返し起こることを期待してはいけません。あなたの見る対象物とシヴァとの違いは何でしょうか？　シヴァは主体と対象の両方です。あなたがシヴァなしで存在することはありえません。なぜなら、シヴァは今ここで、常に実現されているからです。もしあなたがシヴァを実現していないと考えているなら、それは誤りです。その考えこそがシヴァを実現するための障害だからです。その考えを放棄しなさい。そうすれば実現はそこにあるのです。

質問者　はい。しかしどうすれば私は実現を可能なかぎり早めることができるのでしょうか？

マハルシ　これが実現への障害なのです。シヴァなしに個人が存在できるでしょうか？　今でさえ、シヴァはあなたなのです。それは時間の問題ではありません。実現していない瞬間があるならば、実現に関する質問も起こりうるでしょう。しかし実際は、あなたがシヴァなしに在ることはできないのです。彼はすでに実現されています。常に実現され、実現されていなかったことは一度もなかったのです。

　神が姿を現そうと消え去ろうと、神の御心にしたがい、すべてを明け渡しなさい。神の計《はか》らいにまかせなさい。もしあなたの希望に沿うように神に頼むとしたら、それは明け渡しではなく命令です。神をあなたにしたがわせておきながら、自分は明け渡したと考えることはできません。神は何が最善で、いつ、どのようにするべきかを知っています。彼にすべてを完全にまかせなさい。重荷は彼のものです。あなたはもはや何の心配もしなくていい。あなたの心配はみな彼のものなのです。それが明け渡しです。これがバクティです。

　さもなければ、これらの質問が誰にとって起こったのか調べなさい。深くハートの中に潜り、真我としてとどまりなさい。二つに一つの道があなたに開かれているのです。

　意識していない存在などありません。それゆえ、シヴァでない存在などないのです。人がシヴァであるということだけではなく、気づいていることもいないことも、すべてはシヴァなのです。それにもかかわらず、人はまったくの無知ゆえに宇宙を多種多様な現れとして見ます。しかしもし自分自身の真我を見るなら、宇宙から分離した自己の存在を感じることはなくなります。事実、それぞれの姿はそのまま変わりませんが、その人の個人性もその他の個として存在していたものも消え去るのです。

　シヴァは宇宙として見られますが、見る者はその背景自体を見ようとしません。布だけを見てその素材である綿を見ない人、あるいは映画の画像は見てもその背景であるスクリーンを見ない人、あるいは文字は見てもそれが書かれている紙を見ようとしない人を想い浮かべてごらんなさい。それゆえ、対象物は意識であり形態でもあるのです。それにもかかわらず、普通の人々は宇宙の中の物事は見ても、それらの中に存在するシヴァを見ようとはしません。シヴァとはそれらの形態を取った「存在」であり、それらを見ている「意識」なのです。つまりシヴァは主体と対象の両方の根底に存在しているということです。それは静止しているシヴァと活動しているシヴァとも言え、またはシヴァとシャクティ、つまり神と宇宙とも言えます。どのように表現されようと、静止していようと活動中であろうと、それは意識以外の何ものでもありません。意識していない存在などあるでしょうか？　そうだとすれば、実現していない人などいるでしょうか？　それでは、なぜ実現に関する疑問が起きたり、実現を求めたりするのでしょう？　もしも「私」が私にとっての直接体験（プラティヤクシャ）ではないとしたら、シヴァも直接体験ではないということになってしまいます。

このような質問が起こるのは、あなたが自己を身体に限定したからです。限定して初めて内側や外側、主体や対象といった概念が起こるのです。対象であるヴィジョンに本質的価値はありません。たとえ永久的なものであったとしても、それが人に満足を与えることはないのです。

ウマー（シヴァ神の妻シャクティの別名）はいつもシヴァとともにいます。二人が一つになってアル*ダナーリーシュヴァラ神を形成します。それにもかかわらず、彼女はシヴァの本性を知りたいと願い、そのためにタパス（苦行）を始めました。瞑想中に輝く光を見た彼女はこう考えます。「これがシヴァであるはずはない。なぜなら、この光はまだ私の視野の範囲内にある。ということは、この光よりも私のほうが偉大だということだ」。こうして彼女は再びタパスを始めました。そして想念が消え去り、静寂が支配したとき、彼女は「存在」こそがシヴァであり、彼の本性であることを悟ったのです。

ムルガナールはここでアッパールの詩を詠った。

　私の無明を払い去り、光明をもたらすために、
　あなたの恩寵は必ずや「私」に働きかけるに違いない。

シュリー・バガヴァーンはマーニッカヴァーチャカルの詩を詠った。

　私たちはバジャン（神への賛歌）やその他の修練をするが、
　神を見たという人は見たことも聞いたこともない。

***アルダナーリーシュヴァラ：シヴァ神の別名。シヴァ神と彼の妻シャクティが左右一体になった両性具有の神。**

神を見ながら個人性を維持することなどできません。見る者と見られるものは一つの「存在」の中に融合するのです。そこには認識する人も、認識も、認識されるものもありません。すべては一なる至高のシヴァの中に融け入るのです！

１９３８年２月４日

対話451

マドラス大学の哲学科助教授であるＳ・Ｓ・スーリャナーラーヤナ・シャーストリ氏が到着した。彼には疑問があったのだが、『真我の知識』のシャルマ氏による注解書を読んで、それは解明されたと語った。その疑問とは、「どうして世界がただの想像あるいは想念でしかないと言えるのでしょうか？　想念は心の一機能であり、心は脳に位置しています。その脳は人間の頭骸骨の中にあり、人間は宇宙の中の極微小の存在でしかありません。どうして宇宙が脳細胞の中に含まれると言うのでしょうか？」というものだった。

シュリー・バガヴァーンは次のように答えた。

マハルシ　心というものを今描写したような一つの実体あるものとして見なすかぎり、疑いは起こり続けるでしょう。しかし心とはいったい何なのか、それを見てみましょう。世界が目の前に現れるのは、人が眠りから目を覚ましたときです。それは「私」という想念の生じた後に立ち現れます。眠りから頭をもたげるとともに、心は活動的になります。世界とは何でしょうか？　それは空間の中に広がる対象物です。誰がそれについて考えるのでしょうか？　心です。空間を理解する心自体が空間（アーカーシャ）ではないでしょうか？

空間とは物理的なエーテル（ブーターカーシャ：物質的空間）であり、心とは超越的なエーテル（チダーカーシャ：意識的空間）の中に含まれる精神的なエーテル（マナーカーシャ：精神的空間）です。それゆえ、心はエーテルを本質（アーカーシャ・タットヴァ）としているのです。心は知識の本質（ジニャーナ・タットヴァ）であるため、形而上学においてそれはエーテルと同一視されます。心をエーテルと見なせば、質問にあった一見矛盾して見える問題も難なく解決するでしょう。純粋な心（シュッダ・マナス）がエーテルなのです。活動的な相（ラジャス）と不活発な相（タマス）は、粗大な物質として現れます。こうして見れば、全宇宙が単に精神的なものでしかないということがわかるでしょう。

夢見ている人のことを考えてみなさい。彼は誰にも邪魔されないように、ドアを閉めて眠りにつきます。そして何も見えないようにするために、眠っている間目を閉じます。それにもかかわらず、彼は夢の中で人々が暮らし、彼自身もその中にいるという光景を目にします。いったいこの光景は部屋の扉を通って彼に中に入ってきたのでしょうか？　いいえ。それは彼の脳によって繰り広げられただけです。この光景は夢見る人の脳の中にあるのでしょうか、それとも夢の中にいる人の脳の中にあるのでしょうか？　それは夢見る人の脳の中にあるのです。どうして巨大な光景が小さな脳の細胞の中に現れることができるのか？　これは今まで何度も繰り返し言われてきた、「宇宙は単なる想念、想念の連鎖でしかない」という説明によって解決されるのです。

一人のスワミが尋ねた。「私は歯に痛みを感じています。それはただの想念なのでしょうか？」

マハルシ　そうです。

質問者　それなら、どうして私は「歯の痛みは存在しない」と考えることで、自分で治すことができないのでしょうか？

マハルシ　何か他の考え事に没頭しているとき、あるいは眠っているとき、歯の痛みは感じられません。

質問者　それでも歯の痛みはそこにあるのです。

マハルシ　世界の現実性についての確信はそれほどまでも堅固であるため、簡単に否定し去ることができないのです。それゆえ、世界は個人である自分自身と同程度に非現実なのです。

質問者　現在、日中戦争が起こっています。もしそれがただの想像でしかないと言われるのなら、シュリー・バガヴァーンはそれと反対の状況を想像することで、戦争を止めることができるのでしょうか？

マハルシ　質問者の言うバガヴァーンも、日中戦争と同じように想念でしかないのです（笑い）。

1938年2月7日

対話452

行政事務の高官であるダール氏が夫人を連れて訪れた。二人とも若く、非常に高い教養と知性を備えていた。しかし彼らは到着してまもなく病気になってしまった。彼女は瞑想を安定させるにはどうすればよいのかを知りたいと願っていた。

マハルシ　瞑想とは何でしょうか？　それは想念を排除することです。現在ある困難はすべて想念によるものです。困難そのものが想念なのです。想念を棄て去りなさい。それが幸福であり瞑想です。

質問者　どうすれば想念を棄て去ることができるのでしょうか？

マハルシ　想念は考える者にとって現れます。考える者の真我としてとどまりなさい。そうすれば想念はやむでしょう。

ダール氏が尋ねた。「なぜ完璧な存在であるはずのブラフマー神は私たちを創造し、それから私たちが再び神と一つになるために試練を与えるのでしょうか？」

マハルシ　この質問をする個人はどこにいるのでしょうか？　人は宇宙の中におり、創造の中に含まれています。創造の中に束縛されている身でありながら、どうしてこの質問をすることができるでしょう？

人は創造を超えていかなければならないのです。そうしたとき、そこに尋ねるべき問いがあるかどうかを知るでしょう。

1938年2月8日

対話453

三人の女性が短期間この地を訪れていた。ニュージーランドから来たハースト夫人、ロンドンから来たクレイグ夫人、アリソン夫人である。その内の一人が尋ねた。「世界平和のために働くには何が最善の方法でしょうか?」

マハルシ　世界とは何でしょうか?　平和とは何でしょうか?　働く人とは誰でしょうか?　世界はあなたが眠っている間は存在していません。それは目覚めの状態に、あなたの心が投影されて形作られたものなのです。それゆえ、世界とは一つの観念以外の何ものでもありません。

平和とは障害の不在を意味します。障害は、純粋意識から湧き起こった自我でしかない個人の中に想念が起こるために生じるのです。平和をもたらすということは、想念から解放され、純粋意識として在ることを意味します。もし自分自身が平和であり続けるなら、すべてに平和を見るでしょう。

質問者　もし何か悪と見なされるようなことを私が犯すことで、他の人が大きな過ちを犯さないよう救えるとしたら、そうすべきでしょうか、それともそうしないほうがよいのでしょうか?

マハルシ　何が正しく、何が間違いなのでしょうか?　あることが正しく、別のことが間違っていると判断する基準などないのです。意見は個人の性格や環境によって異なります。それらは単なる観念でしかありません。心配するのはやめなさい。想念を払い去りなさい。もしあなたが常に正しくあるなら、世界中に善が行きわたるでしょう。

質問者　瞑想中には何を考えるべきでしょうか？

マハルシ　瞑想とは何でしょうか？　それは想念を追い払うことです。あなたは次から次へと湧き起こる想念に混乱させられています。一つの想念だけをつかみ取りなさい。そうすれば、他の想念は追い払われるでしょう。継続的な修練が瞑想を続けるための必要な力を与えてくれるのです。

瞑想は探究者の進歩の度合いによって異なります。もしふさわしい人であれば、直接「考える者」をとらえるでしょう。そうすれば、考える者は自動的に源、つまり純粋意識の中に沈み込むでしょう。もし考える者を直接とらえることができない場合は、神に瞑想しなければなりません。そうすることで、やがて個人は十分純粋になり、考える者をとらえて絶対なる存在の内に沈み入るでしょう。

彼女たちの内の一人はこの答えに満足ができず、さらなる説明を求めた。

シュリー・バガヴァーンは、他者の中に過ちを見ることは自分自身の過ちであると指摘した。

マハルシ　正邪の区別をつけることが罪の原因です。自分自身の罪が外側に投影されているのに、そのことに無知である個人は、それを他者の上に押し重ねて見るのです。それゆえ最善の方法は、そのような区別が起こらない状態に至ることです。あなたは眠っている間、正しいとか間違いとかいう区別を見るでしょうか？　眠りの中にあなたは存在していなかったでしょうか？　目覚めの状態にあっても眠っていなさい。真我としてとどまりなさい。そして周りで起こっていることに影響されずにいなさい。

そのうえ、あなたがどれだけ他者にアドバイスを与えようとも、その人は自分を正そうとはしないでしょう。あなた自身が正しくあればいいのです。そしてただ静かにしていなさい。あなたの言葉や行動よりも、静かにしているほうが影響力を持つのです。それは意志力の上達です。そのとき、世界は「天の王国」となります。そしてそれはあなたの内にあるのです。

質問者　もし内面に引き込まなければならないのなら、なぜ世界は存在するのでしょうか？

マハルシ　どこに世界があり、どこに自分自身を引き込ませると言うのでしょう？　飛行機に乗って大空の彼方へ飛んで行くとでも言うのですか？　それが内面に引き込むことでしょうか？

真実を言うなら、世界とは一つの観念にすぎないのです。あなたは世界の中にいるのでしょうか、それとも世界があなたの中にあるのでしょうか？

質問者　私は世界の中にいます。私はその一部分なのです。

マハルシ　それが過ちなのです。もし世界があなたから離れて存在していると言うなら、それはあなたのもとにやって来て、「世界は存在する」と言うでしょうか？　いいえ、世界が存在しているのを見るのはあなたなのです。あなたは目覚めているときに世界を見て、眠っているときには見ません。もし世界があなたから離れて存在するなら、それはそう言うでしょう。そして眠っているときでさえ、あなたはそれに気づくはずです。

質問者　私は目覚めているときに世界に気づきます。

マハルシ　あなたは初めに自分自身に気づき、それから世界に気づきますか？　それとも世界に気づいてから自分自身に気づきますか？　それとも両方に同時に気づくのでしょうか？

質問者　同時だったに違いありません。

マハルシ　自分自身に気づき始める前、あなたはそこにいましたか、いませんでしたか？　あなたは、あなたが世界に気づく前にも自分がずっとそこに存在していたということを認めますか？

質問者　認めます。

マハルシ　もしあなたが常に存在しているのなら、どうして眠りの中で世界に気づかずにいたのでしょうか？

質問者　私は自分自身にも世界にも気づきます。

マハルシ　では、あなたはあなた自身に気づくと言うのですね？　誰が誰に気づくのでしょう？　そこには二つの自己があるということですか？

質問者　いいえ。

マハルシ　ごらんなさい。ですから気づきを一時的に通り過ぎるものと見なすのは間違いなのです。真我は常に気づいています。真我がそれ自身を見る者と同一視するとき、それは対象物を見ます。主体と対象を創り出すこと、それが世界創造です。主体と対象は純粋意識の中で創造されるのです。

あなたは映画を見るとき、スクリーン上で画像が動いているのを見ます。画像に注意を与えているとき、あなたはスクリーンに気づいていません。しかし背後にスクリーンがなければ画像を見ることもできません。ここで言う画像とは世界のことであり、スクリーンとは意識のことです。意識は純粋です。純粋意識とは永遠不変の真我のことです。主体と対象を取り払ってみなさい。そうすれば純粋意識だけが残るのです。

質問者　しかしなぜ意図も動機も持たない純粋なブラフマンが、イーシュヴァラ神となって宇宙を顕現させたのでしょうか？

マハルシ　ブラフマンあるいはイーシュヴァラがあなたにそう言ったのですか？　あなたはブラフマンがイーシュヴァラになったなどと言います。眠りの中のあなたはこのようなことも言いませんでした。ブラフマンやイーシュヴァラや宇宙について語るのは、あなたが目覚めているときだけです。目覚めの状態は、想念が起こることによって現れた、主体と対象という二元性の世界です。それゆえ、それらはあなたの想念の産物なのです。

質問者　しかし私が眠っている間も世界は存在しています。ただ気づいていなかっただけです。

マハルシ　世界が存在するという証拠は何でしょうか？

質問者　他の人たちがそれに気づいています。

マハルシ　他の人たちはあなたが眠っているときもそう言うでしょうか？　世界に気づいている他の人

たちのことに、あなたは眠っている間も気づいていますか？

質問者　いいえ。それでも神様はいつも気づいておられます。

マハルシ　神のことは放っておきなさい。あなた自身のことを語りなさい。あなたは神のことを知らないのです。神とは、あなたが神について考えたことなのです。神があなたから離れて存在するでしょうか？　神とはその中であらゆる概念が形作られる純粋意識です。あなたはその意識なのです。

1938年2月10日

対話454

ダール夫人　シュリー・バガヴァーンは外的な活動をしている間でさえ真我探究をすることを勧めています。真我探究は最終的に真我実現へと導き、その結果、呼吸は止まるはずです。もし呼吸が止まるなら、どうやって仕事を続けられると言うのでしょう？　仕事を続けている間に、どうして呼吸を止められると言うのでしょうか？

マハルシ　あなたは手段と目的を混同しています。誰が探究するのでしょうか？　探究するのは探究者であり、実現した人（シッダ）ではありません。探究とは、探究者が自分自身を探究から分離していると見なしていることを意味しています。

この二元性が続くかぎり、つまり個我が消え去り、真我が（探究と探究者を含んだ）永遠の存在であることが認識されるまで、探究は続けられなければならないのです。

真我とは途切れることのない永遠の気づきであり、それが真理です。探究の目的は真我の真の本性が気づきであることを見いだすことにあるのです。そこに分離の感覚があるかぎり、真我探究は続けなければなりません。

ひとたび実現が起こればさらなる探究の必要はなくなり、疑問も起こらなくなるでしょう。気づき自体が「気づいているのは誰か？」と疑うでしょうか？　気づきは純粋でシンプルなまま在るのです。探究者は自己の個人性に気づいています。探究も外的な仕事も、探究者の個人的な気づきを妨げることはありません。もしも、外的な仕事が個人的な気づきを妨げないのなら、真我から分離していないその仕事が永続する真我の気づきを妨げるでしょうか？　真我は分割されない「一なるもの」であって、仕事から分離した個ではないのです。

対話455

ダール夫人　私は創造の一部分を形成しています。そのため、その創造に依存したままなのです。私自身が独立するまでは、創造の謎を解くことはできません。それでもバガヴァーン、あなたにお尋ねします。私の質問に答えてくださいますか？

マハルシ　そうです。「独立しなさい。そしてあなた自身でその謎を解きなさい。それはあなたがすることです」と言っているのはバガヴァーンなのです。この質問をしているあなたは今どこにいるのでしょうか？　あなたは世界の中にいるのでしょうか、それともあなたの中に世界が在るのでしょうか？　あなたは眠りの間も自分が存在していることを否定できませんが、世界が知覚されていないことは認めるに違いありません。その世界はあなたが目覚めるときに現れます。では、それはどこにあるのでしょうか？　明らかに世界はあなたの想念なのです。想念とはあなたが投影したものです。初めに「私」が創造され、それから世界が創造されます。世界は「私」によって創造され、「私」は真我から立ち現れるのです。そのため、もしあなたが「私」の創造を解明すれば、世界の創造の謎も解明されるでしょう。だからこそ、私は言うのです。「真我を探究しなさい」と。

今一度言いましょう。世界があなたのもとへ来て、「なぜ『私』は存在するのか？　『私』はどのように創造されたのか？」と尋ねるでしょうか？　その質問をするのはあなたなのです。質問者は自分自身と世界との関係を確立しなければなりません。世界が自分の想像であることを認めなくてはならないのです。誰がそれを想像するのでしょうか？

「私」を探しなさい。それから真我を探しなさい。

そのうえ、科学的解明や神学的説明はどれも一致するものがありません。そのような理論の多様性が、説明を探し求めることの無益さを明白に示しています。そのような説明は、単に観念的あるいは知的なものでしかありません。それでも個人の観点にしたがって見れば、それらすべては真実なのです。

真我が実現された状態の中に創造はありません。

人は世界を見るとき、真我を見ていません。真我を見るとき、世界は見られていません。

だから、真我を見なさい。そして創造はなかったのだと悟りなさい。


病気で寝込んでいた女性は、ホールに来ることができずに落胆していた。近くにいながら、ホールに入ることさえできなかったからだ。このことがシュリー・バガヴァーンに伝えられた。彼は言った。「そのように思いつめることが、彼女を常に臨在の中にとどめるでしょう。ホールの中にいながら何か他のことを考えているよりも、そのほうがずっといいのです」

1938年2月11日

対話456

聖者との交際

危険性

*スワミ・ラームダースは雑誌『ヴィジョン』の記事の中で以下のように書いている。

「ぜひとも聖者との交際を求めなさい。しかしいつまでも彼らのもとにとどまっていてはいけません。『なれなれしさは侮蔑《ぶべつ》を引き起こす原因となる』という金言はこの場合にも当てはまるのです」

「疑うまでもなく、主要な霊的な成長は聖者との交際にかかっています。それゆえ、真我を探究する人にとって聖者との交わりは必要不可欠だとされています。そうではあっても、探究者は永久に聖者にしがみつくべきだ、というわけではありません。

探究者はしばらく聖者の臨在の内にとどまることで霊的な感化や導きを受け、内なる実在である意識に完全に目覚めるでしょう。その受け取った霊的な感化や光が薄れ去り、消え去ってしまう前に、聖者のもとを離れたほうがいいのです」

嘲笑する人となる

「聖者のもとに継続的にとどまった結果、探究者が情熱や霊的感化を失うばかりか懐疑的になって聖者を嘲笑するようになってしまうという話を、筆者も筆者が聞いたり読んだりした他の人々も知っています。修行者が信頼、純真さ、霊的感化を失って転落すれば、計り知れない弊害を彼に与えることになるでしょう」

「生長しきった巨木の陰では、若木は十分生長し力を得ることができません。その生長は遮《さえぎ》られ、縮小し、萎《な》えてしまうでしょう。しかしもし同じ若木が開かれた大地に植えられ、直接嵐や熱気や寒気といった過酷な気候の変化にさらされたなら、それは天と地の両方から滋養を得て、偉大な木へと生長す

＊**スワミ・ラームダース**（1884-1963）：南インドのケーララ州生まれの偉大な聖者。一九二二年、ラマナ・マハルシに出会った後、聖山アルナーチャラの洞窟に暮らし、存在するものすべてがラーマ神であることを実現する。後にアーナンダ・アーシュラムを設立。『ヴィジョン』はアーシュラム発行の雑誌。

ることは間違いありません」

抑えつけられた生長

「この若木の例え話は、『ただ単に聖者の外的な人格にしがみつき、一日中彼と親しく時を過ごすことは探究者の成長を妨げる』ということを適切に説明しています。こうして、探究者のユニークな霊的可能性の自由な表現は、この第一歩において抑えつけられてしまうのです。そして彼は、勇猛心、独立精神、忍耐力といった霊的向上のための基本的な質を養う機会を失ってしまいます。『心、言葉、身体を制御せよ』という重要な教えは、探究者自身の内に秘められた全能なる霊性から湧き起こらなければならないのです。この霊性に自らを明け渡し、それを体現することこそ彼の目的です。自分自身の足で立ち、自分自身の力で苦労し、成長し、体験し、真剣に自らを神に明け渡そうとすることこそ、真の解放と平和をもたらすのです」

「以上に述べられたことが、聖者との交際の重要さとその恩恵を非難したものと解釈してはいけません。聖者との交際こそ、魂の霊的進化を急速に向上させる最も効果的な道なのです。実際、聖者の恩寵は修行（サーダナ）にとって計り知れない助けとなります。それなしには、探究者は自由を求めながら籠の中で虚しく羽ばたき続ける鳥のようなものです。聖者は救済者、そして救世主です。ヒンドゥー教の教えによれば、聖者とは神自身が人間の姿を取ったものなのです。それゆえ、聖者を讃えなさい。聖者との交際から得られる素晴らしい恩恵を享受しなさい。素直に、純真なハートで彼に仕えなさい。聖者の指導の言葉を誠実に、熱心に聞き入り、その言葉に沿って生きるように努力しなさい。そしてあなたが探究する真理の知識に完全に到達しなさい。しかし聖者その人に執着し続けようとしてはいけません。そうすれば、最初の出会いで彼から受け取った霊的な贈り物さえ失ってしまうでしょう」

この切り抜き記事はシュリー・バガヴァーンに向けて読み上げられた。聞き終わった後、彼は沈黙を保っていた。すると、聖者との交際が危険性をともなうのかどうかについての質問があった。シュリー・バガヴァーンはタミル語の詩を引用しながら、「グルとの繋《つな》がりはヴィデーハ・ムクティ（身体を離れる際に解脱に達すること）が起こるまで保たれるべきだ」ということを明らかにした。

マハルシ　サットプルシャはどこにいるのでしょうか？　彼は内側にいるのです。

そう言うと、彼はもう一つのタミル語の詩を引用した。

「ああ、師よ！　あなたは私の過去すべての輪廻転生において、私の内におられました。そして私に理解できる言葉で話しかけ、私を導くために、人間の姿で現れてくださったのです」

1938年2月12日

対話457

ロシータ・フォーブス夫人がインドに来ているという話が出た。シュリー・バガヴァーンはこう語った。「探検家は世にも珍しい物を得たり、新しく大陸を発見したり、危険をともなう冒険に乗り出したりすることに幸福を見いだします。それらはスリルに満ちたものです。しかし喜びはどこに見いだされるのでしょうか？　内面でしかありません。外側の世界に喜びを見いだすことはできないのです」

1938年2月13日

対話458

シュリー・バガヴァーンは次のように語った。「非二元性は支持されるべき概念です。しかしアドヴァイタを行為の中に適用してはいけません。もし師が見つからず、教えを受けることができないなら、どうやってアドヴァイタを学ぶと言うのでしょう？　それでは、そこには二元性があるのではないでしょうか？　それがその意味なのです」

1938年2月14日

対話459

アレキサンダー・セルキルクの『独白』から引用して、シュリー・バガヴァーンが語った。

マハルシ　孤独の喜びは、隠遁生活の中には見いだせません。それはたとえ繁華街の中にいても見いだすことができるのです。幸福は孤独の中に求めるものでもなければ、繁華街の中に見いだすものでもありません。それは真我の中にあるのです。

1938年2月17日
対話460

朝日が昇る前の月を見て、シュリー・バガヴァーンは語った。「月を、そして空の雲を見てごらんなさい。その輝きはどちらも同じように淡《あわ》く、月でさえ一片の雲のように見えます。ジニャーニの心も、朝日の前のこの月のようなもので、それはそこにあってもそれ自身では輝かないのです」

1938年2月18日
対話461

シュリー・バガヴァーンは、今日届いたばかりの手紙に目を通していた。彼はその中の一通を取り出すと、それを読み上げた。

あるブラーフマナ階級の少年が、いつものように家の仕事を手伝った後で眠りについた。すると彼は眠っている間に泣き叫んだ。目を覚ました後で少年が語った話によると、「泣き叫んだのはプラーナ（生気）が口や鼻の穴を通って身体から抜け出ていくのを感じたからだ」ということだった。その直後、少年は自分が死に、魂がヴァイクンタ（ヴィシュヌ神の司《つかさど》る天国）に連れて行かれたのを知った。そこにはヴィシュヌ神がいて、その周りをさまざまな神々や帰依者たちが取り巻いていた。帰依者たちの額には、ヴィシュヌ神帰依者独特の模様《マーク》が描かれていた。するとヴィシュヌ神が「この少年は明日の二時にここに連れて来られることになっている。なぜ今日、彼はここにいるのか?」と言った。ここで少年は目を覚ました。そしてこの体験を人々に語った。その翌日の二時、少年は他界した。

1938年2月19日

対話462

ダール夫人にはシュリー・バガヴァーンに尋ねたいと願っていた質問があった。救いを求めていたのである。彼女は非常にためらいながらも、静かに問題について語り始めた。

質問者　私の精神集中の試みは、突然の心臓の動悸と、激しく、短く、急な呼吸によってくじかれてしまいます。すると想念も突然湧き起こり、心を抑制できなくなってしまうのです。健康なときは精神集中ももっとうまくいき、呼吸も深い集中のもとで静寂を保っています。私はバガヴァーンの臨在という恩恵によって瞑想を成就させようと長い間切望し、たいへんな苦労の末やっとここを訪れることができました。それにもかかわらず、ここで病気になり、瞑想もできず意気消沈していたのです。私はたとえ短く急な呼吸に妨げられても心を集中させようと必死に努力しました。部分的には成功したのですが、それでも満足には至りませんでした。ここを去る日は近づいています。それを想うとますます憂鬱《ゆううつ》になります。このホールの中にいる人々は、瞑想によって心の平和を得ています。それなのに、私はそのような平和の祝福を受けていません。そして、そのこと自体が私を憂鬱にさせてしまうのです。

マハルシ　この「私は集中できない」という想念自体が妨げなのです。なぜそのような考えを起こすのですか？

質問者　人は一日二十四時間、何の想念もなくとどまることができるのでしょうか？　私は瞑想なしでいるべきなのでしょうか？

マハルシ　「時間」とは何でしょうか？　それは一つの概念です。あなたの質問の一つひとつが想念によって引き起こされているのです。

あなたの本性は平和と幸福です。真我実現を妨げているのは想念です。瞑想や黙想は真我を獲得するためではなく、障害を取り除くためにあるのです。真我から離れて存在する人がいるでしょうか？　いいえ！　真我の真の本性は「平和」として在ることだと言われています。もしその「平和」が見いだせないとしても、その「見いだせない」ということは一つの想念でしかなく、真我とは相容《あいい》れないものです。

瞑想をするのは、このような真我と相容れない想念を取り払うためです。それゆえ、想念は立ち現れたそのときその場で静められなければなりません。いつであれ想念が起こったときは、その波にさらわれてはなりません。真我を忘れると身体に気づくようになります。しかし真我を忘れることができるでしょうか？　真我として在りながら、忘れることができるでしょうか？　もしそうであれば、そこには忘れる自分と忘れられる自分の二人がいるはずです。それは馬鹿げています。それゆえ、真我は憂鬱ではなく、不完全でもありません。真我は常に幸福です。それに反する感情はただの想念にすぎず、それ自体は何の力も持っていないのです。想念から自由になりなさい。なぜ瞑想を試みなければならないのでしょうか？　真我として在るなら、人は常に実現された状態に在るのです。ただ想念から自由になりなさい。

あなたは病気があなたの瞑想を妨げると思っています。この憂鬱の起こった原因を突き止めなければなりません。その原因は真我と身体とを誤って同一視したことにあるのです。病気は真我のものではありません。それは身体のものです。しかし身体があなたに対して病気にかかったと告げはしません。病気にかかったと言うのはあなたなのです。なぜでしょうか？　なぜなら、あなたが身体とあなた自身を誤って同一視したからです。

身体自体が一つの想念なのです。本来のあなたとして在りなさい。憂鬱になる理由など何もないのです。

ダール夫人は人に呼ばれてホールを去った。しかししばらくの間この質問についての会話が続いた。

質問者　シュリー・バガヴァーンの答えは、私たちにそれ以上の質問をする隙を与えません。それは私たちの心が安らかになったからではなく、もはや議論が不可能だからです。私たちの不満はまだ満たされていません。身体的な病気が癒されるには精神的な病も癒されなければなりません。その両方が癒されるのは、想念が消え去ったときです。努力なしに想念は消え去りません。現在の心の弱さがあるかぎり、努力は不可能です。心が力を得るには恩寵が欠かせません。恩寵は明け渡されて初めて現れるに違いありません。気づいていようといまいと、私たちの質問はどれもみなシュリー・バガヴァーンの恩寵を求めているのです。

マハルシ　（微笑んで）そうです。

質問者　明け渡しはバクティと呼ばれます。しかしシュリー・バガヴァーンは真我探究を推薦しておられます。ですから、教えを聞く者たちが混乱するのです。

マハルシ　明け渡しは完全な知識をともなったときにのみ、その効果を現します。そのような知識は真我探究によってもたらされます。

そしてそれが最終的に明け渡しへと導くのです。

質問者　至高の存在の知識は個我を超越した後に得られます。これがジニャーナです。どこに明け渡しの必要があるのでしょうか？

マハルシ　まったくそのとおりです。ジニャーナと明け渡しの間には何の違いもないのです（微笑む）。

質問者　ではいったいどうすれば私は救われると言うのでしょうか？　賢者との交際（サットサンガ）か神への帰依（バクティ）しか残された道はないのです。

マハルシ　（微笑みながら）そうです。

1938年2月21日

対話463

会話の中でシュリー・バガヴァーンは、昔、彼の従者だったパラニ・スワミとアイヤー・スワミの奉仕について、以下のように高く評価した。

彼らはスカンダアシュラマムの庭の敷地に二つの簡粗な縁台を築いた。それらはバガヴァーン自身とパラニ・スワミによって使われた。その床は竹と藁《わら》でできた心地良いものだった。今、ここにあるソファよりもずっと心地良かった。パラニ・スワミは棘のついた梨の木が並ぶ細い小道を通り抜けて、毎晩キラナトールから托鉢で受けた食べ物を運んできたものだった。シュリー・バガヴァーンはパラニ・スワミに「そうしないように」と訴えてはいたのだが、「どうしても」と言って聞かなかった。パラニ・スワミはいかなる欲望からも執着からも自由だった。彼には海峡植民地で働いたときのわずかな蓄えがあり、それを町のある人に預けて緊急の時に引き出すようにしていた。生まれ育った村には快適な生活のできる環境があり、そこで暮らすように勧められていたのだが、彼はそれを断って最後までシュリー・バガヴァーンとともに暮らしたのだった。

アイヤー・スワミは以前、南アフリカでヨーロッパ人のもとで働いていた、心清らかで、活動的で、有能な人だった。彼ならば十ものアーシュラムさえ同時に管理できただろう。彼もまたどんな欲望や執着からも自由だった。アイヤー・スワミはパラニ・スワミに対して忠実で、好意を抱いていた。彼はパラニ・スワミよりも有能だったのだ。

　アンナーマライ・スワミはヴィルーパークシャ洞窟で初めてシュリー・バガヴァーンに出会った。その後、彼はコヴィルールに行き、そこでタミル語の聖典を学んだ。それから再びスカンダアシュラマムに戻り、一九二二年一月に二九歳で他界した。アンナーマライ・スワミはタミル語の三十六節の詩をつくった。それらは含蓄《がんちく》深い情熱的な作品だった。シュリー・バガヴァーンはその詩を読み上げた後、その意味を簡潔に説明した。

1938年3月5日

対話464

『アルナーチャラ・マーハートミヤ』（アルナーチャラの栄光）の中から一つの文が読み上げられた。それはシュリー・アルナーチャフの恩寵によって、パングンニという聖者の不自由だった足が完全にもと通りになったという話だった。その話の後に、シュリー・バガヴァーンは***q1* グルムールタム**で暮らしていたときに出会ったクップー・アイヤールという男性についての話をした。彼は足が不自由で歩くことができなかった。あるとき、彼が臀部を使いながらヴェッタラムへと向っていたときのこと。突然、一人の老人が彼の前に現れて、「起き上がって歩きなさい。なぜ尻で歩くのか？」と声をかけた。クップー・アイヤールは興奮し、思わず知らず我を忘れて立ち上がると、さっさと歩き出した。しばらく歩いて振り返り、彼を歩けるようにしてくれたその見知らぬ人を見ようとしたのだが、そこに姿はなかった。彼が歩いているのを見て驚いている人々に、彼はこの出来事について物語った。町にいるお年寄りなら、誰でももと通りになったクップー・アイヤールの足についての証人となれるだろう。

もう一つは、一人の女了学生が悪い誘いに乗ってしまい、宝飾品を盗まれてしまったという話だった。ここでも一人の老人が突然現れて少女を助け、彼女を自宅まで送り届けた後、姿を消してしまったのだ。ティルヴァンナーマライの町では、このような不思議な出来事はしばしば起こるのである。

1938年3月6日

対話465

シュリー・バガヴァーンは最高裁判所の判事を退職した紳士に、『ウパデーシャ・サーラム』（教えの精髄）の要点のいくつかを説明した。それは以下の通りである。

(1)瞑想は水の流れのように途切れることなく継続すべきである。途切れることがなければ、それはサマーディあるいはクンダリニー・シャクティと呼ばれる。

(2)心が真我の中に融け入ってもまだ潜在しているなら、それは必然的に再び湧き起こってくる。心が現れれば、人は以前と変わらない自分を見いだすだけだ。なぜなら、この状態では潜在的な形で存在している精神的傾向が、ふさわしい条件や状況のもとで再び現れ出すからである。

(3)心の活動性を完全に破壊することは可能である。

(3)は(2)の心の状態とは異なります。なぜならこの状態では執着心が失われ、再び現れることはないからです。サマーディに入った後に世界を見ることがあったとしても、それはただ一なる実在の顕現である現象として見なされるにすぎません。「真の存在」はサマーディの中でのみ実現されます。そのとき実現される真理は、現在も存在しています。さもなければ、それは実在あるいは普遍の存在とは言えません。サマーディにおいて体験されることは、今ここにおいても存在しているのです。それをとらえなさい。それがあなたの存在の自然な状態なのです。サマーディの修練がその自然な状態へと導きます。そうでなければ、ただ丸太のように坐っているだけのニルヴィカルパ・サマーディが何の役に立つと言うのでしょう？　いずれは必然的にそのサマーディから起き上がって世界に直面しなければならないのです。しかしサハジャ・サマーディ*においては、世界の中にいながらその影響を受けることなくとどまるのです。

映画のスクリーンの上を数々の画像が通り過ぎていきます。火はすべてを焼き尽くし、水はすべてを浸します。しかしスクリーンが影響を受けることはありません。光景はスクリーンの上を通り過ぎていく現象でしかなく、スクリーンは以前と変わらないままです。同様に、現象世界はただジニャーニの目

＊サハジャ・サマーディ：努力なしに真我として在り続ける境地。自我を完全に消し去ったジニャーニの状態。サハジャ・ジニャーニはサマーディに在りながら世界の中で自然に機能することができる。彼は自分自身と世界との間にも違いを見ず、すべてを真我の現れとして見ている。

の前を通り過ぎていくだけで、彼は影響を受けずにとどまります。
　人々は世界という現象の中に苦痛や快楽を見ると言います。しかしそれは真理の上に押し重ねられたものでしかありません。これが起こってはなりません。苦痛や快楽は真理の上に押し重ねられたものでしかないという理解をもとに、修練は為されるのです。
　修練は帰依と知識という二つの道のどちらか一つによって為されます。しかし、これらでさえゴールとは言えません。サマーディの体験が得られなければならないからです。サハジャ・サマーディが得られるまで絶え間なく修練を続けなければなりません。サハジャ・サマーディに達したとき、それ以上すべきことはなくなるのです。

対話466

　国立銀行に勤めるヴァイディヤ・リンガム氏が尋ねた。「瞑想によって顕現は消え去り、至福（アーナンダ）が起こります。しかしそれは長続きしません。どうすればそれを永久的なものにできるでしょうか？」

マハルシ　精神的傾向を焼き尽くすことによってです。

質問者　真我とは観照者なのではありませんか？

マハルシ　「観照者」という概念が当てはまるのは、見られる対象物がそこに存在するときです。だとすれば、そこには二元性があることになります。真理は観照する主体と観照される対象の両方を超越しています。

サークシー・チェーター・ケーヴァロー・ニルグナシュチャ。

真理は観照者、意識、非二元性、無属性である。

『シュヴェーターシュヴァタラ・ウパニシャド』第6章11節

このマントラの中の観照者（サークシー）という言葉は、臨在（サンニディ）として理解すべきです。それがなければ何も存在できないのです。いかに太陽が日常生活にとって必要なものかを見てみなさい。太陽は世界の活動に関わりません。それにもかかわらず、太陽なしに活動は起こりえません。太陽は活動の観照者です。真我にとっても同じことが言えるのです。

1938年3月7日

対話467

ヨーギー・ラーマイア氏が尋ねた。「すべての行為はシャクティによって起こります。シャクティはどこまで関わるのでしょうか？　個人の努力なしにシャクティが影響を与えることはできるのでしょうか？」

マハルシ　その質問の答えは、「プルシャとは何か？」ということをどう理解するかによります。プルシャとは自我でしょうか、それとも真我でしょうか？

質問者　プルシャとはスワルーパ（自己の真の姿）のことです。

マハルシ　しかしプルシャにはいかなる努力もできません。

質問者　努力をするのはジーヴァ（個我）です。

マハルシ　自我性が存在するかぎり、努力は欠かせません。自我が消え去れば、行為は自動的なものになります。自我は真我の存在の中で行為します。真我なしに自我が存在することはできないのです。

　真我は自身のシャクティ（力）によって宇宙を「あるがまま」の姿に創り出しますが、真我自身が行為することはありません。シュリー・クリシュナは『バガヴァッド・ギーター』の中で、「私は行為者ではない。それでも行為は続いていく」と語っています。『マハーバーラタ』の中では、かくも素晴らしい行為がクリシュナによってもたらされましたが、彼は「自分は行為者ではない」と言いました。それは太陽と世間の活動と同じことなのです。

質問者　シュリー・クリシュナには執着心がありませんが、ジーヴァにはあります。

マハルシ　そうです。執着するため、人は行為し、その結果を得るのです。もし結果が望みにかなえば彼は幸福であり、そうでなければ不幸になります。幸福と不幸は執着心ゆえに起こるのです。もし行為が執着心なしに行われるなら、結果への期待も起こらないでしょう。

質問者　個人の努力がなくとも行為は自発的に起こりえるでしょうか？　食事をするために料理をす

べきなのではないでしょうか？

マハルシ　アートマンは自我を通して行為します。すべての行為は努力によってのみ為されます。眠っている子供に母親が食べ物を与えました。子供は目を覚ますこともないままそれを食べたのですが、後になって、「眠っている間は何も食べなかった」と言います。それでも、母親は何が起こったのかを知っています。同様に、ジニャーニは気づかないまま行為します。他の人々は彼が行為しているのを見ます。しかし彼自身はそのことを知らないのです。

q1「**彼を恐れるがゆえに風は吹く……**」。それが万物の理法です。ジニャーニがすべてを定め、宇宙はそれにしたがって動きます。それにもかかわらず、彼はそのことを知りません。だからこそ、ジニャーニは偉大なる行為者と呼ばれるのです。

身体を得たすべての生きとし生けるもの（個我）は、みな法則によって拘束されています。ブラフマー神でさえその法則に背くことはできないのです。

（記録者ノート：後にヨーギー・ラーマイア氏は、彼の質問の意味を説明した。彼はシュリー・バガヴァーンが「世界は活動し続ける。そして個人にとって必要なことは神の意志によってかなえられる」と言われたのを聞いていた。だが、シュリー・バガヴァーンが朝四時にアーシュラマムで働く人々を起こし、カレーを料理するために野菜を切ったりするのを彼は見ていたのだ。それゆえ、彼は自分自身の疑問を晴らすためにこの質問をしたのであって、討論のためではなかったのである）

1938年3月10日

対話 468

シュリー・バガヴァーンがホールから外に出ようとしていたとき、『ヴェーダ』の詠唱が小屋から聞こえた。

アンタル・アーディティヤ・マナサ・ジヴァランタムーブラーフマナ・ヴィンダット。

太陽は物事（世界）を照らし、心は内的な物事（想念）を照らす。

しかしすべてのものはブラフマンの光によって照らし出される。

シュリー・バガヴァーンは私たちの注意をそれに向けさせた。そして次のように語った。

マハルシ　『タイッティリーヤ・ウパニシャド』の中にも q1「**彼は黄金でできている**」などという記述が見られます。それはどういう意味でしょうか？　太陽などの輝くものは「自ら輝くもの」と言われてはいますが、それ自身で輝くわけではありません。それらは至高の存在の光によって輝いているのです。q2 **ナ・タトラ・スーリョー……ヴィバティ**。それらがブラフマンから分離しているかぎり、それらの「自己発光性」はブラフマンによる輝きなのです。太陽などについて述べているマントラはすべてブラフマンのことを語っているのです。

対話 469

ヨーギー・ラーマイア氏が尋ねた。「真理の探究者が師のもとを訪れました。師は、『ブラフマンには特質もなく、穢《けが》れもなく、動きもない』と言いました。それでは、師が一人の個人として語ることはないのでしょうか？　一個人として語らないのなら、いったいどうやって真理の探究者の無知を消し去ることができるでしょうか？　一個人としての師の言葉は真理に相当するのでしょうか？」

マハルシ　師はいったい誰に向って語るのでしょうか？　彼は誰に教えを説くのでしょうか？　師が真我以外の人を見るでしょうか？

質問者　しかし弟子は教えの言葉を師に求めているのです。

マハルシ　そのとおりです。しかし師は弟子を自分と異なった存在として見るでしょうか？　弟子の無知は、「すべての人が真我を実現している」という真理を知らないということにあるのです。真我から離れて存在できる人がいるでしょうか？　師は、ただその点に無知があるのだということを示すだけです。それゆえ、彼は一個人として分離した存在ではないのです。

真我実現とは何でしょうか？　それは四本の腕を持ったような神の姿を見ることでしょうか？　たとえ神がそのような姿で現れたからといって、弟子の無知を拭い去ることができるでしょうか？　真理は永遠の実現でなければなりません。直接の知覚とは常在の体験です。神は直接知覚されることで知られるのです。先に述べたような姿で神が弟子の前に現れるということではありません。永遠のものでなければ、実現は何の役にも立たないでしょう。四本の腕を持った神の顕現が永遠の実現と言えるでしょうか？　それは単なる現象であり、幻想でしかありません。そこには「見る者」がいるに違いありません。その「見る者」こそが実在であり、「永遠なるもの」なのです。

神が百万の太陽として現れるなら、そうあらしめればいいでしょう。しかしそれが直接体験（プラティヤクシャ）と言えるでしょうか？　神のヴィジョンを見るには目と心が必要です。それは間接的知識ですが、「見る者」は直接的体験です。「見る者」だけが直接体験なのです。それ以外の知覚は二次的な知識でしかありません。身体を「私」と見なす思い込みは非常に深く根づいているため、目の前に現れるヴィジョンが直接体験だと見なされ、「見る者」自身は見逃されてしまいます。

実現を求める人は一人もいません。なぜなら、実現していない人などいないからです。自分はまだ実現していない、自分は真我から分離していると言う人がいるでしょうか？　いいえ。それゆえ、明らかにすべての人が実現しているのです。

人を不幸にさせるのは、「自分は偉大な力を発揮したい」という欲望です。自分にはそれができないことを人は知っています。それゆえ目の前に神が現れて、そのすべての力を帰依者である彼に授け、神自身は彼の背後に控えているということを望むのです。つまり、神は人間のためにその力を譲り渡すべきだということです。

質問者　シュリー・バガヴァーンのようなマハートマー（偉大な魂、賢者）ならば、そのようにあからさまに語ることもできるでしょう。なぜなら、ご自分は揺るぎない真理に確立しておられるから、他の誰にとっても簡単だとお考えになるのです。それでもやはり一般の人たちはたいへんな困難を抱えているのですよ。

マハルシ　自分は真我ではないと言う人がいるでしょうか？

質問者　私が言いたかったのは、誰もマハルシのように率直に語る勇気を持つ人などいないということです。

マハルシ　あるがままのことを語るのに、どんな勇気が必要だと言うのでしょうか？

対話470

ヨーロッパの伯爵夫人が、今夜ヨーロッパへ立とうとしていた。彼女はシュリー・バガヴァーンから彼女と家族への祝福を受けることを望んでいた。

マハルシ　あなたが想像しているように、この臨在から去ってどこか他のところへ行くというようなことはないのです。臨在は至るところに在るからです。身体は一つ所《ところ》から別の所へと動くでしょう。しかし「一なるもの」である臨在を去るということはないのです。それゆえ、至高の臨在から外へ出ることなど誰にもできません。あなたは一つの身体をシュリー・バガヴァーンだと見なし、別の身体をあなただと見なすため、そこには二つの分離した実体があり、ここから去って行くと言うのです。たとえどこへ行こうとも、あなたが私を去ることなどできないのです。

映画の中では画像がスクリーンの上を動いています。しかしスクリーン自体が動くことがあるでしょうか？　いいえ。臨在はスクリーンであり、あなた、私、そして他の人々は画像です。個人が動くことはあっても、真我が動くことはないのです。

対話471

質問者　アヴァターラ（神の化身）は真我実現したジニャーニよりも荘厳な存在だと言われています。彼らには生まれたときからマーヤーに惑わされず、神聖な力が現れ、新たな宗教を始めるといったことが起こると言うのです。

マハルシ　*q1* **ジニャーニー・トヴァートマイヴァ・メー・マタム。**

ジニャーニは「私」と一心同体である。

q2 **サルヴァン・カルヴィダン・ブラフマ。**

これはすべてブラフマンである。

アヴァターラがジニャーニとどう異なると言うのでしょうか？　宇宙から分離してアヴァターラが存在できるでしょうか？

質問者　目はすべての姿形《すがたかたち》の貯蔵庫、耳はすべての音の貯蔵庫などと言われています。一つの意識がこれらすべてとして作用しています。感覚の助けなしにはどんな奇跡も起こりえません。どうして奇跡などありえるでしょうか？　それがもし人間の理解を超えていると言うのなら、夢の中の創造も同じことです。だとすれば、どこに奇跡があると言うのでしょう？

アヴァターラとジニャーニの間に区別をつけるなど愚かなことです。

さもなければ、「ブラフマンを知る者はブラフマンになる」という言葉に相反《あいはん》することになってしまいます。

マハルシ　そのとおりです。

1938年3月15日

対話472

パンジャブ地方から大きな団体が巡礼で訪れた。彼らは朝八時四十五分頃に到着し、長い間ホールで静かに坐っていた。九時二十分頃、彼らの内の一人が尋ねた。「あなたの評判はパンジャブにまで広まっています。私たちはあなたのダルシャンを得るために遠い道のりを旅して来ました。どうぞ私たちに何か教えを授けてください」

言葉による返答は何もなかった。シュリー・バガヴァーンはただ微笑んだまま彼らを見つめ続けていた。しばらくして、訪問者が尋ねた。「ヨーガ、バクティ、ジニャーナの中ではどの道が最も良いものでしょうか？」。シュリー・バガヴァーンはそれまでどおり変わらず微笑みながら見つめ続けていた。

それからシュリー・バガヴァーンは数分の間ホールを離れた。訪問者たちは立ち去り始めたが、その内の数人はまだホールのそこここに座り続けていた。古い弟子の一人が訪問者に、「シュリー・バガヴァーンはあなたの質問に、言葉よりもはるかに雄弁な沈黙によって答えたのです」と伝えた。シュリー・バガヴァーンが戻ってきた後、訪問者は少し話し始めた。その会話の中で彼は尋ねた。

質問者　神を信じる者には何の問題もありませんが、他の人は「神は存在しますか？」と尋ねます。

マハルシ　あなたは存在しますか？

質問者　まさにそのとおりです。それが問題なのです。私はセポイの軍隊が目の前を通り過ぎていくのを見ます。それゆえ、私は存在しています。世界は神によって創られたに違いありません。どうすれば創造者を見ることができるでしょうか？

マハルシ　それらを見ているあなた自身を見なさい。そうすれば問題は解決されるのです。

質問者　それは静かに坐ることによって為されるのでしょうか？　それとも、聖典を読むことによってでしょうか？　それとも、精神を集中させることによってでしょうか？　バクティ（帰依）は集中を助けます。人々はバクタ（帰依者）の御足元にひれ伏します。もし人々がそうしなければ、彼は落胆し、彼のバクティは薄れてしまうのです。

マハルシ　幸福への熱望が薄れることはけっしてありません。それがバクティです。

質問者　どうすればそれを早く得ることができるでしょうか？　たとえば、今日二時間の精神集中をするとします。翌日にそれよりも長い時間集中させようとすると、私は疲れて眠りに落ちてしまうのです。

マハルシ　眠りの中では、あなたは疲れませんでした。その同じ人が、今ここにいるのです。なぜあなたは今疲れるのでしょうか？

　なぜなら、あなたの心が落ち着きを失ってさ迷い出すからです。疲れるのは心であってあなたではないのです。

質問者　私は商人です。どうすれば商売と心の平安を同時に得ることができるでしょうか？

マハルシ　これもまた想念です。その想念を棄て去って、あなたの真我としてとどまりなさい。

質問者　「結果を期待せずに仕事を成し遂げなさい」と言われています。どうすればこのような心構えを得ることができるでしょうか？

マハルシ　新しい状態を得ようとする必要などありません。あなたが抱いている想念を今棄て去りなさい。ただそれだけです。

質問者　どうすればそれに必要な帰依心（バクティ）を得ることができるでしょうか？

マハルシ　あなた（真我）にとって異物である想念を棄て去ることが帰依なのです。

質問者　念力や催眠術とはいったい何でしょうか？　パリにクエ博士と呼ばれる医師がいます。彼は教育を受けなかったにもかかわらず、意志の力で多くの不治の病を治してきました。そして常に、「あなた自身を癒す力を養いなさい。その力はあなたの内にあるのです」と語ったそうです。

マハルシ　その同じ意志の力を通して、すべての病気の基盤である身体が現れたのです。
質問者　ということはつまり、想念が事物として現れ出るということです。
マハルシ　この想念が解脱に向けられなければならないのです。
質問者　それ以外の想念を払い去ることができるように、神が私たちを助けてくれるべきです。
マハルシ　これもまた想念です。身体として生まれてきたものに質問をさせなさい。あなたは身体として生まれてきたのではないのです。なぜなら、あなたは想念から自由だからです。

ラワルピンディから来た別の訪問者が尋ねた。「アートマンには姿形《すがたかたち》がありません。どうやってそれに集中すればよいのでしょうか？」
マハルシ　姿形がなく、触れることもできないアートマンのことは放っておきなさい。心はあなたにとって明らかなものです。その心をとらえなさい。そうすればうまくいくでしょう。
質問者　心自体は非常に精妙なものであり、それはアートマンと同じものです。いったいどうやって心の本性を知ることができると言うのでしょう？　あなたは支えとなるすべての修練方法が役に立たないと言われました。それでは、いったい何をスタンド・ポイントとすればよいのでしょうか？
マハルシ　あなたの心はどこに位置していますか？
質問者　どこに位置しているのでしょうか？

マハルシ　心自体に尋ねなさい。

質問者　私は今、あなたにお尋ねします。私たちは心に集中すべきなのでしょうか？

マハルシ　うむ！

質問者　しかし心の本性とは何でしょうか？　それには姿形がありません。この問題に悩まされるのです。

マハルシ　なぜ悩まされるのですか？

質問者　聖典は精神集中を勧めています。しかし私にはそれができないのです。

マハルシ　いったいどの聖典を通して自己の存在を知ることができると言うのでしょうか？

質問者　それは体験によるものです。しかし私は集中できるようになりたいのです。

マハルシ　想念から自由になりなさい。何もとらえてはいけません。それらがあなたをとらえているわけではないのです。あなた自身として在りなさい。

質問者　私にはまだ、どこをスタンド・ポイントとして集中すべきなのかがわかりません。自分の心に瞑想することはできるのでしょうか？

マハルシ　誰の心でしょうか？

質問者　私自身の心ですか？

マハルシ　あなたは誰ですか？　この質問自体が、今ここで解決をもたらすのです。

全員が昼食を取った。訪問者は二時半に戻り、同じ質問を続けた。

質問者　マハルシは探究者に想念を取り除くことを勧めます。すべての想念が取り除かれた後、心を何に集中させればよいでしょうか？　そのとき、私は自分がどこにいるのか、自分が何に集中すればよいのかわからないのです。

マハルシ　誰にとっての集中でしょうか？

質問者　心にとってです。

マハルシ　それでは、心を集中させなさい。

質問者　何にでしょうか？

マハルシ　あなた自身でその質問に答えなさい。心とは何でしょうか？　なぜあなたは集中すべきなのでしょうか？

質問者　私には心が何なのかわかりません。マハルシにお尋ねします。

マハルシ　マハルシは心を知りたいとは思っていません。質問者が自分自身で、心に「心とは何か？」と尋ねなければならないのです。

質問者　マハルシは「想念を心から剥《は》ぎ取るべきだ」と言われました。

マハルシ　それ自体が想念なのです。

質問者　すべての想念が消え去ったとき、後には何が残るのでしょうか？

マハルシ　心と想念は異なるものでしょうか？

質問者　いいえ。心は想念でできています。私が言いたいのは、「すべての想念が消え去ったとき、どうやって心を集中すると言うのでしょうか？」ということです。

マハルシ　これもまた想念ではないでしょうか？

質問者　そうです。しかし私は集中するようにと勧められたのです。

マハルシ　なぜ集中すべきなのでしょうか？　なぜ想念が自由に戯れるのを許さないのですか？

質問者　聖典は「想念が自由に戯れれば、私たちは移り変わる非実在の物事へと道を踏み外してしまう」と述べているからです。

マハルシ　だとすれば、あなたは移り変わる非実在の物事の中に迷い込みたくないということです。しかしあなたの想念自体が、移り変わる非実在のものなのです。あなたは実在をとらえたいと願っています。それこそが私の言っていることです。想念は非実在です。だからこそ想念を払い去るのです。

質問者　今、理解できました。しかしそれでも疑問は残ります。***q1***「**一瞬でさえ、無為にとどまることはできない**」と言われています。どうすれば想念を取り除くことができるのでしょうか？

マハルシ　同じ『バガヴァッド・ギーター』は、***q2***「**あらゆる行為は起こるが、私はその行為者ではない**」と述べています。それは、太陽が世間の活動に影響を及ぼしながらも、太陽自体は影響を受けないのと同じことです。真我は常に無為にとどまります。一方、想念は立ち現れては消え去ります。真我は完全であり、それは不変です。心は限定され、移り変わります。あなたに必要なことは、ただあなたの限定を剥ぎ取るだけです。そうすれば、あなたの完全性は顕《あら》わになるでしょう。

質問者　それには恩寵が必要です。

マハルシ　恩寵は常に存在しています。あなたはただそれに明け渡す必要があるだけです。

質問者　私は明け渡します。そしてたとえ私が過ちを犯したとしても、無理にでも恩寵へと導かれますように、と祈っているのです。

マハルシ　それが明け渡しだと言うのですか？　明け渡しが完全であるためには、疑問が入り込む余地があってはならないのです。

質問者　そうです。私は明け渡します。あなたは、「海の中の真珠取りのように、真我の海の中に潜り込まなければならない」と言われました。

マハルシ　あなたがそう言うのは、あなたが今、自分は意識の大海の外側にいると考えているからです。

質問者　私はプラーナーヤーマを修練しています。それは身体の中に熱を起こします。私はどうすべきでしょうか？

マハルシ　心が静まれば、熱も冷めるでしょう。

質問者　それは本当です。しかしそれが最も困難なことなのです。

マハルシ　これもまた想念です。そしてそれが障害なのです。

対話473

ある人が言った。「**q1アルナーチャラの四十八キロ周辺内に暮らす人、**あるいはそこで死ぬ人は、求めずともムクティ（解脱）に達すると言われています。ところが、解脱はただジニャーナによってのみ得ることができるとも言われています。『プラーナ』もヴェーダーンタ・ヴィジニャーナを得ることは困難だと述べています。ですから、解脱を得ることは困難なのです。それなのにこの丘の周辺で暮らし、そして死ぬ人に、アルナーチャラは惜しげなくムクティを授けると言われています。どうしてそのようなことがありえるのでしょうか?」

マハルシ　シヴァは「私の命令によって」と言っています。ここに住む人は入門儀式や伝授（ディークシャー）も必要とせず、解脱を得ることができます。それがシヴァの定めたことなのです。

質問者　『プラーナ』は「ここで生まれた者は、亡霊、精霊、霊魂のようなシヴァの帰依者たちなのだ」とも述べています。

マハルシ　ティルヴァルールやナダンバラムのような聖地もまたそうなのです。

質問者　ただここで生き、ここで死ぬというだけでどうしてムクティが与えられるのでしょうか?理解に苦しみます。

マハルシ　ダルシャナード・アブラサダーシ・ジャナナートゥ・カマラーライェー、カーシャントゥ・マラナム・ムクティヒ・スマラナド・アルナーチャレー。

darśanād abhrasadāsi jananāt kamalālaye kāsyantu maranam mukti smaranad aruṇācale.

チダンバラムを見ること、ティルヴァルールに生まれること、ベナーレスで死ぬこと、あるいはただ単にアルナーチャラを想うことによって、解脱は確証される。

ジャナナート・カマラーライェーとは「カマラーラヤーで生まれること」を意味します。それはどういうことでしょうか？　それはハートのことなのです。

同様に、アブラサダーシとは「意識の座」を意味します。カーシーとは「真我実現の光」を意味しています。そしてこの詩は「アルナーチャラを想うこと」という言葉で終わっています。これもまた同じことを意味しているのです。

質問者　だからこそバクティが必要なのですね。

マハルシ　すべてはどのように見るかにかかっています。ティルヴァルールに生まれ、チダンバラムを訪れ、ベナーレスで死に、アルナーチャラに黙想する人たちはみなムクタ（解脱した人）なのです。

質問者　私もアルナーチャラについて想いますが、それでも私はムクタではありません。

マハルシ　視野を変えること、必要なのはただそれだけです。アルジュナもまたそのように視野を変えたのです。***q2*** **彼は宇宙として現れた真我のヴィジョンを得ました。**シュリー・クリシュナは言います。「神々や聖者たちは私の普遍的な姿を見たいと望んでいる。それでも、私は彼らの望みをかなえはしなかった。だが、私はあなたに私の『あの姿』を見ることのできる目を与えよう」。そうは言いましたが、シュリー・クリシュナは真の姿を見せたでしょうか？　いいえ、そうではなく、シュリー・クリシュナはアルジュナに彼が見たいと願っているすべてをクリシュナの中に見なさいと言ったのです。もしアルジュナの見たものがクリシュナの真の姿なら、それは不変なものであり、知るに値するものでしょう。しかしアルジュナに与えられたのは、「何であれ彼が見たいと望んでいることを見なさい」という命令だったのです。だとすれば、クリシュナの普遍の姿はどこにあるのでしょうか？　それはアルジュナの中にあるに違いないのです。

　しかもアルジュナは、クリシュナの無限の姿の中に神々や聖者たちが主を讃えている姿を見ました。もしクリシュナが言ったように、神々や聖者たちには彼の普遍の姿を見る機会が与えられていなかったのだとすれば、アルジュナのヴィジョンの中の神々や聖者たちは誰だったのでしょうか？

質問者　彼らはみなアルジュナの想像の産物だったに違いありません。

マハルシ　彼らがそこに現れたのは、アルジュナの視野ゆえなのです。

質問者　そうだとすれば、神の恩寵によって視野が変えられなければなりません。

マハルシ　そうです。それが帰依者（バクタ）に起こることなのです。

質問者　ある人が夢の中でトフに襲われて逃げ出し、そこで目を覚まします。夢の中のトラは、夢の中の自我（アハム）にとって現れました。彼が目を覚ましたとたん夢の自我は消え去りますが、今度は目覚めの状態の自我が目覚めます。それはどうしてでしょうか？

マハルシ　それはつまり、自我は変わらぬままであることを証明しているのです。同じ自我に対して、夢見、目覚め、眠りの状態が移り変わっていくのです。

質問者　自我がどこにあるかを見定めるのは非常に困難です。誰もが同じ困難に直面しています。

マハルシ　心によって心を見いだすことは不可能です。それはけっして存在していなかったということを見いだすため、それを超えていかなければならないのです。

質問者　それでは、直《じか》に自我の居所《いどころ》を突き止めなければならないということなのですね？

マハルシ　まさにそのとおりです。心、自我、知性はみなアンタハカラナという一つの内的器官を示す名前です。心とは単なる想念の集まりにすぎません。自我なしに想念は存在できません。それゆえ、すべての想念は自我の配下にあるのです。「私」という想念がどこから起こるのかを見いだしなさい。そうすれば、他の想念は消え去るでしょう。

質問者　そのとき後に残るものは「私」ではなく、純粋な意識に違いありません。

マハルシ　そのとおりです。あなたは幸福を探し求めることから始めます。調べていくと、不幸は想念によってもたらされることがわかります。それが心と呼ばれるものです。心を制御しつつ、あなたは「私」を探し求め、ついには「存在――意識――至福」の中に在り続けるようになるのです。

別の帰依者　それでは心とはいったい何なのでしょうか？

マハルシ　心とは限定された意識です。本来のあなたは無限で完璧です。しかし後に自分で自分に限定を負わせ、心となるのです。

質問者　それはアーヴァラナ（覆い）です。それはどのようにして起こるのでしょうか？

マハルシ　アーヴァラナは誰にとって起こったのでしょうか？　それは無知、自我、心と同じものです。

質問者　アーヴァラナとは障害という意味です。誰が妨げられたのでしょうか？　それはどうして起こったのでしょうか？

マハルシ　限定そのものが障害なのです。限定が超越されれば、何の疑問も起こらないでしょう。

1938年3月16日

対話474

　会話の中でハートに関する話題が出た。

マハルシ　ヨーガの聖典は七万二千のナディー（霊的な神経経路）や百一のナディーについて述べています。ある人の説明によれば、百一のナディーが中枢にあり、七万二千のナディーはその支流に当たるということです。ある人たちはそれらは脳から枝を広げると言い、ある人たちはハートから、またある人たちは尾底骨から枝を広げると言います。彼らはパラー・ナディーが尾底骨から上昇してスシュムナーを通り抜け、脳に達して、それからハートへと降りていくと言います。別の人たちは、スシュムナーはパラーに達して終わると言います。

ある人たちは、実現は頭頂点（サハスラーラ）において達せられると説いています。他の人たちは眉間《みけん》において、あるいはハートにおいて、またある人たちは太陽神経叢《たいようしんけいそう》において達せられると説いています。もしパラー・ナディーに達することによって真我が実現されるのであれば、人はまずハートから入っていかなければなりません。しかしヨーギーはナディーを清めることに専念し、そうすることで尾底骨に位置するクンダリニーが目覚め、上昇して頭に達するのだと言います。それから最終段階として、頭からハートへと降りてくるようにと指導されるのです。

『ヴェーダ』は次のように述べています。

ハートは蓮の花を下に向けたような姿、あるいはバナナの花の蕾に似ている。
そこには原子のように小さな輝く一点があり、一粒の米の先端のような姿をしている。
その一点は炎に似て、その中心には超越者ブラフマンが座している。

このハートとは何を意味するのでしょうか？　生理学者が言うハートのことでしょうか？　もしそうであれば、生理学者が一番良く知っていることになります。

『ウパニシャド』が説くハートとは「フリダヤム」のことです。それは「これがセンターだ」を意味しています。それはそこから心が立ち現れ、そこに沈みゆくところ。それが実現の座です。

「それが真我です」と私が言うと、多くの人はそれを身体の中にあるものと想像してしまいます。「眠りの間、真我はどこにとどまっているのでしょうか？」と私が尋ねると、彼らは真我が身体の中にあるものと見なして、「眠りの間は暗い部屋に閉じ込められた人のように、身体にも周囲の状況にも気づいていない」と言うのです。このような人たちに対しては、実現の座は身体の中のどこかにあるのだと言わなければなりません。そのセンターの名はハートであり、それが心臓と混同されてしまったのです。

人が夢を見るとき、彼は自分自身（アハンカーラ、夢見る者）と環境を創り出します。それらすべては、夢が終わるとともに彼自身の中に引き込まれます。「一人」が、夢見る者も含めた「多数」になるのです。目覚めの状態も同じように「一人」が「多数」になります。それゆえ客観的世界は、実は主観的なものなのです。

天文学者は計り知れない距離の彼方に存在する星を新たに発見します。そしてその星の光は何千光年もかけて地球に届くのだと公表します。さてその星は、実際にはどこに存在しているのでしょうか？ それは観察者の中に存在しているのではないでしょうか？ しかし人々は、「どうして遥か彼方に存在する太陽よりも巨大な天体が、一人の人間の脳細胞の中に含まれると言うのだろう？」と驚きます。天空や天体の大きさ、そしてその矛盾は、すべて心の中にのみ存在するのです。それらはいったいどのようにそこに存在するのでしょうか？ その存在にあなたが気づいているかぎり、そこにはそれらを輝かす光があるということをあなたも認めるでしょう。このような考えは、眠りの間は存在せず、目覚めたときに立ち現れます。つまり、この光には始まりと終わりがあり、一時的なものだということです。一方、「私」という意識は永続的なものです。ですから、「私」という意識がこの光だということはありえません。その光は「私」という意識とは異なったものですが、それ自体の独立した存在を持たないのです。だとすれば、それはアーバーサ（反映された光）に違いありません。それゆえ脳の中の光は、反映された知識（アーバーサ・サンヴィット）、あるいは反映された存在（アーバーサ・サット）なのです。

真の知識（サンヴィット）あるいは真の存在（サット）はハートと呼ばれる中心にあります。人が眠りから目覚めるとき、それは頭の中に反映されます。そのため、頭は横になった姿勢から起き上がった姿勢になるのです。意識はそこから全身へと広がっていき、そして目覚めた実体としての（真理の上に押し重ねられた偽りの）「私」が機能し始めます。こうして脳の中の純粋な光であるシュッダ・マナス（純粋な心）は、後に汚《けが》れて、通常見られるようなマリナ・マナス（不純な心）となるのです。

しかしながら、これらすべては真我の中に含まれています。身体やそれに相対するものはすべて真我の中に在るのです。それゆえ、一般に考えられているように、真我は身体の中に限定されているわけではないのです。

1938年3月16日

対話475

シュリー・バガヴァーンが新聞から一つの記事を読み上げた。

あるとき、ライフルを携えた一人の森林警備隊員がジャングルの奥へと入って行くと、茂みの中に輝く二つの点があることに気づいた。いったいそれが何なのかを確かめようと近づいてみたところ、彼はほんの数メートル先にいる巨大なトラに直面していた。あわててライフルを投げ捨てると、彼はジャングルの王に対して祈るように許しを求めた。するとトラは立ち上がり、彼を傷つけることもなくゆっくりと立ち去ったのだった。

1938年3月21日

対話476

キリスト教の宣教師であるスタンリー・ジョーンズ氏がシュリー・バガヴァーンを訪れた。彼には何冊かの著作があり、講話も行っていた。北インドには彼の配下にある二つのアーシュラムがある。一人の紳士と二人の女性が彼にしたがっていた。現在、彼は『インドの道の上で』という本を執筆中で、その資料のためにインド中の霊的偉人を訪れていたのである。彼はインドの聖者がどれほどの進展を遂げ、彼らの神の体験がいかなるものかを知りたいと願っていた。

以下は彼のインタヴューの概要である。

質問者　あなたの探究とは何でしょうか？　そのゴールとは何でしょうか？　あなたの探究はどれほど進んだのでしょうか？

マハルシ　ゴールは誰にとっても同じものです。しかしまず、なぜあなたはゴールを探究しているのかを言いなさい。なぜあなたは現在の状態に満足していないのですか？

質問者　つまりゴールはないということでしょうか？

マハルシ　そうではありません。何があなたにゴールを探し求めさせるのでしょうか？　私は逆にあなたに質問しているのです。

質問者　私にはこれに関する自分自身の考えを持っています。私はマハルシが何と言われるのかが知りたいのです。

マハルシ　マハルシに解決すべき問題はないのです。

質問者　それでは言いますが、私が考えるには、ゴールとは低次の心が高次の心を実現することです。それによって天の王国が永久に地にもたらされるのです。低次の心は不完全であり、それは高次の心を実現することによって完全にされなければなりません。

マハルシ　ということは、あなたは低次の心が不完全であることを認め、その低次の心は完全になるために高次の心の実現を求めているということです。その低次の心は高次の心から離れて存在するのでしょうか？　それらはどちらも独立して存在しているのでしょうか？

質問者　天の王国はイエス・キリストによって地にもたらされました。私はイエスを王国が人格化したものと見なしています。私はすべての人がそれを実現することを望んでいるのです。彼は「他者の空腹は私の空腹である」などと言いました。他者の苦楽を自分のものと感じることが天の王国なのです。

もしその王国が全人類に行き渡れば、すべての人が一体であることを感じることでしょう。

マハルシ　あなたは低次の心と高次の心、苦痛と快楽という区別について語りますが、それらは眠りの中ではどうなのでしょうか？

質問者　しかし私ははっきりと目覚めていたいのです。

マハルシ　これがあなたの目覚めた状態だと言うのですか？　そうではありません。それはあなたの長い眠りの中の一つの夢でしかないのです。すべては眠りの中にあり、ただ世界や物事や行為について夢を見ているだけなのです。

質問者　これはみなヴェーダーンタ哲学です。私には何の用もありません。存在する区別は想像上のものではありません。それらは現実なのです。しかしながら、真の目覚めとはいったい何でしょうか？　それが何なのか教えていただけますか？

マハルシ　真の目覚めは、目覚め、夢見、眠りという三つの状態を超えたところにあるのです。

質問者　私は間違いなく目覚めていて、眠ってなどいないことを知っています。

マハルシ　真の目覚めは区別という次元を超えているのです。

質問者　それでは、世界の状態とはどのようなものでしょうか？

マハルシ　世界があなたのところに来て、「私は存在する」と言うでしょうか？

質問者　いいえ。それでも世界の中にいる人々が、「世界は霊的、社会的、道徳的変革を必要としている」と私に告げるのです。

マハルシ　あなたは世界を見て、その中に人々を見ますが、それらはすべてあなたの想念なのです。世界があなたから離れて存在するでしょうか？

質問者　私は世界の中へ愛とともに入って行きます。

マハルシ　世界の中へ入って行く前に、あなたは世界から分離して存在していると言うのですか？

質問者　私はそれと自己同一化していますが、同時に離れてもあるのです。しかし私はマハルシに尋ね、彼の言葉を聞くためにここに来たのです。なぜマハルシが私に質問するのでしょうか？

マハルシ　マハルシは答えたのです。彼の答えとは、「真の目覚めは区別を含まない」ということです。

質問者　そのような実現が全人類のものでありえるでしょうか？

マハルシ　いったいどこに区別があると言うのでしょう？　そこに個人は存在しないのです。

質問者　あなたはゴールに到達したのですか？

マハルシ　ゴールは真我から離れたものでもなければ、新たに獲得されるものでもありません。もしそうなら、そのようなゴールは永久的なものではないということです。新たに現れたものなら、やがては消え去るでしょう。ゴールは、永遠なるもの、内なるものであるはずです。あなた自身の内にそれを見いだしなさい。

質問者　私はあなたの体験したことを知りたいのです。

マハルシ　マハルシは光明を探し求めてはいません。その質問は質問者にとって無益なものです。私が実現していようといまいと、それが質問者にとって何になるでしょう？

質問者　そうではありません。一人ひとりの体験は人間的価値を持っています。それゆえ、それは他の者たちと分かち合えるのです。

マハルシ　問題は質問者自身によって解決されなければならないのです。その質問は質問者自身に問われるべきものなのです。

質問者　私はその問いの答えを知っています。

マハルシ　では言ってみなさい。

質問者　二十年前、私は天の王国を見たのです。それはただ神の恩寵によって起こりました。それを得るために、私は何の努力もしませんでした。私は幸福でした。私はそれを全人類に広め、それを教化し、社会的なものとしたいのです。それと同時に、私はマハルシの神の体験がどのようなものであるかを知りたいのです。

ジナラージャダーサ夫人がここで静かに言葉を挟んだ。「マハルシが天の王国を地上にもたらしたということについては、ここにいる誰もが認めるところです。なぜあなたは彼の実現に関する質問を執拗《しつよう》に迫るのですか？　それを探究し実現するのは、あなたの仕事なのです」

質問者は彼女の言葉に耳を傾け、しばらく議論すると、彼の質問を再びマハルシに向けた。二、三の軽い質問の後、チャドウィック少佐が厳格な声で言った。「『神の王国はあなたの内にある』と聖書は述べています」

質問者　どうやってそれを実現すればよいのでしょう？

チャドウィック少佐　なぜあなたはそれをあなたのために実現するようマハルシに求めるのですか？

質問者　私はそうは求めていません。

チャドウィック少佐　神の王国はあなたの内にあるのです。あなたがそれを実現すべきなのです。

質問者　それを聞く者だけが、それを内側に実現するのです。

チャドウィック少佐　「神の王国はあなたの内にある」と聖書は言い、それ以上何の条件も加えてはいません。

質問者はすでに十分な会話をしたと感じ、マハルシと他の人たちに感謝を伝えるとホールを去った。

対話477

ジナラージャダーサ夫人　どうすれば夢の中で体験された真理を覚えていることができるでしょう？

マハルシ　現在のあなたの目覚めの状態も、夢見の状態も、そしてそれを覚えていたいという欲望も、すべては想念なのです。それらが現れるのは、心が立ち現れた後だけです。心が不在だったとき、あなたは存在していなかったでしょうか？

質問者　存在していました。
マハルシ　あなたが存在するという事実は、あなたの実現でもあるのです。
質問者　知的になら理解できます。真理は一瞬のひらめきとしては感じられるのですが、永続しないのです。
マハルシ　そのような想念が、あなたの永遠の実現状態を覆い隠してしまうのです。
質問者　無秩序で混乱した都会の生活は真我実現に適していません。森の中の隠遁生活は静寂と孤独をもたらしてくれます。
マハルシ　都会にいながら自由であることもできます。ジャングルに隠遁しながら束縛されることもありえます。すべては心の中にあるからです。
質問者　私が思うに、心とは、つまりマーヤーのことです。
マハルシ　マーヤーとは何でしょうか？　「心は実在から切り離されている」という知識がマーヤーなのです。心は実在の中にのみ存在し、実在から分離されてはいません。この知識がマーヤーを消し去るのです。

会話はさらに進み、心と脳の同一性についての質問にたどり着いた。

マハルシ　心とはただ脳を操作する力でしかありません。あなたは今ここに在って目覚めています。世界やその環境についての想念は、身体の中の脳の中にあります。夢の中で、あなたはもう一人の自己と環境を創り出し、今あなたが見ているように、夢の中に創造された世界を見るのです。夢のヴィジョンは夢の身体の中の夢の脳の中にあります。その身体は現在のあなたの身体とは別のものです。あなたはその夢を今も覚えています。しかし夢の脳と現在の脳は別なものです。それでも、ヴィジョンは心の中に現れます。ですから、心と脳は同一ではないということです。目覚め、夢見、眠りは心にとってのみ存在するのです。

質問者　理解は知的なものです。

マハルシ　知性と言いますが、誰の知性でしょうか？　その質問に問題の焦点は絞られるのです。眠りの中のように、たとえ知性が不在であるときでも自分は存在するということをあなたは認めています。もしあなたが自分の存在に気づいていないなら、どうやって自分が存在していることを知るのでしょうか？　あなたの存在そのものが実現なのです。自分が存在しない時を想像することはできないでしょう。それゆえ、実現されていない時などないのです。

1938年3月22日

対話478

マドゥライから来た男性が尋ねた。「どうやって神の力を知るのでしょうか？」

マハルシ　あなたは「私は在る」と言います。それが神の力です。

他の何が「私は在る」と言えると言うのでしょう？

自己の存在そのものが神の力なのです。「私はこれだ、私はあれだ、私はこれこれこういう者だ」と言うとき問題が起こるのです。それをやめなさい。あなた自身でありなさい。ただそれだけです。

質問者　どうすれば至福を体験できるでしょうか？

マハルシ　「私は今、至福の中にいない」という考えから自由になることによってです。

質問者　つまり、さまざまな心の状態から自由になるということですね。

マハルシ　他のすべての状態を取り除いた、ただ一つの心の状態にとどまることです。

質問者　しかし至福が体験されなければなりません。

マハルシ　あなたの存在を忘れないこと、それが至福です。真のあなたとして在る以外に、「在る」ことなどできるでしょうか？　それはまた「愛の座」でもあるのです。愛は至福です。ここで言う「座」とは、愛のことなのです。

質問者　私はどうすればすべてに遍在できるでしょうか？

マハルシ　「私はすべてに遍在していない」という観念を棄て去りなさい。

質問者　私から分離した事物の中に浸透していくにはどうすればいいでしょうか？

マハルシ　事物は「私」から分離して存在しているでしょうか？　それらの事物が「これらは存在する」とあなたに言うでしょうか？　それらを見るのはあなたです。あなたが存在し、それから事物もまた見られるのです。「私が存在しなければ、それらは存在しない」。この知識が「浸透」です。「私は身体だ。私の中に何かが存在している」という観念を抱いてしまうため、あたかも分離した事物が外側にあるかのように見えるのです。それらはすべてあなたの中に存在するのだということを知りなさい。一枚の布が糸から独立して存在するでしょうか？　事物が私なしに存在できるでしょうか？

対話479

質問者　すべての宗教の中でも最高のものはどれでしょうか？　シュリー・バガヴァーンの方法とはどのようなものでしょうか？

マハルシ　すべての宗教、すべての方法は一つであり、同じものです。

質問者　解脱のための異なったさまざまな方法が教えられてきました。

マハルシ　なぜあなたは解脱しなければならないのでしょうか？　なぜ今のあなたのままとどまらないのでしょうか？

質問者　私は苦痛から解放されたいのです。苦痛から解放されることが解脱と呼ばれるものです。

マハルシ　それがすべての宗教の教えるところです。

質問者　その方法とは何でしょうか？

マハルシ　あなたの来た道をたどることです。

質問者　私はどこから来たのでしょうか？

マハルシ　それこそがあなたの知るべきことなのです。眠りの間にそのような疑問が起こったでしょうか？　そのときあなたは存在していなかったでしょうか？　そのあなたは現在のあなたと同じ人ではありませんか？

質問者　そうです。私は眠りの中で存在していましたし、心もまた存在していました。しかし感覚は融け入っていました。ですから話すことができなかったのです。

マハルシ　あなたはジーヴァでしょうか？　あなたは心でしょうか？　眠りの中で心があなたにそう告げたのですか？

質問者　いいえ。しかし「ジーヴァはイーシュワラとは異なる」と先人は語っています。

マハルシ　イーシュワラのことは放っておきなさい。あなた自身のことを語りなさい。

質問者　私自身ですか？　私とは誰でしょうか？

マハルシ　そのとおりです。それを知りなさい。それを知ればすべてを知るでしょう。もしそうならなかったなら、そのときは尋ねなさい。

質問者　目覚めとともに、私は世界を見ます。それでも眠っていたときから私は変わっていません。

マハルシ　しかしそれは眠りの中では知られていません。今であれ、そのときであれ、あなたは同じままです。今、変わったのは誰でしょうか、あなたの本性は変わりゆくものでしょうか、それとも不変のものでしょうか?

質問者　何がその証拠となるのですか?

マハルシ　自分自身の存在に証拠が必要でしょうか?　ただ自己に気づいていなさい。そうすれば他のすべては知られるでしょう。

質問者　それでは、なぜ二元論者と非二元論者は論争を続けるのでしょうか?

マハルシ　もしそれぞれが自分自身のことだけに関わるなら、争いはなくなるでしょう。

対話480

ヨーロッパから来たガスク夫人がシュリー・バガヴァーンに一枚の紙を手渡した。それにはこう書かれていた。

「私たちは、あなたという存在を私たちにもたらしてくれた自然と無限の知性に感謝しています。私たちはあなたの叡知が純粋な真理、そして生命と永遠性の基本原理に基づいていることを讃えます。そしてあなたが『静かに在りなさい。そして〈それ〉を知りなさい』ということを想い起こさせてくださることに喜びを感じています。あなたはこの地球の未来についてどうお考えですか?」

マハルシ　この質問の答えは、「静かに在りなさい、そして私は神だと知りなさい」という言葉に含まれています。ここに言う「静けさ」とは「想念から自由になること」です。

質問者　それでは私の質問の答えになっていません。この惑星には未来があります。それはどうなるのでしょうか？

マハルシ　時間と空間は想念の作用によるものです。もし想念が起こらなければ、未来も地球もないでしょう。

質問者　時間と空間は、私たちが考えていないときも存在するはずです。

マハルシ　それらがあなたのところへ来て、「時間と空間は存在する」と言うでしょうか？　あなたは眠りの中でもそれらを感じるでしょうか？

質問者　眠りの中では意識していませんでした。

マハルシ　それでもあなたは眠りの中で存在していたのです。

質問者　私は身体の中にいませんでした。私はどこか他のところに行き、目覚める直前にここに飛び込んだのです。

マハルシ　あなたが眠りの間どこかへ行き、再びここに飛び込んだというのはただの観念です。眠りの間、あなたはどこにいたのでしょうか？　あなたはあなたのままでいたのです。唯一の違いは、眠りの中では想念から自由だったということです。

質問者　世界では戦争が続いています。もし私たちが考えるのをやめれば、戦争は止まるのでしょうか？

マハルシ　あなたに戦争を止められますか？　世界を創造した人が、その面倒を見るでしょう。

質問者　世界は神が創造したのです。しかし神に世界の現状の責任はありません。現状に対する責任は私たちにあるのです。

マハルシ　あなたは戦争を止められますか？　世界を改革できますか？

質問者　できません。

マハルシ　それなら、なぜ自分にできもしないことについて心配するのですか？　あなた自身の面倒を見なさい。世界はそれ自身でそれ自身の面倒を見るでしょう。

質問者　私たちは平和主義者です。世界に平和をもたらしたいのです。

マハルシ　平和は常に存在しています。平和を乱すものを取り除きなさい。この平和とは真我のことです。障害は想念にあります。想念から自由になったとき、あなたは無限の知性である真我なのです。完全性と平和はそこにあるのです。

質問者　世界には未来があるはずです。

マハルシ　あなたは現在が何なのかを知っていますか？　世界とすべての物事は、今も未来も変わらぬままでしょう。

質問者　世界は知性がエーテルと原子に作用することによって創造されたのです。

マハルシ　本質的には、それらはすべてイーシュヴァラとシャクティです。あなたはそれらから分離していません。それらとあなたは同じ一つの知性なのです。
数分後に一人の女性が尋ねた。「アメリカに行こうとお考えになったことはありますか?」

マハルシ　アメリカはインドがあるところ（つまり想念の次元の中）にあるのです。

もう一人のスペイン人女性が尋ねた。「ヒマラヤにはある神殿があって、そこに入るとあらゆる病気が治ると言われています。そのようなことが可能でしょうか?」

マハルシ　ネパールやヒマラヤの他の地域には、入ったとたんに無意識になると伝えられる神殿があると聞いています。

対話481

ムルガナール氏が尋ねた。「絶対的知識（プラジニャーナ）とは何でしょうか?」

マハルシ　そこから相対的知識（ヴィジニャーナ）が現れるもの、それが絶対的知識です。

質問者　相対的知識の状態にいる人は、（相対的な）宇宙意識[1]（サンヴィット）に気づくようになります。しかしアンタハカラナ（内的器官、思考機能）の助けがなくとも、純粋意識はそれ自体に気づいているのでしょうか?

＊1サンヴィット（saṃvit）：意識、知識、知性、理解、気づき。
＊2アンタハカラナ（antahkarana）：内的器官。マナス（思考）、ブッディ（知性）、チッタム（記憶）、アハンカーラ（自我）。

マハルシ　理論的に見てもそう言えます。

質問者　目覚めの状態において相対的知識を通して（相対的な）宇宙意識に気づいたとしても、絶対的知識が自ら輝いていることは見いだせません。だとすれば、それは眠りの中に見いだされるに違いありません。

マハルシ　現在の気づきはアンタハカラナを通したものです。絶対的知識は眠りの中でさえ絶えず輝いています。もし人が目覚めの状態において絶え間なく気づき続けるなら、その気づきは眠りの中でも続いていくでしょう。

それはこのように説明されます：王がホールに入って来ました。彼はそこに座ると、それからその場を立ち去りました。彼は調理場には入って行きませんでした。だからといって、調理場の者が「王様はここには来られませんでした」と言うでしょうか？

気づきが目覚めの状態の中に見いだされるなら、それは眠りの中にもあるに違いないのです。

い鼻にかかった「グ」を無音発声してから「ニャーナ」と言う。本書では混乱を避け、あえて「ジニャーナ」で統一している。「真我実現した人」Jñānī は、「ジニャーニー」と発音するのが正しいが、本書では「ジニャーニ」と表記している。

vの発音について

vという音は通常「ヴァ」と発音するが、svaのようにvの前に子音があるときは「ワ」と発音されることがある。例えば、īśvara「イーシュヴァラ」は「イーシュワラ」となめらかな発音になる。

しかしこれはインド全般で統一化されているわけではなく、各地域や言葉によって発音が異なるため、絶対的な規則ではない。ちなみに、マハルシの暮らしたタミル・ナードゥ州では、「ワ」wと発音することは一切なく、すべて「ヴァ」vに統一されている。

本書では本書内での決まりとして、svadharma のようにsの後にvが続くときにだけ「ワ」と表記して「スワダルマ」とし、それ以外の子音の後にvが来る場合は「ヴァ」を用いている。

長音について

日本でも「マハトマ・ガンジー」や「ヨガナンダ」といった名前は知名度が高い。正確なサンスクリット語の表記では Mahātmā Gāndhī「マハートマー・ガーンディー」、Yogānanda「ヨーガーナンダ」のように長音を含む。しかし実際の会話では、特に長音を強調するというわけではない。

また本書では例外的に、「霊的な師」swāmī：スワーミーを「スワミ」、「真我実現した人」Jñānī：ジニャーニーを「ジニャーニ」と、長音を短縮してカタカナ表記している。

◎本書では可能なかぎり正確なサンスクリット語のカタカナ表記を試みた。しかし、th, dh, gh, kh, bh, ph などに代表される微妙な発音の音節には、新たな記号や規則を開発しないかぎりカタカナ表記は不可能であるため、あえてシンプルな表記を用いた。またその他の細かい発音規則については、インド各地域の各伝統の権威者間でも見解が異なるという事情を理解されたい。

◎本書のサンスクリット語のカタカナ表記は、Monier-Williams Sanskrit Dictionary『モニエル－ウィリアムス・サンスクリット語辞典』を基本文献とし、ローマ字表記は IAST(International Alphabet of Sanskrit Transliteration) に基づいている。

「アーシュラム」はヒンドゥー語で、「アーシュラマム」はサンスクリット語。サンスクリット語ではĀśrama「アーシュラマ」(男性形)が通常用いられるが、Āśramam「アーシュラマム」(中性)も同様に正しい。しかし現代ではインド全域においてヒンドゥー語の「アーシュラム」という言葉が定着している。

Srī Ramanāśramamは、本来なら「シュリー・ラマナーシュラマム」とカタカナ表記すべきところだが、混乱を避けて「シュリー・ラマナアシュラマム」と表記している。

सत्सङ्ग

Satsanga :「サットサンガ」「サットサン」 聖者との交際、真理として在ること。

Satsang「サットサン」はヒンドゥー語。Satsanga「サットサンガ」はサンスクリット語。どちらもインド全域で一般に用いられている。

आत्मन्, आत्मा

Ātman :「アートマン」「アートマー」 真我、霊性。

「アートマン」という言葉は語根であり、会話においては第一人称単数の「アートマー」を用いるのがふさわしい。しかし、本書においては「ブラフマン」に対応させて「アートマン」を用いている。基本的には「アートマン」も「アートマー」も同義である。

ब्रह्मन्, ब्रह्म

Brahman :「ブラフマン」「ブラフマ」 至高なるもの、至高の一者。

カタカナ表記をすれば「ブラフマン」となるが、実際の発音では「ブラーマン」のほうが近い。ブラフマンを創造神ブラフマーと混同してはならない。

ज्ञान

Jñāna :「ジニャーナ」 知識、叡知、真我に由来する高次の知識。

日本では一般に「ジニャーナ」または「ジュニャーナ」という表記が浸透しているが、インドでこのように発音されることはまったくない。このサンスクリット語はインドの各地域で異なった発音となり、ヒンドゥー語圏では「ギャーナ」gyānaとして表されている。より南方では「グニャーナ」gnānaとなり、シュリー・ラマナの暮らしたタミル・ナードゥ州では「ニャーナ」nyānaが正しい発音とされている。

マハーラーシュトラ州ではdnyānaと英語表記するが、やはり「ニャーナ」と発音する。しかしこの「ニャーナ」も正確ではなく、実際は「ン」に近

サンスクリット語の発音

Pronunciation of Sanskrit Terms

主要な固有名詞の発音の解説

भगवान् श्री रमण महर्षि

Bhagavān Śrī Ramaṇa Maharṣi：「バガヴァーン・シュリー・ラマナ・マハルシ」

Bhagavān：「バガヴァーン」神聖。神性。神。

Śrī：「シュリー」尊称。

Ramaṇa：「ラマナ」ヴェンカタラーマンの略称。

Maharṣi：「マハルシ」偉大な聖者。

「マハルシ」という言葉はマハー（偉大な）とリシ（聖者）を結合させたもの。
mahā + ṛṣi：「マハー」＋「リシ」。
サンスクリット語にはサンディという発音上の規則がある。これは２つの言葉が結合されたときに生ずる発音の変化の規則で、実際に口で発音するときに、よりスムーズに話すことができ、より耳に心地よく響くように工夫された音の変化を規則化したものである。
例えば：「サルヴァ」（すべて）と「イーシュヴァラ」（神）を結合すると、「ヴァ」＋「イー」＝「ヴェー」となり、「サルヴェーシュヴァラ」（宇宙を司る主）
sarva + īśvara =sarveśvara となる。
日本語で言えば、石灰という言葉は「せき」と「はい」の結合だが、「せっかい」と言うように発音しやすくするのと同じ。この規則に当てはめて「マハー」と「リシ」を結合させると、「マハー」の長音「ー」は消え、「リ」は「ル」に変化する。このようにして mahā+ ṛṣi は maharṣi「マハルシ」となる。

अरुणाचल

Aruṇācala：「アルナーチャラ」 不動の山、不動の光、赤い山。

この言葉は「アルナ」と「アチャラ」を１つにしたサンスクリット語。「アルナ」は「赤」、「火」、「光」、「太陽」を意味し、「アチャラ」は「不動」、「山」を意味している。タミル語では「アンナーマライ」。

आश्रम, आश्रमम्

Āśram, Āśramam：「アーシュラム」「アーシュラマム」 僧院。修行者の住み家。人生の四住期。

ガヴァッド・ギーター』7-18
（以下の節は、第７章16節の「悩める人、知識を求める人、富を求める人、知識を得た人は『私』に帰依する」というクリシュナの声明の続きである）
これらの帰依者たちはみな、疑いなく気高い魂だ。
だが知識を得た者（ジニャーニ）は、私と一心同体である。
なぜなら、彼は至高の目的である「私」の実現に達したからだ。
【2】サルヴァン・カルヴィダン・ブラフマ：Chāndogya Upaniṣad『チャーンドーギャ・ウパニシャド』3-14-1
これはまさしく、すべてブラフマンである。

対話 472
【1】「一瞬でさえ、無為にとどまることはできない」：Bhagavad Gītā『バガヴァッド・ギーター』3-5
誰もがプラクリティ（根本原質）から生ずるグナによって、
いやおうなく行為するように駆り立てられている。
それゆえ、一瞬さえ行為せずにはいられないのだ。
【2】「あらゆる行為は起こるが、私はその行為者ではない」：Bhagavad Gītā『バガヴァッド・ギーター』4-13
３つのグナとカルマに応じて、私は四種姓（階級制度）を創造した。
その創造者は私だが、私は行為者ではなく「不変なる者」だと知りなさい。

対話 473
【1】アルナーチャラの四十八キロ周辺内に暮らす人：a radius of 30 miles round Aruṇācala
『スカンダ・プラーナ』の第１巻「マヘーシュヴァフ・カンダ」第３部「アルナーチャラ・マーハートミャ」第６章60節の中に、「アルナーチャラの周辺から２ヨージャナ（48キロ）以内はシヴァ神の領域（シヴァ・ブーミ）と呼ばれ、そこで死を迎える人は解脱する」と述べられている。
【2】彼は宇宙として現れた真我のヴィジョンを…：he had the vision, of the Cosmic Self.
『バガヴァッド・ギーター』第11章において、アルジュナはクリシュナの本来の姿、無限かつ宇宙的な真我の姿を見たいと望む。クリシュナは彼に聖なる目を与えて、「何であれ、どのような姿であれ、あなたが見たいと望む私の姿を見なさい」と言った。こうしてアルジュナが見たクリシュナの真の姿は、広大無辺な真我のヴィジョンとして現れた。これは「ヴィシュヴァルーパ・ダルシャナ」（クリシュナの宇宙的顕現を見ること）と呼ばれる。

しかし戦争が始まる以前、カウラヴァ族の師であるドローナはユディシュティラから屈辱を受けていた。ドローナの息子アシュヴァッターマンは、この恨みを晴らすべく、戦争が終わった後でさえパーンダヴァ王国の破滅を願ってアルジュナの孫であるパリクシット（王国の唯一の後継者）を母親の胎内にいるときに矢で射殺《いころ》した。しかし死産だったその赤子は、クリシュナの奇跡によって息を吹き返した。

対話 464

【1】グルムールタム：Gurumūrtam
ティルヴァンナーマライに到着して半年経たない 1898 年 2 月、18 歳だったマハルシはアルナーチャレーシュヴァラ大寺院から 1 キロほど離れたグルムールタム寺院に移り住んだ。サマーディに没入していたマハルシを人々の妨害から守るため、アンナーマライ・タンビラーン氏が招いたのだった。

対話467

【1】「彼を恐れるがゆえに……」：Katha Upaniṣad『カタ・ウパニシャド』2-3-3
彼を恐れるがゆえに風は吹き、彼を恐れるがゆえに日は昇る。
彼を恐れるがゆえにアグニ、インドラ、ヤマは働く。
（「彼」とは「至高の主」であるブラフマンを意味している。マハルシはここで、ジニャーニがブラフマンと同等であり、創造神ブラフマーでさえ「彼」の法則に従うと述べている）

対話 468

【1】「彼は黄金でできている」：Taittirīya Upaniṣad『タイッティリーヤ・ウパニシャド』1-6-1
甘露《ネクター》に満ちた神の至高なる人格は黄金でできている。

「彼」はハートの空洞に宿る純粋な心として知られている。

【2】ナ・タトラ・スーリョー…ヴィバティ：Muṇḍaka Upaniṣad『ムンダカ・ウパニシャド』2-2-10
そこでは太陽も、月も、星も輝かず、稲妻さえも輝かない。

ならば、どうして火が輝けよう。

万物はただ「彼」の輝きを反映して輝く。

「彼」の光輝によって全宇宙は輝くのである。

対話 471

【1】ジニャーニー・トヴァートマイヴァ・メー・マタム：Bhagavad Gītā『バ

対話 436

【1】ヴィシュヴァルーパ：Viśvarūpa

『バガヴァッド・ギーター』第 11 章において、アルジュナは至高の主としてのクリシュナの真の姿を見たいと願い、クリシュナは彼に「聖なる視野」を与えることによってその望みをかなえる。それは全宇宙がクリシュナの身体の中に現れた神聖かつ壮大な姿だった。

【2】「誰も生まれてはいない」: Bhagavad Gītā『バガヴァッド・ギーター』2-20

魂には誕生も死もない。
生じたこともなく、存在しなくなることもない。
不生、永遠、常住、原初の存在。
身体が殺されようと、彼が殺されることはない。

対話 445

【1】『ウパデーシャ・サーラム』: Upadeśa Sāram『ウパデーシャ・サーラム』1

行為《カルマ》は結果をもたらす。
なぜなら、それが神の定めたことだからだ。
では、行為とは神なのか？　いいや。
なぜなら、それは生命意識を持たないからだ。

対話 446

【1】『マハー・ヨーガ』はもう一方を批判している：Mahā Yoga actually condemns the other

『マハー・ヨーガ』はマハルシの教えを明晰に解説したラクシュマナ・シャルマの名著。『サット・ダルシャナム』はマハルシ作『実在についての四十頌』（ウラドゥ・ナールパドゥ）をカーヴヤカンタ・ガナパティ・ムニがサンスクリット語に訳し、それにガナパティ・ムニの弟子であるカパリ・シャーストリが解釈をつけたもの。

彼らは皆マハルシの弟子であるが、『サット・ダルシャナム』は「個人性は自我が失われた後でさえ維持される」というガナパティ・ムニの見解が強く反映さており、マハルシはそれに反対している。それを理由に『マハー・ヨーガ』は『サット・ダルシャナム』を批判している。

対話 449

【1】パリクシットの物語： The story of Parikṣit

『マハーバーラタ』の親族間の戦争が終わり、カウラヴァ側は全滅した。パーンダヴァ側も５人兄弟とクリシュナとサーティヤキを残すのみとなった。

心が絶え間なく自身の本性を探究するなら、
心と呼べるようなものはないことが知られる。
これがすべての人にとって直接の道である。

対話428

【1】マールカンデーヤに出会ったときの悲惨な出来事：Mārkandeya

ブリグ・リシの家系に生まれた太古のリシ。彼の物語は『マールカンデーヤ・プラーナ』、『バーガヴァタ・プラーナ』、『マハーバーラタ』などに見られる。シヴァ神の熱心な帰依者だったマールカンデーヤの両親は、子供を授かることを祈った。シヴァ神はその願いに応えて、短命ながら優秀な息子と長生きするが知能の劣った息子のどちらかを選ぶよう求めた。父親のムリカンドゥは前者を選んでマールカンデーヤを授かったが、彼の寿命は16歳までと定められていた。マールカンデーヤはシヴァ神の偉大な帰依者として成長し、シヴァ神の姿であるリンガを礼拝し続けた。16歳になったとき、死の神ヤマが現れ、マールカンデーヤの首に縄をかけようとしたが、縄は誤ってリンガにかかってしまう。シヴァ神は怒りたけった姿を現すなりヤマを殺してしまった。しかし、「マールカンデーヤに永遠の命を与えれば、お前の命は助ける」という条件のもとに、シヴァ神はヤマを生き返らせた。

このときから、シヴァ神は「死を殺した者」として知られるようになり、マールカンデーヤは「永遠の命を授かった七人」(チランジーヴィン)の1人となったのである。

対話433

【1】ヨーガシュ・チッタ・ヴリッティ・ニローダハ：Yoga Sūtra『ヨーガ・スートラ』1-2

ヨーガは心の働きを制止する。

パタンジャリが記した『ヨーガ・スートラ』は、ラージャ・ヨーガの論理的、哲学的基盤である。ラージャ・ヨーガのシステムは、アシュターンガ・ヨーガと呼ばれる8つの特有な段階を持つ修練を含んでいる。1. ヤマ（禁戒）、2. ニヤマ（勧戒）、3. アーサナ（座法）、4. プラーナーヤーマ（調息）、5. プラティヤーハーラ（制感）、6. ダーラナー（執持）、7. ディヤーナ（禅定）、8. サマーディ（三昧）。

【2】スワ・スワルーパーヌサンダーナン：Vivekacūḍāmaṇi『ヴィヴェーカ・チューダーマニ』31

解脱に達する道の中でバクティは最高の道である。
自分の真我について黙想することがバクティである。

的な方法を変えず、小屋に火を放つと脅迫してきた。「それはしてはならない。われわれがここから出よう」とマハルシが答えた。

強盗たちは扉のところで棒を持って立ち、不具にするか無抵抗にさせようと、彼らが出てきたところで叩きつけた。左大腿部を打たれたマハルシが言った。「それで満足しないなら、もう一方も打つがいい」。だがラーマクリシュナ・スワミが戻ってきて、あわやというところでさらなる攻撃をかわしたのだった。マハルシは帰依者たちとともにホールの北側の藁葺き小屋の中に座った。強盗たちは彼らに叫んだ。「もしそこから動いたならお前たちの頭を叩き割るぞ！」。マハルシは答えた。「あなたたちは自分からホールに入ったのだ。好きにするがいい」

中に入った強盗は、わずかばかりの収穫に落胆すると、彼らの１人が棒を振り回して戻ってきた。「金はどこにある？ どこに隠しているんだ？」。マハルシは彼に言った。「われわれは布施によって暮らしている貧しいサードゥだ。金を持つことなどまったくない」。強盗はそれであきらめるしかなかった。彼の大腿部のみみず腫れを見たラーマクリシュナ・スワミは、突然の怒りに襲われた。彼はそばにあった鉄の棒をつかむと強盗の後を追う許しを求めた。

だが、マハルシは彼を思いとどまらせて言った。「われわれはサードゥだ。われわれのダルマを放棄するべきではない。もしあなたが行って彼らを打ったなら、何人かは死んでしまうだろう。そうすれば世間が正当に咎《とが》めるのは、彼らではなくわれわれだろう。彼らは正しく導かれなかった者たちであり、無知のために盲目になっている。だが、われわれは何が正しいかを心にとどめて、それを守り通そうではないか。もしあなたの歯が突然あなたの舌を噛んだからといって、その仕返しに歯を殴りつけるかね？」。強盗たちが立ち去ったのは午前２時頃のことだ。

しばらくすると、クンジュ・スワミが村の役人と巡査を連れて戻って来た。巡査はマハルシに何が起こったのかと尋ねたが、彼はただ、数人の愚か者たちがアーシュラムに押し入り、価値のないものばかりを見つけると落胆して去って行ったのだと答えただけだった。マハルシは尋ねられないかぎり、彼の傷について誰にも話さなかった。数日後、盗まれたものの内のいくつかは回収され、強盗は逮捕されて監獄へと送られたのである。（『ラマナ・マハルシの伝記』〈ナチュラルスピリット刊〉からの要約）

対話427

【1】心は分離した実体としての存在を持たない：Upadeśa Sāram『ウパデーシャ・サーラム』17（マハルシの教えの精髄を三十頌の詩節で表した作品）

「道具」を意味する。
図形は小宇宙と大宇宙を象徴したものや神々のエネルギーを形にしたものなどがある。祭式においては、マントラによって招かれた神々がこの神秘図形の中にとどまる、あるいは図形を通ってその場に現れると言われ、瞑想においては、この神秘図形に観想することで神々あるいは真理に精神を集中させる。

対話 408

【1】ヴィジョンと体験を得ています：vision and experience of death
1912 年に起こったマハルシの死の体験。ある朝、彼はパラニ・スワミ、ヴァスデーヴァ・シャーストリの他数名とともにヴィルーパークシャ洞窟からパチャイアマン寺院へと向かった。そこで彼は油浴をした後、帰り道の途中で亀岩に近づいた。そのとき、マハルシは突然の身体的衰弱に襲われ、血液循環も呼吸も止まった一時的な死を体験したのである。『ラマナ・マハルシの伝記』（ナチュラルスピリット刊）を参照のこと。

対話 411

【1】カーシー・ヤートラー：kāśī yātrā
カーシーへの巡礼の旅。結婚式の一部としての重要な儀式。人生の四住期の学生期を終えた男性は、結婚してグリハスタ（家住者）となるかサンニャーシーとなるかを決める。結婚を決意しても、サンニャースという放棄の道を忘れないために、彼は結婚前に木のサンダル、傘、竹の団扇《うちわ》などの旅装束で、聖地カーシー（ベナーレス）へと旅する。その途上で、花嫁の父親は花婿に結婚生活が放棄の道よりも優れていることを説いて聞かせ、娘を人生の伴侶として彼に差し出す。

対話 421

【1】強盗騒ぎ：robbery in the Āśramam
6 月 26 日の月明かりのない真っ暗な夜、マハルシと 4 人の帰依者たちが眠りについた頃に強盗が入り込もうとした。彼らは中にいる者たちを驚かそうとして窓を叩き壊した。マハルシは強盗たちに言った。「たいしたものはここにはない。だが、あなたたちを歓迎するから何でもあるものを持って行くがいい」。従者のラーマクリシュナ・スワミはマハルシに彼らと戦う許しを求めたが、マハルシはこう言ってそれを許さなかった。「彼らには彼らのダルマ（役割）がある。われわれにはわれわれのダルマがある。耐え忍び、じっとこらえることがわれわれの役割なのだ。彼らを妨げてはならない」
マハルシは強盗たちに扉から入るように勧めたにもかかわらず、彼らは暴力神と根本原質の偽りの結び付きを見破ったとき、プラクリティは現象世界の展開をやめる。こうして輪廻転生は断ち切られ、最終的に観照者であるプルシャだけが残る。これがサーンキャにおける解脱である。(『サーンキャ・カーリカー』より要約)

対話 389

【1】ジニャーナ・ヴィジニャーナ・トリプタートマ：Bhagavad Gītā『バガヴァッド・ギーター』6-8

真我を実現したヨーギーは､聖典の知識と真我実現の知識に満たされている。

彼は感覚を制御して超越意識の境地に安住し、石も黄金も等しいと見る。

(マハルシはここで、「ジニャーナは間接的であり、ヴィジニャーナは直接的なもの」と言っている。この場合の「ジニャーナ」は『ヴェーダ』から得た知識を、「ヴィジニャーナ」は真我実現から得た直接体験を示している)

対話 398

【1】私たちは今が初めてではなく、今までずっと…：Bhagavad Gītā『バガヴァッド・ギーター』2-12

私が存在しなかったことは一度もない。

あなたも、ここにいる王たちも。

われわれが未来に存在しなくなることもない。

【2】パラン・バーヴァン・アジャーナンタハ：Bhagavad Gītā『バガヴァッド・ギーター』7-24

無知な人々は、非顕現である私を顕現した人格と見なす。

不変不滅なる、私の至高の境地を知らずに。

対話 405

【1】シュリー・チャクラ：srī cakra

宇宙を象徴したヤントラ。物理的宇宙と非顕現の源である中心点(ビンドゥ)から放射状に９つの三角形の段が角度を変えて交互に山状に積まれた像で、「三界の美」と呼ばれる女神シュリー・ラリタを表している。

上段４つの三角形は男性エネルギーである「シヴァ」を、下段５つの三角形は女性エネルギーの「シャクティ」を表す。それゆえ、シュリー・チャクラは男性と女性のエネルギーの合一をも象徴している。

【2】ヤントラ：yantra

銀や銅の薄い板に刻まれた幾何学模様で、瞑想の対象や礼拝の道具として用いられる護符。「ヤン」は「制御する」や「とどめる」を意味し、「トラ」は

彼らの妻たちも、その見知らぬ放浪僧に恋してしまう。これに激怒したリシたちは、魔術を使って象や虎を呼び出して放浪僧に襲いかからせるが、シヴァ神はいとも簡単にそれらを殺すと、象の皮を服に、トラの皮を肩掛けにしてしまった。こうして、リシたちは自分よりもはるかに強い人と闘っていたことを認めたのだった。こうしてシヴァ神は、解脱の成就は行為によってではなく、行為を放棄することによって達成されることを彼らに説いたのである。

【2】乳海が攪拌されているときに：the story of Śiva drinking the poison Halāhala

神と悪魔が乳海を攪拌してアムリタ（不老不死の妙薬）を抽出しようとしたときに現れた毒。神と悪魔の両方がこの毒によって多くの命を失った。そこで彼らはシヴァ神に救いを求めた。慈悲深いシヴァはその毒を飲み干すことを選んだ。シヴァの妻パールヴァティーは彼の喉を押さえて毒をくい止めたが、毒のために彼の首は青くなってしまった。この出来事は『バーガヴァタ・プラーナ』『マハーバーラタ』『ヴィシュヌ・プラーナ』などに見られ、サムドラ・マンタン（乳海の攪拌）と名づけられて、12年ごとにクンバ・メーラで祝祭されている。

【3】沐浴をしていた精霊の少女たちはヴィヤーサが：the story of Śuka and bathing angels

シュカは聖ヴャーサの4人の息子の中でも最も完璧な聖者と言われる。あるとき美しい精霊の少女たちが水遊びをしていたとき、シュカがそこを裸で通り過ぎた。しかし精霊たちもシュカも互いに気づかなかった。ところが、ヴャーサがそこを通ったとき精霊たちは体を隠した。ヴャーサがその理由を尋ねると、「シュカは男女の区別という意識を持っていないからだ」と精霊が答えた。自己意識をまったく持っていなかったシュカは、たびたび裸のまさ迷い歩いたと言われている。

【4】サーンキャ・ヨーガ： sāṁkhya yoga

古代インドの六派哲学の中でも最も古い学派。開祖であるカピラは、存在の根本に苦があることを認識し、その苦を取り除くためにプルシャという精神的原理としての純粋精神とプラクリティという物質的原理としての根本原質という二元論を打ち立てた。

プルシャは真我（アートマン）、知る者、体験者とも呼ばれる不変不滅の純粋意識である。プラクリティは知られるもの、体験されるもの、マーヤー、顕現とも呼ばれ、生命意識を持たない。それはサットヴァ、ラジャス、タマスという3つの要素から成り立ち、それらの均衡が失われたとき25の原理を派生して、そこから現象世界を展開してゆく。純粋意識であるプルシャは自ら活動せず、この展開をただ観照するだけである。この観照意識が純粋精その一なる光は無数の自己の中で輝いている。
この真我を気づきの光として内面で見ること、
それが恩寵の働き、自我の死、至福の開花である。
5. カルマの束縛を解き、誕生と死の循環の輪を止める、
この道は他のどの道よりもやさしい。
言葉も心も身体も鎮め、静寂の内にとどまりなさい。
そして内なる真我の輝きを見なさい。
それが永遠の体験、恐れの不在、広大なる至福の海である。
6. 真我であるアンナーマライよ。
眼やその他すべての感覚器官を見る、心眼の背後にある眼よ。
空やその他すべての元素を知る者よ。
すべてを包括し、顕示し、知覚する存在よ。
ハートに輝く内なる虚空よ。
心が内面に向かい、すべての想いから解き放たれたとき、
アンナーマライは私自身の真我として現れ出す。
それには、まず恩寵が必要とされ、愛が起こり、そして至福が溢れ出す。
見なさい、真我の知識はたやすいこと、
実にたやすい。

対話 383

【1】サルヴァン・カルヴィダン・ブラフマ：Chāndogya Upaniṣad『チャーンドーギヤ・ウパニシャド』3-14-1
これはすべてブラフマンである。
【2】「ジニャーニの心はブラフマンである」: Muṇḍaka Upaniṣad『ムンダカ・ウパニシャド』2-2-9
ブラフマヴィッド・ブラフマイヴァ・バヴァティ。
ブラフマンを知る者はブラフマンそのものになる。

対話 385

【1】シヴァ神はダールカーの森に裸で入り: the story of Śiva in Dārkā forest
その昔、ダールカーの森にリシ（聖者）と彼らの妻たちが暮していた。彼らは超自然能力を得て高慢になり、この宇宙で神を含めて彼らよりも強い者はいないと考えるようになった。シヴァ神は彼らにこの過ちを理解させようと決意し、放浪僧《サードゥ》の姿を装って彼らの前に現れる。そのとき、シヴァ神とともにヴィシュヌ神も美しい女性の姿で現れた。リシたちはみなこの女性に魅了され、心の平静を失い、儀式によって得た力も衰えてしまった。そればかりか、

いつであれ落ち着きのない心がさ迷い出したなら、
そのときその場でそれを制御し、自己の支配下に導くべきである。

【3】心で心を見なさい（マナサー・マナ・アーローキャ）：Yogaśikhā Upaniṣad『ヨーガシカー・ウパニシャド』11

タルパナムは単に真我の至福によって感覚器官を満足させるためにある。
心によって心を見れば、真我はそれ自体で輝き出す。

【4】ウパーディ（限定された付属性）：upādi

ヴェーダーンタ哲学の用語。鉄の球は硬く冷たいが、火に熱せられると柔らかく熱くなる。火から引き離せば鉄の球は元の状態に戻る。鉄の玉と接触することで火は玉の形に限定されたように見え、鉄の玉は火の属性を得たかのように見える。鉄の球は身体を表し、火は意識を表す。身体自体に生命意識はないが、意識が身体に入ったとき、身体は意識の質と付属性を得たかのように見え、意識は身体に限定されたかのように見える。しかし身体から意識が離れ去ったとき、「限定された付属性」も消え去る。このような接触によって起こる「限定された付属性」をウパーディと呼ぶ。

対話 379

【1】『アートマ・ヴィディヤー』（真我の知識）：Ātma Vidyā

見なさい、真我の知識はたやすいこと、
実にたやすい。

1. ごく普通の人にとってさえ、真我は明らかなる実在。
目にも明らかな掌《てのひら》の上のグースベリーでさえ、「それ」に比べれば幻に等しい。

2. 真実で、力強く、永遠に新鮮な真我。
この幻のような身体と幻のような世界は、「それ」から現れ出す。
この幻影が破壊され、何一つ残らず消え去ったとき、
真我の太陽は実在として輝きわたる。
広大なハートの広がりの中で、
暗闇は消え去り、苦悩は絶え果て、至福が溢れ出す。

3. 「私は身体だ」という想いは、さまざまな想いを繋ぐ糸。
「私は誰か」、「この想いはどこから現れたのか」と内面深く探究すれば、
すべての想いは消え果てる。
そして真我は、ハートの洞窟の中で、「私—私」としてひとりでに輝き出す。
この真我の気づきだけが真の天国。
これが静寂、これが至福の住処《ありか》である。

4. 真我以外に何を知る必要があろう。
真我を知ったなら、他に知るべきことなどあろうか。

ド・ギーター』11-31
私は世界を破壊する偉大な時間である。
私は人々を滅ぼすためにここに来た。
たとえあなたがここにいなくとも、両軍の兵士たちは全滅するだろう。

対話 371

【1】バスティ、ダウティ、ネーティ：basti, dhauti, neti
バスティは肛門から洗浄する方法。
ダウティは飲んだ水を胃から吐き出して洗浄する方法。
ネーティは水を一方の鼻から入れてもう一方から出すことで鼻腔を洗浄する方法。

対話 373

【1】マイソールの藩王：The Maharaja of Mysore
マハルシは後にこの藩王のことを非常に成熟した魂だと評価している。

対話 375

【1】アカルマ（無為、無活動）：akarma：actionlessness
『バガヴァッド・ギーター』第 4 章 18 節に、「行為の中に無為を見、無為の中に行為を見る人、彼はあらゆる活動をしながら、それを超越した叡知の人である」とある。
マハルシは「強烈なスピードで回る独楽《こま》が静止して見えるように、賢者は無為でありながら強烈に活動をしている」と語っている。
賢者が行為するとき、そこには結果への期待も行為者という感覚もない。その行為は真我によってなされているため、彼が行為しているのではない。だが普通の人の目には、彼は行為していると見える。賢者が何もしていないとき、真我が彼の沈黙の臨在を通して働いている。しかし普通の人の目には無活動にしか見えない。

対話 376

【1】百万人に一人だけが霊的修行を成就する：Bhagavad Gītā『バガヴァッド・ギーター』7-3
幾千人に 1 人が霊的成就を目指して努力する。
幾千もの努力する求道者の中のただ 1 人が「私」の本性を知る。
【2】いつであれ心が揺れ動いたなら、そのときその場で制御しなさい：Bhagavad Gītā『バガヴァッド・ギーター』6-26

ヒンドゥー教が定めた「人生で達成されるべき目標」。

ダルマ（正義、義務）、アルタ（富）、カーマ（欲望の成就、喜び、楽しみ）、モークシャ（解脱）。プルシャールタが達成され、外的な物理的欲望も内的な霊的願望も成就された人は、もはや転生することがないと信じられている。

対話 350

【1】アシュターヴァクラとジャナカの物語：the story of Aṣṭāvakra and Janaka
古《いにしえ》のインドの王ジャナカは、国中から 5000 人の聖者や賢者を宮殿へと招待した。彼らが王の前に集まると、馬の鞍の鐙《あぶみ》に片足を入れたままの状態で王は言った。

「この足をもう片方の鐙に入れるまでの間に、私に悟りを与えることのできる者がいれば、その人には王国の半分と角に金貨をつけた 31000 頭の牛を与えよう」。

沈黙を守る聖者たちの前に、狂人のような風貌の男の子、アシュターヴァクラが現れた。彼は裸のままで、その身体は捻《ねじ》れていた。彼は王に悟りを与える前に、弟子から師へ捧げ物をしなければならないと言った。王は富や妻のみならず、自分の身体さえも差し出したが、アシュターヴァクラは、それらは王に属するものではないと説き伏せる。そこで王は唯一自分のものである「心」を差し出した。

こうして王はガンジスの水とともに、「私は私の心を師に捧げます」という誓いを立て、もう片方の足を鞍の鐙に入れた。しかし彼の自我はそのときすでに死に絶えていたのである。

対話 364

【1】ヴィシュヴァルーパ・ダルシャナ：viśvarūpa darśana
『バガヴァッド・ギーター』第 11 章において、アルジュナはクリシュナの至高のプルシャとしての真の姿を見たいと願う。

クリシュナは「あらゆる神々、そして動不動のものに満ちた全世界が私の中に一堂に会している。しかし私の姿を肉眼で見ることはできない。あなたに神聖なる目を与えよう。何であれあなたが見たいと望むものを見なさい」と答えてその姿を見せる。

ヴィシュヴァートマ・ダルシャナとはクリシュナの真我を見ることであり、ヴィシュヴァルーパ・ダルシャナは宇宙として顕現されたクリシュナの姿を見ることを意味している。

【2】シュリー・クリシュナは「私は時間である」：Bhagavad Gītā『バガヴァッ

ギーター』18-66
一切の義務《ダルマ》を放棄して、ただ私に明け渡しなさい。
私はあなたをすべての罪から解放しよう。恐れてはならない。

対話 321

【1】「汝それなり」（タットヴァマシ）：Tat Tvam Asi：Chāndogya Upaniṣad『チャーンドーギャ・ウパニシャド』6-8-7
逐語的には「『それ』があなたである」を意味する。『チャーンドーギャ・ウパニシャド』において聖者アールニがシュヴェータケートゥに告げた偉大な確言（マハーヴァーキャー）。至高の実在ブラフマン（それ）とジーヴァ（個我）のアートマンとの絶対的同一性を示している。

対話 336

【1】太陽さえ輝かない場所、それが私の至高の住処である：Bhagavad Gītā『バガヴァッド・ギーター』15-6
「それ」に達すれば、回帰することはない。

太陽も、月も、火も「それ」を輝かすことはできない。

それが私の至高の住処《すみか》である。

【2】ナ・トヴェーヴァーハン・ジャートゥ・ナーサン……：Bhagavad Gītā『バガヴァッド・ギーター』2-12
私が存在しなかったことは一度もない。

あなたも、ここにいる王たちも。

われわれが未来に存在しなくなることもない。

対話 344

【1】自分は目覚めていると思ってはいけません：Do not think you are awake
眠りの状態は、主体である「私」も対象である「世界」も存在しない純粋な真我である。しかし、「眠り、夢見、目覚め」という３つの状態として見るとき、それらは根底に在る真我の中で現れては消え去る一時的な状態でしかなく、実在ではありえない。
それゆえ、真の意味で現在自分は目覚めていると思ってはならない。真の目覚めは真我に目覚めることだからである、とマハルシは説いている。

対話 349

【1】プルシャールタ：Puruṣārtha：Dharma, Artha, Kāma, Mokṣa

瞬間、蛇は存在しないことがわかり恐れは消え去ったという比喩。

ロープはブラフマン、蛇は世界の現れを表している。

【2】蜃気楼の水による説明：marumarīcikā, mṛgatṛṣnā
蜃気楼の水を本物の水だと思って駆け寄ったが、水はただの幻でしかなかったと悟るという比喩。

水は世界の現れを表し、幻影でしかない世界の中で欲望を満たそうとする人々の無知を示している。

対話 316

【1】アッチェーディヨーヤン、アダヒョーヤン…：Bhagavad Gītā『バガヴァッド・ギーター』2-24
魂は断たれず、焼かれず、濡らされず、乾かされない。
それは遍在する、不変不動の、永遠なるものである。

対話 317

【1】ヤトー・ヴァーチョー・ニヴァルタンテー…：Taittirīya Upaniṣad『タイッティリーヤ・ウパニシャド』2-4-1
神（ブラフマン）は言葉によっても心によっても到達できない。
【2】プラマードー・ヴァーイ・ムリティユ：Viveka cūḍāmaṇi『ヴィヴェーカ・チューダーマニ』321
ブラフマンからけっして逸脱してはならない。
ブラフマー神の息子であるバガヴァーン・サナトクマーラは、これを「不注意は死そのものである」と言った。

対話 319

【1】ヨーガハ・カルマス・カウシャラム…：Bhagavad Gītā『バガヴァッド・ギーター』2-50
（成功にも失敗にも心動かされないという）霊的知性を備えた人は、
この世において善業と悪業の両方を棄て去る。
それゆえ、ヨーガを修めよ。
あらゆる行為においてこの技を極めることがヨーガである。
【2】サマットヴァン・ヨーガ・ウッチャテー…：Bhagavad Gītā『バガヴァッド・ギーター』2-48
おお、アルジュナよ。成功や不成功に執着することなく、平静な心で行為せよ。
そのような心の平静がヨーガと呼ばれる。
【3】マーメーカン・シャラナン・ヴラジャ：Bhagavad Gītā『バガヴァッド・

訳注・引用文

Notes and Quotations

訳者による注釈及び聖典の翻訳

対話 310

【1】『ウパデーシャ・サーラム』（教えの精髄）は身体などを：Upadeśa Sāram『ウパデーシャ・サーラム』22

身体、感覚、心、呼吸、眠り ――
これらはすべて生命意識を持たないため実在ではない。
これらは「私」ではありえない。
「私」が実在なのである。

対話 311

【1】ドリシュティン・ジニャーナマイーン・クリトヴァ：Aparokṣānubhūti『アパロークシャーヌブーティ』116

通常の視野《ヴィジョン》を叡知の視野に変えることで、
人は世界をブラフマンそのものとして見なければならない。
それが最も高尚な視野であって、
鼻の先端を見続けることが最高の視野ではない。

対話 314

【1】ヴィジニャーナ（相対的知識）：vijñāna

ヴィジニャーナには「霊的知識、識別知、特定の知識、特別な知識、相対的知識、客観的知識」などの意味がある。マハルシは、対話 204 で「ヴィジニャーナ（明確な知識）とはヴィシェーシャ・ジニャーナ（特別な知識）のことで、ヴィシェーシャには (1) 世俗的（相対的知識）と (2) 超越的（真我実現）という 2 つの意味がある。自我と結びついたとき、それは客観的（相対的）知識だが、自我を取り除き、不変の真我が実現されたときの絶対的知識も、やはりヴィジニャーナと呼ばれる」と説明している。しかしこの対話 314 では、ヴィジニャーナは目覚めの状態での相対的知識、あるいは対象の知識として扱われており、それは無知と等しい。

対話 315

【1】ロープと蛇の説明：rajju sarpa

薄暗がりの中でロープを蛇と見間違えて恐れたが、それがロープだと知った

ラ

ラクシャールタ　lakṣyārtha : 暗示された意味。間接的に示されたこと。

ラサ　rasa : 至福。

ラサースワーダ　rasāsvāda : 無想状態における至福感覚。快楽の知覚、精髄（ブラフマン）の体験。精髄を飲み干すこと。

ラージャ・ヨーガ　rāja yoga : パタンジャリによるヨーガの根本体系。ヤマ（禁戒)、ニヤマ（勧戒)、アーサナ（座法)、プラーナーヤーマ（調息)、プラティヤーハーラ（制感)、ダーラナー（執持)、ディヤーナ（禅定)、サマーディ（三昧)。

ラジャス　rajas : 活動性。激質。

ラッジュ・サルパ　rajju-sarpa : 薄暗闇の中のロープを蛇と見間違えること。「見られるもの」の非実在性を説明する比喩。

ラヤ　laya : 消滅。

リ

リシ　ṛṣi : 聖者。見者。

リーラ　līlā :（神の）戯れ。

リンガ　liṅga : 象徴。非顕現を本性とするシヴァ神の象徴。頂点が半球形の直立型円柱でシヴァ神の寺院の内奥の神殿に祭られている。

リンガ・シャリーラ　liṅga śarīra : 微細身。

ル

ルーパ　rūpa : 形態。

レ

レーチャカ　recaka : 呼気。

ロ

ローカ　loka : 世界。見られるもの。

マ

マントラ・ジャパ　mantra japa : マントラの復唱。

ム

ムクタ　mukta : 解脱した人

ムクティ　mukti : 解脱。解放。霊的な自由。

ムーダ　mūḍha : 不活発。鈍い。沈滞した。

ムニ　muni : 賢者。聖者。

ムムクシュ　mumukṣu : 解脱に向かって努力（修行）する人。

ムムクシュトヴァ　mumukṣutva : 解脱への願望。

ムーラ　mūla : ルート。根本。源。源泉。

ムーラーヴィディヤー　mūlāvidyā : 原初の無知。

ムーラーダーラ　mūlādhāra : クンダリニー・ヨーガの１番目のチャクラ。脊柱の底辺にあるセンター。

ムリガ・トリシュナー　mṛga tṛṣṇā : 蜃気楼の水

メ

メーダー　medhā : 知性。

モ

モークシャ　mokṣa : 解脱。解放。霊的な自由。

モーダ　moda : プリヤよりも高次の歓喜。

ヤ

ヤーガ　yāga : 宗教儀式の供物。

ヤグニャ　yajña : 供養。儀式。犠牲。ヤジニャ、ヤギャ。

ヤグニョーパヴィータム　yajñopavītam : 聖紐。ヒンドゥー教徒の上位３階級が左肩から右脇にかけて身につける神聖な紐。

ユ

ユガパト・スリシュティ　yugapat sṛṣṭi : 同時創造の理論。

ヨ

ヨーガ　yoga : 合一。

ヨーガブラシュタ　yogabhraṣṭa : ヨーガの修行から脱落した人。

ヨーガールーダ　yogārūḍha : ヨーガの修行を成就した人。

ヨーギラージャ　yogirāja : ヨーギーの王者。

ラ

ラヴィ・マールガ　ravi mārga : 太陽の道。

ラウキカ　laukika : 世俗的な。世間の。

ラグ　laghu : 軽い。易しい。

ラクシャ　lakṣya : 目的。目標。目的地。

ラクシャナ　lakṣaṇa : しるし。

マウナ　mauna : 沈黙。

マティ　mati : 思考の力。意志。決意。性質。性向。帰依。礼拝。祈り。

マディヤ　madhya : 中心。混合。中間。

マディヤマー　madhyamā : 声を出すまでの１段階。

マナナ　manana : グルから聞いた真理についての熟考。

マニ　maṇi : 宝石。

マノーナーシャ　manonāśa : 心の消滅。

マノーマヤ・コーシャ　manomaya kośa : 心の鞘。

マノーラヤ　manolaya : 心の一時的な消滅。

マハーヴァーキャ　mahāvākya :『ヴェーダ』の結末『ウパニシャド』の中のブラフマンの真理についての偉大な確言。

アハン・ブラフマースミ Ahaṁ brahmāsmi : 私はブラフマンである（ブリハダーラニャカ・ウパニシャド）

アヤマートマー・ブラフマ Ayamātmā brahma : この自己がブラフマンである（マーンドゥーキャ・ウパニシャド）

プラジニャーナン・ブラフマ Prajñānaṁ brahma : 意識がブラフマンである（アイタレーヤ・ウパニシャド）

タットヴァマシ Tattvamasi : 汝はそれである（チャーンドーギャ・ウパニシャド）

マハーシューニャ　mahāśūnya : 偉大な虚空。

マハト・タットヴァ　mahat tattva : 宇宙意識。普遍的知性。絶対意識から放射された光。サーンキャ哲学においてプラクリティから現れる二十三基本原理の中の２番目である「知性」（ブッディ）。アハンカーラ（自意識）とマナス（心）が生まれ出す源。マハータットヴァ。

マハートマー　mahātmā : 真我実現した人。偉大な魂。

マハルシ　maharṣi : 偉大なリシ（聖者）。

マーヤー　māyā : 世界を顕現させるブラフマンに固有の幻想、幻影の力。

マーヤー・ヴァーダ　māyā vāda : マーヤーの理論、教義。

マラパリパーカ　malaparipāka : 不純性を完全に取り除くこと。

マリナ　malina : 不純性。

マル・マリーチカー　maru marīcikā : 砂漠の中の蜃気楼。

マールガ　mārga : 道。

マンダ・ジニャーニ　manda jñānī : 真我の知識が弱い人。

マンター　mantā : 思考する者。

マントラ　mantra : 真言。呪。礼拝や祈りに用いられる『ヴェーダ』本集（サンヒター）。

フ

決定論を意味するため、プラーラブダはしばしば「運命」と訳されている。

プララヤ　pralaya : 世界の崩壊。消滅。

プリー　purī : 都市。

プリー・アシュタカ　purī-aṣṭaka : 8つの相から成る微細身。

フリダヤ　hṛdaya : ハート、身体の中の霊的な中心。フリダヤム。

フリダヤ・グランティ　hṛdaya granthi : ハートの結び目。

フリト　hṛt : ハート。

フリト・プンダリーカ　hṛt puṇḍarīka : ハートの蓮華。

プリトヴィー　pṛthvī : 大地。地。

プリヤ　priya : 喜び。愛おしい。

プールヴァ・サンスカーラ　pūrva saṁskāra : 前世からの潜在的傾向。

プールヴァ・パクシャ　pūrva pakṣa : 討論において定義された主張への論敵による最初の反論。シャンカラーチャーリャの議論の過程。論題に対し推論を立て、段階ごとに「これ」ではないとして拒絶（プールヴァ・パクシャ）し、それに相応する答え（シッダーンタ）を打ち出してゆく。この否定を繰り返すことによって、現段階を克服しながら1段ごとに段階を上がってゆくことで最終的な解答を導き出す方法がプールヴァ・パクシャと呼ばれる。

プルシャ　puruṣa : 純粋精神。真我、アートマンと同義。サーンキャ哲学では世界創造の展開の受動的な観照者。人間、主という意味合いもある。

プルシャカーラ　puruṣakāra : 個人的な努力。

プルシャールタ　puruṣārtha : ダルマ（正義）、アールタ（富）、カーマ（欲望）、モークシャ（解脱）という人生で達成すべき4つの目標。

プールナ　pūrṇa : 完全。完全な。満たされた。

プレーマ　prema : 愛。

プンニャ　puṇya : 功徳。

ヘ

ヘートゥ　hetu : 原因。

ホ

ボーガ　bhoga : 楽しみ。快楽。

ボーガ・ヘートゥ　bhoga hetu : 楽しみの原因。

ボーギャ・ヴァストゥ　bhogya vastu : 楽しみの対象。

ボーギャム　bhogyam : 楽しまれるもの。

ボークター　bhoktā : 楽しむ者。

ホーマ　homa : 火にくべる供養。供物。捧げ物。

ブラフマーが司る天上界を意味する。「サティヤ・ローカ」と同義。ローカは7つあるいは14の世界に分別され、ブラフマ・ローカはその最高位に当たる。しかし真我実現した賢者の境地もまた「ブラフマ・ローカ」と呼ばれ、これは「ブラフマンのローカ」を意味する。どちらも「ブラフマ・ローカ」と表記されているのは、「ブラフマー・ローカ」も「ブラフマン・ローカ」もサンスクリット語のサマサという法則によって短縮結合され、「ブラフマ・ローカ」と表記するからである。それゆえ、文脈によって解釈が異なる。

ブラフマイヴァーハム　brahmaivāham :「ただ私だけがブラフマンである」という確言。

ブラフマヴィッド　brahmavid : ブラフマンを実現した人。

ブラフマヴィッド・ヴァラ　brahmavid-vara : ブラフマンを実現した人の中でも高位にある人。

ブラフマヴィッド・ヴァリシュタ　brahmavid-variṣṭha : ブラフマンを実現した人の中でも第一位にある人。

ブラフマヴィッド・ヴァリーヤ　brahmavid-varīya : ブラフマンを実現した人の中でも最高位にある人。

ブラフマーカーラ・ヴリッティ　brahmākāra vṛtti : ブラフマン以外のすべての想念を排除して、絶え間なくただブラフマンのみに黙想すること。

ブラフマジニャーナ　brahmajñāna : ブラフマンを実現した知識。

ブラフマジニャーニ　brahmajñānī : ブラフマンを実現した人。

ブラフマチャーリー　brahmacārī : 禁欲主義者。学生期にある人。

ブラフマチャリャ　brahmacarya : 禁欲。

ブラーフマナ　brāhmana: カースト制度の最高位にあるバラモン階級の人。司祭者階級の人。ヒンドゥー社会の宗教上の権威者。『ヴェーダ』の中の祭儀書のことで、祭儀の方法、賛歌、祭祀の意義の解釈を伝える。

ブラフマハティヤー　brahmahatyā : ブラーフマナを殺した罪。

ブラフマン　brahman : 至高の存在。絶対なるもの。

プラマーター（プラマートリ）　pramātā / pramātṛ : 知る者。認識する者。プラマートリは語根。

プラマーナ　pramāṇa : 知る方法。

プラモーダ　pramoda : モーダよりも高次の喜び。

プラーヤシュチッタ　prāyaścitta : 罪を償う儀式。

プラヤトナ　prayatna : 努力。

プラーラブダ・カルマ　prārabdha karma : 過去世での行為によって定められた、現世で果たされるべき運命。カルマの法則は人間の活動における

プラジニャーナ・ガナ　prajñāna-ghana :「プラジニャーナ」は真我の知識を意味し、「ガナ」は濃密な、中身の詰まった、堅固な、を意味する。プラジニャーナ・ガナは完全な意識であるブラフマンと同義。

プラスターナ・トラヤ　prasthāna traya : 3つの根本聖典。ヴェーダーンタ哲学にはドヴァイタ、アドヴァイタ、ヴィシシュタアドヴァイタという3つの学派があり、それらすべてが『ウパニシャド』『バガヴァッド・ギーター』『ブラフマ・スートラ』を根本聖典としている。

プラダクシナ　pradakṣiṇa : 神聖な対象に対し常に右肩を向けながら、その周りを歩いて回ること。神の像、寺院、聖地、グルなどが対象とされ、その行為は対象への帰依、崇拝、信仰、祈りを表す。アルナーチャラの周囲を回ることはギリプラダクシナと呼ばれ、マハルシはこれを最も恩恵ある修練の1つとしてすべての人に勧めた。「ギリ」は山を意味する。

プラティーカム　pratīkam : 象徴。

プラティクリヤー　pratikriyā : 治療法。救済策。

プラーティバーシカ・サティヤ　prātibhāsika satya : 特定の個人に現れる幻影。

プラディープタ　pradīpta : 輝きに満ちた。

プラティヤクシャ　pratyakṣa : 直接。即座。目の前の。

プラティヤーハーラ　pratyāhāra : 内面に引き込むこと。ラージャ・ヨーガにおける一段階。

プラティヤビジニャー　pratyabhijñā : 認識。再認識説。カシミールのシヴァ神派の教義。個我とシヴァ神の同一性を再認識することが解脱に導くと説く。

プラーナ　purāṇa : 古い。太古の宗教的な神話。

プラーナ　prāṇa : 生気。生命力。呼吸。

プラーナ・シャクティ　prāṇa śakti : 生気の力。

プラナヴァ　praṇava : 神聖な音「オーム」の別称。宇宙創造の原初に現れる音。最も神聖なマントラ。

プラーナマヤ・コーシャ　prāṇamaya kośa : 生気の鞘。

プラーナーヤーマ　prāṇāyāma : 調息。

プラパッティ　prapatti : 明け渡し。

プラープティ　prāpti : 達成。

ブラフマ・ニシュター　brahma niṣṭhā : ブラフマンの境地に確立された人。

ブラフマ・バーヴァナ　brahma bhāvana : ブラフマンを理解し、感じ取ること。

ブラフマ・ローカ　brahma loka : 通常「ブラフマ・ローカ」は創造神

ハ

パンチーカーラナ　pañcīkāraṇa : 五大元素。

パンチャ・コーシャ　pañca kośa : 真我を覆い隠す５つの鞘。アンナマヤ・コーシャ（身体の鞘）。プラーナマヤ・コーシャ（生気の鞘）。マノーマヤ・コーシャ（心の鞘）。ヴィジニャーナマヤ・コーシャ（知性の鞘）。アーナンダマヤ・コーシャ（至福の鞘）。

パンチャ・プラーナ　pañca prāṇa : ５つの生気。身体で働いている５つのプラーナ（気）。アパーナ（下降する気）。プラーナ（上昇する気）。サマーナ（食べ物をアパーナに運ぶ気〈消化〉）。ヴィヤーナ（プラーナとアパーナをとらえる気）。ウダーナ(食べ物や飲み物を上下に運ぶ気)。

パンチャ・マハーブータ　pañca mahābhūta : 現象世界を構成する５大元素。地・水・火・風・空。

パンチャークシャリー　pañcākṣarī : ５つの音節でできたシヴァ神のマントラ。「ナマ・シヴァヤ」。

ヒ

ビージャ　bīja : 種子。

ピシャーチャ　piśāca : 悪魔。

ヒラニャガルバ　hiraṇyagarbha : 逐語的には「黄金の子宮」あるいは「黄金の卵」。ブラフマンと同義。宇宙創造の源。宇宙的意識。心の全体性。

ビンドゥ　bindu : 点。印。タントラの用語。

フ

プージャー　pūjā : 花や水などの供物とともに行われる礼拝儀式。家庭において毎日行われるシンプルな儀式から寺院などで行われる大規模な祝祭の儀式、事業や計画の始まりに行う儀式など、幅広く行われている。

ブッダ　buddha : 目覚めた人。

ブッディ　buddhi : 知性。

ブーマー　bhūmā : すべてを包括する。絶対的なるもの。

プラヴリッティ　pravṛtti :　活動的な生活様式。世俗生活。

プラヴリッティ・マールガ　pravṛtti mārga : 行為の道。

プーラカ　pūraka : 吸気。

プラクリティ　prakṛti : 物質原理。自然。マーヤー。

プラサード　prasād : 神像やグルに捧げられた食べ物等の供物が、奉納者やその場にいる帰依者たちに分配されるとき、それは神あるいはグルからの賜物（プラサード）となる。

プラージニャ　prājña : 眠りの状態に自己同一化した個人。眠りの状態を体験している個人。

プラジニャーナ　prajñāna : 完全な意識。

正念。

バーヒャ　bāhya : 外的な。

バヒル・プラーナーヤーマ　bahir prāṇāyāma : 外的な調息。

バヒル・ムキー・マナス　bahir mukhī manas : 外向的な心。

バフーダカ　bahūdaka : 放浪僧。

パラ　para : 他の。別人の。

パラ　phala : 成果。行為の結果。パハラ。

パラー　parā : 高次の。非顕現の音を示すタントラの用語。言葉が生じる前の超越意識状態。

バーラ　bāla : 子供。

パラ・シュルティ　phala śruti : 行為の結果を書き表したもの。

パラ・ダートリ　phala dātṛ : 行為の結果を配分する神。

パラ・チャイタニャ　phala caitanyam : 知識。

パラー・ナディー　parā nadī : クンダリニー・ヨーガの神経経路の名前。アムリタ・ナディー、ジーヴァ・ナディーとも呼ばれるサハスラーラとハートを結ぶ霊的な経路。

ハラーハラ　halāhala : 乳海を攪拌したときに現れた毒。

パラマートマン（パラマートマー）　paramātman / paramātmā : 至高の真我。パラマートマンは語根。

パラマハンサ　paramahaṁ=sa : 真我実現したサンニャーシー。

パーラマールティカ　pāramārthika : 絶対性。絶対なるもの。

パーラマールティカ・サティヤム　pāramārthika satyam : 究極の真理。

パラム　param : 超越的な。

パラームリタート　parāmṛtāt : 至高の不死性。

パラーンタカーラ、アパラーンタカーラ　parāntakāla, aparāntakāla : アンタカーラは「死の瞬間」を意味する。アパラーンタカーラは真我の知識を学ばずに死を迎えること、パラーンタカーラは真我の知識を得たのちに死を迎えることを意味する。

パラーンチ・カーニ　parāñci khāni : 外向的な。

パリナーマ・ヴァーダ　pariṇāma vāda : ブラフマンが世界に姿を変容させるという理論。

パレッチャー　parecchā : 他者の意思や望みによる。

パロークシャ　parokṣa : 間接的な。他者から聞いた。

ハンサ　haṁsa : 高い境地に達したサンニャーシー。

バンダ　bandha : 束縛。

バンダ・ヘートゥ　bandha hetu : 束縛の原因。

ニ

ニシュカーマ・カルマ　niṣkāma karma : 動機のない行為。行為者という感覚なしに為された行為。

ニディディアーサナ　nididhyāsana : 真理の一点に心を集中させること。一意専心。真我の内に安住すること。真我への絶え間ない黙想。存在への不断の気づき。真我探究。

ニティヤ　nitya : 永遠の。

ニティヤ・シッダ　nitya siddha : 常在。

ニヤマ　niyama : 法則。規則。

ニラーカーラ・ウパーサナ　nirākāra upāsana : 無形の真理への瞑想。

ニルヴァーナ　nirvāṇa : 解脱。

ニルヴィカルパ・サマーディ　nirvikalpa samādhi : 実在の中に融け込み、世界に気づかないままとどまること。

ニルグナ　nirguṇa : 属性のない。

ニルグナ・ウパーサナ　nirguṇa upāsana : 属性を持たないブラフマンへの瞑想。

ニローダ　nirodha : 制御。

ネ

ネーティ・ネーティ　neti neti :「これではない、これではない」。究極の真理に達するために、世界を形成するすべての名称と形態を否定してゆく段階的な分析過程。

ハ

バーヴァナ　bhāvana : 概念。

パウラーニカ　paurāṇika : 18 種類ある『プラーナ』聖典の中に述べられていること。

バクタ　bhakta : 帰依者。

バクティ　bhakti : 帰依。

バクティ・マールガ　bhakti mārga : 帰依の道。

バジャン　bhajan : 神の賛歌。

パシャンティー　paśyantī : 発声の 1 段階。

バーシュヤカーラ　bhāṣyakāra : 注解者。解説者。シャンカラーチャーリャの別称。

ハスタ　hasta : 手。

ハタ・ヨーガ　haṭha yoga : 呼吸統制と身体的姿勢を含むヨーガの一形態。

パダールターバーヴィニー　padārthābhāvinī : 対象物がまったく知覚されない状態。真我実現の 7 段階の 1 つ。

八正道　Eight-fold Path : 正見、正思、正語、正業、正定、正命、正精進、

ト

トゥリヤーガ　turyāga : 言葉を超えた状態。真我実現の７段階の１つ。

トゥリーヤーティータ　turīyātīta : トゥリーヤを超えた状態。

ドラシュッタ　draṣṭṭa : 見る者。

ドリク　dṛk : 見る者。知覚の主体。

ドリシャ　dṛśya : 見られるもの。対象。客体。

ドリシャ・ヴィラヤ　dṛśya vilaya : 対象世界の消滅。

ドリシュティ　dṛṣṭi : 見ること。

ドリシュティ・スリシュティ　dṛṣṭi sṛṣṭi : 同時創造。

ドリシュヤーヌヴィダ　dṛṣyānuvidha / dṛśyānuvidha : 見られるものに関連した。

ドリダ　dṛḍha : 安定した。確固たる。

ドリティ　dhṛti : 不動の。安定した。忠誠。忠実。不変。満足。

トリプティー　tripuṭī : 「見る者、見られるもの、見ること」などの三位を意味する。

ナ

ナ・メーダヤー　na medhayā : 知性によってではなく。

ナイシュティカ・ブラフマチャリャ　naiṣṭhika brahmacarya : 一生涯の禁欲。

ナヴァ　nava : 新しい。

ナーシャ　nāśa : 破壊。

ナーダ　nāda : 音を表すタントラの用語。

ナーダスワラム　nādaswaram : 南インドの管楽器。

ナディー　nadī : クンダリニー・ヨーガの神経経路。

ナーナー　nānā : 多様性。

ナーハム　nāham : 「私ではない」。ナ・アハム。

ナービ　nābhi : 臍。

ナーマ　nāma : 名前。神の名。

ナーマ・サンキールタン　nāma saṅkīrtan : 神の名を讃え歌うこと。

ナーマ・ジャパ　nāma japa : 神の名を繰り返し唱えること。称名。

ナーマ・スマラナ　nāma smaraṇa : 神の名を覚えること。復唱すること。

ナマスカール　namaskār : 神あるいはグルの前にひれ伏すこと。

ナラカ　naraka : 地獄。

ニ

ニヴリッテイ　nivṛtti : 破壊。不活発。世俗的行為の放棄。出家。

ニヴリッテイ・マールガ　nivṛtti mārga : 放棄の道。

ニジャーナンダ　nijānanda : 真の至福。

チ

チッタ・シュッディ　citta śuddhi : 心の純粋性。

チッタ・ニローダ　citta-nirodha : 心の制御。

チット　cit : 意識。

チッド・ヴョーマン　cid vyoman : 意識の広がり。

チャイタニャ　caitanya : 意識。

チャクシュ(フ)　cakṣu / cakṣuḥ : 眼。チャクシュスは語根。チャクシュフは第一人称単数。

チャーマラ　cāmara : 払子。ヤクの毛でできた蝿払い。

チャンチャラ　cañcala : 変わりやすい。気まぐれな。

チンター　cintā : 想念。観念。

チンターマニ　cintāmaṇi : 望みをかなえる宝石。

チンマヤ　cinmaya : 完全な意識。純粋意識。

テ

ディヴィヤ・チャクシュ（フ）　divya cakṣu(ḥ) : 神聖な眼。

ディークシャー　dīkṣā : 霊的な導き。イニシエーション。伝授。

ディクパーラ　dikpāla : さまざまな領域を守る神々。八方角（クベーラ〈北〉、ヤマ〈南〉、インドラ〈東〉、ヴァルナ〈西〉、イーシャーナ〈北東〉、アグニ〈南東〉、ヴァーユ〈北西〉、ニルリティ〈南西〉）を司る守護神アシュタ・ディクパーラに、ブラフマー（天頂）、シェーシャ（天底）の上下二方角が加わる。

ティヤーガ　tyāga : 放棄。

ディヤーナ　dhyāna : 瞑想。黙想。

ティールタ　tīrtha : 神聖な沐浴場。貯水池。

デーヴァ　deva : 天人。神々。

テージャス　tejas : 輝き。

テージョー・ルーパ　tejo rūpa : 光の形態。

テージョーマヤ　tejomaya : 輝きに溢れた。

デーハ　deha : 身体。

デーハ・ヴァーサナー　deha vāsanā : 身体への執着。

デーハートマ・ブッディ　dehātma buddhi :「私は身体だ」という意識。

ト

ドヴァイタ　dvaita : 二元性。

ドヴァンドワーニ　dvandvāni : 対極なるものの対。

ドヴィヴィダー　dvividhā : 二重。２種類。

ドゥフカ　duḥkha : 不幸。苦しみ。

トゥラヴ　turavu : 放棄（タミル語）。

トゥリーヤ　turīya : 目覚め、夢見、眠りを超えた第４の状態。

ス

スワルガ　svarga : 天国。

スワルーパ　svarūpa : 自己の真の姿。真我。

ソ

ソーハム　soham :「私は彼（ブラフマン）である」という確言。サハ・アハム。He I am.

タ

タイジャサ　taijasa : 夢の中の個人。

ダーシー　dāsī : 娼婦。

タットヴァ　tattva : 真理。物事の精髄。根本原理。

ダーナ　dāna : 贈り物。捧げ物。

タヌマーナシー　tanumānasī : 希薄な心。真我実現の７段階の１つ。

タパス　tapas (tapasyā) : 苦行。

ダハラーカーシャ　daharākāśa : ハートの空間。

タプタ・アヤハ・ピンダヴァト　tapta-ayah-piṇḍavat : 赤く熱した鉄の玉のような。

タポー・マールガ　tapo mārga : 苦行（タパス）の道。

タポーブラシュタ　tapobhraṣṭa : 苦行から脱落した人。

タマス　tamas : 闇質。無知。不活発性。

ダーラナー　dhāraṇā : 精神集中。ラージャ・ヨーガの８段階の１つ。

ダルシャン　darśan(a) : 見ること。視野。聖者に会うこと。哲学。ダルシャナ。

ダルマ・シャーストリー　dharma śāstrī : 宗教法典の学者、あるいは専門家。彼らは紀元前７世紀頃と推定される『マヌの法典』と『ヤージニャヴァルキャ法典』を中心にした創造論、入門儀式、四住期、日々の宗教儀式、夫婦の義務、カースト制度、『ヴェーダ』の学習、苦行、輪廻転生などを含む法典類の研究を専門とする。

タンハー　taṇhā : 生きることへの渇望。

タンマートラ　tanmātra : 微細な要素。

タンマヤ　tanmaya : 完全な意識。真我。その中に完全に没入すること。１つに融け合うこと。

チ

チッタ　citta : 記憶。心。

チッタ・ヴィラーサ　citta vilāsa : 心の戯れ。

チッタ・ヴョーマン　citta vyoman : 心の広がり。

チッタ・エーカーグラター　citta-ekāgratā : 一意専心。1つの対象への精神集中。

シ

シュルティ　śruti : 聖典。『ヴェーダ』などの天啓（シュルティ）文学。

シュローカ　śloka : 頌。32 音節からなる頌。サンスクリット語の詩節。叙事詩。プラーナ。韻文。

シュローター　śrotā : 聞く者。

シュロートラ　śrotra : 耳。

ジョーティ　jyoti : 炎。火。光。光輝。

ス

スヴァーサナー　suvāsanā : 良い心の潜在的傾向。

スウェッチャー　svecchā : 自分自身の意志で。

スカ　sukha : 幸福。

スカ・アーサナ　sukha āsana : 楽な座位。半跏趺坐。

スークシュマ　sūkṣma : 微細な。

スークシュマ・シャリーラ　sūkṣma śarīra : 微細身。精妙な身体。

スシュプティ　suṣupti : 夢のない眠り。

スシュムナー　suṣumṇā : クンダリニー・ヨーガの神経経路の１つ。精髄。超越的な。

スシュムナー・ナディー　suṣumṇā nadī : 脊柱の底辺と頭頂点を結ぶ霊的な経路。イダーとピンガラー・ナディーの間にある。

スシュムナー・パレー・リーナ　suṣumṇā pare līna : スシュムナーを超えて融合する。

スティタ・プラジニャ　sthita prajña : 叡知の中に確立された。

スティティ　sthiti : 存在。ある状態に在り続けること。状況。状態。

ストゥーラ　sthūla : 身体的な。物理的な。

ストゥーラ・シャリーラ　sthūla śarīra : 粗大身。物理的身体。

ストートラム　stotram : 賛歌。神への賛歌。

スートラ　sūtra : 糸。格言。聖典。句。

スパルシャ　sparśa : 触れること。

スプラナ　sphuraṇa : 輝き。放射。発散。波動。振動。脈打つ。記憶から湧き起こる。心にひらめく。

スムリティ　smṛti : 記憶。『ヴェーダ』に基づく聖典、聖伝書、法典。『マハーバーラタ』『ラーマーヤナ』『マヌの法典』。

スリシュティ・ドリシュティ　sṛṣṭi dṛṣṭi : 段階的な世界創造。

スワガタ　svagata : それ自体の中に。

スワタントラ　svatantra : 独立。

スワプナ　svapna : 夢。

スワラージ　svarāj : 国家の独立。

マーパティ・シヴァーチャーリャの『シヴァ・ジニャーナ・ボーダム』を根本聖典とするシヴァ派の一学派。シヴァ神との合一を解脱とみなす。

ジャガト　jagat : 世界。

シャクティ　śakti : 自己を世界として顕現させる至高の力、活動状態にある純粋意識。

シャクティパート　śaktipāt :「シャクティ」は霊的エネルギー、「パート」は叩くを意味する。シヴァ神あるいはグルによって帰依者の中に眠る霊的エネルギーを目覚めさせる行為。グルが帰依者を見つめること、触れること、思うことによって、あるいはグルの沈黙の臨在のもとに在ることによって起こる聖なる力の降臨。

ジャーグラト　jāgrat : 目覚めの状態。

ジャーグラト・スシュプティ　jāgrat suṣupti : 目覚めた眠り。

シャーストラ　śāstra : 教書。経典。

ジャダ　jaḍa : 不活発な。生命意識のない。

シャダーダーラ　ṣaḍādhāra : クンダリニー・ヨーガの6つのチャクラ。(ムーラーダーラ、スワーディシュターナ、マニプーラ、アナーハタ、ヴィシュッディ、アージニャー)。

ジャパ　japa : マントラあるいは神の名を繰り返し称えること。

ジャパ・カルター　japa kartā : ジャパをする人。

シャブダーヌヴィダ　śabdānuvidha : 音に関連した。

シャマ　śama : 同等。共通。

ジャラ　jala : 水。

シャリーラ　śarīra : 身体。

シャリーラ・トラヤ　śarīra traya : 粗大身、微細身、原因身の3身。

シャリーリー　śarīrī : 身体の中に宿る者。

シャーンティ　śānti : 平和。平安。

ジャンマ　janma : 誕生。

シュッダ　śuddha : 純粋。

シューニャ　śūnya : 虚空。空白状態。

シュベッチャー　śubhecchā : 真我実現への願望、真我実現の7段階の1つ。

シュラヴァナ　śravaṇa : グルから真理を聞くこと。

シュラッダー　śraddhā : 信仰。信頼。

シュリー・チャクラ　śrī cakra : 宇宙を象徴したヤントラ。物理的宇宙と非顕現の源である中心点(ビンドゥ)から放射状に9つの三角形の段が角度を変えて交互に山状に積まれた像で、「三界の美」と呼ばれる女神シュリー・ラリタを表している。

サ

どの性癖がヴァーサナーである。

サンチタ　sañcita (karma) : 前世から積まれてきたカルマの蓄え。

サンデーハ　sandeha : 疑い。

サンニディ　sannidhi : 臨在。真我を実現した賢者、サッドグルの臨在。

サンニャーシー　saṃnyāsī : 世俗を放棄した修行者。

サンヤマナ　saṁyamana : 自己制御。抑制。一意専心。

シ

ジーヴァ　jīva : 個人の魂。

ジーヴァートマン　jīvātman : 個我。ジーヴァートマー。

シヴァラートリ　śivarātri : 「シヴァの夜」を意味するシヴァ神を崇める祭典。タミル・ナードゥ州のマーシ月のクリシュナ・パクシャ（新月の一晩前）に、1日の断食と一晩中目を覚まし続けて瞑想することでシヴァを崇拝し、シヴァはその苦行に対して帰依者に恩寵と霊的進展を与えると言われている。

ジーヴァンムクタ　jīvanmukta : 生きながらにして解脱した人。

ジーヴァンムクティ　jīvanmukti : 生存中に解脱すること。

シヴォーハム　śivo'ham :「私はシヴァである」という確言。シヴァ・アハム。

シッダ　siddha : 超自然能力を獲得した人。目的を達成した状態。

シッディ　siddhi : 超自然能力。真我実現。達成。

ジニャーナ　jñāna : 知識。

ジニャーナ・チャクシュフ　jñāna cakṣuḥ : 知識の眼。

ジニャーナ・ドリシュティ　jñāna dṛṣṭi : 知識の視野。叡智から見ること。

ジニャーナ・ブーミカー　jñāna bhūmikā : 7段階の知識。

ジニャーナ・マールガ　jñāna mārga : 知識の道。

ジニャーナ・ヤグニャ　jñāna yajña : 叡智の捧げ物。『バガヴァッド・ギーター』第4章25節から33節の中には「さまざまな捧げ物の中で叡知による捧げ物（真我の知識を捧げること）が最も優れている」と述べられている。

ジニャーナ・ヨーガ　jñāna yoga : 知識によって真我実現する方法。

ジニャーナ・ラクシャナ　jñāna lakṣaṇa : 叡知のしるし。

ジニャーナーグニ　jñānāgni : 叡知の炎。

ジニャーニ　jñānī : 真我実現した聖者。

ジニャーネーンドリヤ　jñānendriya : 5つの感覚器官（聴覚、触覚、視覚、味覚、臭覚）。

ジャイ　jay : 勝利。

シャイヴァ・シッダーンタ　śaiva siddhānta : タミル地方で発展し、ウ

サハジャ・ニルヴィカルパ・サマーディ　sahaja nirvikalpa samādhi : 努力を要さず自然に真我として在り続ける境地。自我を完全に消し去ったジニャーニの状態。サハジャは「自然」、ニルヴィカルパは「違いのない」を意味する。サハジャ・ジニャーニは、普通の人々のように世界の中で自然に機能することができる。彼は自分が真我であることを知っているため、彼自身と他の人々との間にも、彼自身と世界との間にも違いを見ない。この境地に達した賢者にとってはすべてが真我の現れとなる。

サハスラーラ　sahasrāra : 頭頂点にあるクンダリニー・ヨーガの最高位のチャクラ（センター）。

サプタルシ　saptarṣi : 7人のリシ（聖者）。『ヴェーダ』の時代の7人の開祖、ヴァシシュタ、バラドヴァージャ、ジャマダグニ、ガウタマ、アトリ、ヴィシュヴァーミトラ、アガスティヤ。聖典及び時代の推移によってその名は異なる。

サマシュティ　samaṣṭi : 全体性。

サマットヴァ　samatva : 平等。同等。

サーマーニャ　sāmānya : 一般。共通。普通。

サームラージュヤ　sāmrājya : 帝国。

サルヴァ　sarva : 全体。すべて。

サルヴァジニャ　sarvajña : 全知。

サルヴァジニャットヴァム　sarvajñatvam : 全知。

サルヴァーディカーリー　sarvādhikārī : 最高権威者。アーシュラマムの会長。1922年からはマハルシの弟ニランジャナーナンダ・スワミが会長を務めた。

サンヴィット　saṁvit : 意識。知識。知性。理解。気づき。

サンガ　saṅga : 集い。交際。交わり。

サンカルパ　saṅkalpa : 意図。意志。想念。動機。

サーンキャ哲学　sāṅkhya : 開祖はカピラ。根本聖典は「サーンキャ・カーリカー」。精神原理としてのプルシャ（純粋精神）と、物質原理としてのプラクリティ（根本原質）という二元論的思想。

サンサーラ　saṁsāra : 輪廻転生。世俗の生活。

サンジニャーナ　saṁjñāna : 気づき。知覚。意識。知性。

サンスカーラ　saṁkara : 生来の精神的傾向。saṁ + (s)kr は「1つに集められた」「蓄積された」を意味する。サンスカーラとヴァーサナーは同義語として用いられることが多いが、次のような違いがある。サンスカーラとは無数の過去世で起こった行為の結果、心に刻まれた印象、痕跡、深い影響を指す。それによって形成された、恐れや欲望や衝動な

瞑想。

サジャーティーヤ　sajātīya : 同種の。

サーダカ　sādhaka : 真理の探究者。

サーダナ　sādhana : 霊的修練、修行。

サーダナ・チャトゥシュタヤ　sādhana catuṣṭaya : 真理の探究者に必要な４つの資質。

1. ヴィヴェーカ（識別）：真理と非真理を識別する知性を培う。
2. ヴァイラーギャ（離欲）：感覚的欲望の対象の放棄。
3. シャトサンパッティ（6つの徳）：
   a. シャマ（静観）：神に心を専心させ、感覚的対象の非実在性を観察し続けること。
   b. ダナ（自己抑制）：感覚的対象へ向かうことを抑止すること。
   c. ウパラティ（離脱）：外的対象からの影響を断ち切ること。
   d. ティティクシャー（忍耐）：あらゆる苦難に対して報復せず、不平も言わずに耐え忍ぶこと。
   e. シュラッダー（信仰）：聖典やグルの教えへの信頼。
   f. サマーダーナ（統持）：普遍のブラフマンに精神を集中させること。
4. ムムクシュトヴァ（解脱への願望）：すべての束縛からの解放を強烈に望むこと。

サット　sat : 善。存在。真理。

サッド・アサッドヴィラクシャナ　sad-asadvilakṣaṇa : 実在と非実在（サットとアサット）を超越すること。

サット・チット・アーナンダ　sat-cit-ānanda : 存在－意識－至福。サッチダーナンダと同義。

サットヴァ　sattva : 純粋性。

サットヴァーパッティ　sattvāpatti : 実現。真我実現の７段階の１つ。

サッドグル　sadguru : 真のグル。真我実現した霊的教師。

サットサンガ　satsaṅga : 真我としてとどまること。賢者との交際。サットサン。

サティヤ　satya : 真理。実在。

サティヤム　satyam : 真理。実在。

サディヨームクティ　sadyomukti : 即座の解脱。

サードゥ　sādhu : 賢者。苦行者。

サードゥ・セーヴァー　sādhu sevā : 聖者への奉仕。

サートヴィック　sāttvik : 純粋。

サハジャ　sahaja : 自然な、自己本来の状態。

ク

クリトーパーサカ　kṛtopāsaka : 瞑想する人。

グリヒニー　gṛhiṇī : 主婦。

グル　guru : 霊的な師。

クローダ　krodha : 怒り。

クンクマ　kuṁkuma : 眉間につける朱色の粉。

クンダリニー　kuṇḍalinī : ヨーガ、タントラの用語。とぐろを巻いた蛇。生命力の源。

クンバ　kumbha : 水がめ。壷。水差し。ヒンドゥー教の神話の中では「子宮」を象徴する。それは肥沃、豊饒、多産を意味し、特に女神ドゥルガと深い関係がある。宗教的儀式では、クンバは水で満たされ、木の葉や宝飾品で飾りつけられ、御神体のそばに置かれる。神官が唱えるマントラによって儀式の場に招かれた神々は、神聖な精髄（エッセンス）としてクンバの水の中に入り神聖化する。

クンバカ　kumbhaka : 呼吸の停止。

ケ

ケーヴァラ・クンバカ　kevala kumbhaka : 呼気と吸気の間。

ケーヴァラ・ニルヴィカルパ・サマーディ　kevala nirvikalpa samādhi : 心が破壊されないまま真我の中に没入した状態。真我実現の前の段階で、一時的な自己覚醒があるが、自我はまだ完全に消去されていない。この状態では身体意識は不在だが、真我の一時的な自覚はあっても、世界の中で機能することもできない。そして身体意識が戻ったとき自我も再び現れる。

コ

ゴーピー　gopī : クリシュナ神に恋する女性の帰依者。本来の意味は「牛飼いの少女」。ヴィシュヌ神信奉者にとってこの言葉は、クリシュナ神に無条件の帰依心、信愛を抱く牛飼いの少女たちを意味する。彼女たちはクリシュナの魅惑に誘われ、社会や家族や家庭の仕事も棄て去って彼のもとに向かい、そしてすべてを彼に明け渡した。

ゴープラム　gopuram : 寺院の塔。

サ

サヴィカルパ・サマーディ　savikalpa samādhi : 不断の努力によって真我の自覚が保たれている状態。

サークシー　sākṣī (sākṣin) : 観照者。真我。

サークシャートカーラ　sākṣātkāra : 直接的実現。目の前での知覚。

サグナ　saguṇa : 属性を備えた。

サグナ・ウパーサナ　saguṇa upāsana : 属性を備えたブラフマンへの

カ

カルマ　karma : 行為、仕事、それらの結果。運命。

カルマ・サーミャ　karma sāmya : 善行と悪行が同等である状態。

カルマ・トラヤ　karma traya : 3種類のカルマ（サンチタ、アーガーミ、プラーラブダ）。

カルマ・ヨーガ　karma yoga : 行為を通して真理を実現する霊的な道。

カルミー　karmī : カルマ・ヨーガの道を実践する人。

カルメーンドリヤ　karmendriya : 行為器官。発声器官。手・足。排泄器官。生殖器官。

ガーンジャー　gāṁjā : マリファナ。大麻。

カンタ　kaṇṭha : 喉。

カンダ　khaṇḍa : 部。

カンターバラナ　kaṇṭhābharaṇa : 首飾り。

ガンダルヴァ　gandharva : 天上界に住む一種の半神。水の精アプサラの愛人。天上の音楽師とも呼ばれる。

カンニャー　kanyā : 処女。

キ

キャーティ　khyāti : 理論。

キールタン　kīrtan : 逐語的には「繰り返し」を意味する。インドの神々への信仰と愛と帰依を歌に託したもの。神の名や神への賛歌、あるいはマントラを含む。

ク

クヴァーサナー　kuvāsanā : 悪い精神的傾向。

クシェートラ　kṣetra : 寺院。場。身体。

クシプタ　kṣipta : 活動的な。

クティーチャカ　kuṭīcaka : 隠遁生活をするサンニャーシン。

グナ　guṇa : 顕現の根底にある質、あるいは傾向。

グナーティータ　guṇātīta : グナを超越した人。

クラマ・スリシュティ　krama sṛṣṭi : 段階的な創造。

クラマ・ムクティ　krama mukti : 段階的な解脱。真我を実現して死を迎えた人は、死後にブラフマ・ローカに生まれ、創造神ブラフマーとともに生き、ブラフマーの世界が消滅（プララヤ）を迎えたときに完全な解脱に達するというヴィシュヌ神信奉者の理論。それゆえ、ここで言われる段階的な解脱（クラマ・ムクティ）と即座の解脱（サディヨー・ムクティ）は、禅で言う漸悟と頓悟とは異なる。対話 513 を参照のこと。

グランティ　granthi : 結び目。

クリーダー　krīḍā : 遊び。娯楽。

ウ

験的日常生活。

ヴャヴァハーラ・サティヤ　vyavahāra satya : 現象的存在。

ヴャシュティ　vyaṣṭi : 部分。全体の一部。個人。

ヴャープタム　vyāptam : すべてに浸透した。

ヴリッティ　vṛtti : 存在、態度、条件、方法、精神的活動、定義、行為、解説、注釈、回転、職業、生計、文体など多義に渡る。ヴェーダーンタにおいては、心の様態、心の状態、心の機能、心の変容、想念の波動などが主要な意味であり、アハム・ヴリッティは「私」という想念を意味する。

エ

エーカ　eka : 一。

エーカーグラター　ekagrata : 集中。

エーテル　ether : 空間。虚空。

オ

オームカーラ　omkāra : 神聖なる原初の音。

カ

カイヴァリャ　kaivalya : 解脱の境地。

カウシャラム　kauśalam : 技術。技。

カウピーナ　kaupīna: ふんどし。

カーシー・ヤートラー　kāśīyātrā : カーシへの巡礼の旅。結婚式の一部としての重要な儀式。

カシャーヤ　kaśāya : 潜在的不純性。

カストゥーリー　kastūrī : ジャコウ。アーユルヴェーダのハーブの消化薬。

カーマ　kāma : 欲望。性欲。

カーヤカルパ　kayakalpa : 長寿をもたらす薬草の調合。

カーヤシッディ　kāyasiddhi : 怪我や傷から身体を守る超能力。

ガーヤトリー　gāyatrī :『ヴェーダ』のマントラ。

カラー　kalā : 部分。

カーラナ　kāraṇa : 原因。

カーラナ・シャリーラ　kāraṇa śarīra : 原因身。

カルター　kartā : 行為者。

カルトリトヴァ　kartṛtva : 行為者としての状態。

カルトリトヴァ・ブッディ　kartṛtva buddhi : 行為者という感覚。

カルパナー　kalpanā : 概念。観念。

カルプーラ・アーラティー　karpūra āratī : 儀式の間に樟脳に火を灯し、神の像の前で回しながら場を浄めること。

ヴィジニャーナートマー　vijñānātmā : 真我に無知であること。

ヴィジニャーナマヤ・コーシャ　vijñānamaya kośa : 知性の鞘。

ヴィジャーティーヤ　vijātīya : 異なった種類。

ヴィシャヤ　viṣaya : 対象。

ヴィシュヴァ　viśva : 目覚めの状態の個人。

ヴィシュヴァルーパ・ダルシャナ　viśvarūpa darśana : 神の宇宙的顕現を見ること。『バガヴァッド・ギーター』第 11 章において、アルジュナはクリシュナの本来の姿、無限かつ普遍なる真我の姿を見たいと望む。クリシュナは「何であれ、どのような姿であれ、あなたが見たいと望む私の姿を見なさい。しかし、現在のあなたの物理的な眼で私を見ることはできない。それゆえ、あなたに聖なる眼を与えよう」と宣言する。こうしてアルジュナはクリシュナの真の姿、宇宙的顕現を聖なる視野を通して見る。

ヴィシュラーンティ　viśrānti : 休息。静止。

ヴィチャーラ　vicāra : 探究。

ヴィチャーラ・マールガ　vicāra mārga : 探究の道。

ヴィチャーラナ　vicāraṇa : 探究。真我実現の７段階の１つ。

ヴィディヤー　vidyā : 知識。

ヴィデーハ・ムクタ　videha mukta : 死後に解脱に達した人。

ヴィデーハ・ムクティ　videha mukti : 死において身体を去る瞬間に達する解脱。

ヴィバクティ　vibhakti : 分離。

ヴィパリータ　viparīta : 反対の。

ヴィブーティ　vibhūti : 神聖な灰。

ヴィヨーガ　viyoga : 分離。

ヴィラート　virāṭ : 粗大な存在の全体性。

ウダーシーナ（ム）　udāsīna(m) : 無関心。

ウパーサナ　upāsana : 瞑想。座るという行為。礼拝。

ウパーサナ・スターナ　upāsana sthāna : 瞑想の座。

ウパーディ　upādhi : 限定された付属性。

ウパデーシャ　upadeśa : 霊的な教え。

ウパニシャド upaniṣad : 逐語的には「近くに座ること」を意味する。弟子が師の臨在のもとに座り、真理の教えを受ける姿を表している。４巻の『ヴェーダ』の各巻末に記された神秘思想の教えで、ヴェーダーンタとも呼ばれる。

ヴャヴァハーラ（ヴャーヴァハーリカ）　vyavahāra (vyāvahārika) : 体

ヴァストゥタハ　vastutaḥ : 実在における。

ヴァーダ　vāda : 理論。

ヴァーチャールタ　vācyārtha : 文字通りの意味。

ヴァーユ　vāyu : 空気。風。

ヴァルナ　varṇa : カースト制の階級。ヒンドゥー教徒を四層（バラモン、クシャトリヤ、ヴァイシャ、シュードラ）の種姓に分割する宗教的身分制度。

ヴァルナーシュラマ・ダルマ　varṇāśrama dharma : ヴァルナと呼ばれるカースト制の四階級と、四住期と呼ばれる人生の四つの修行段階（アーシュラマ）を組み合わせた概念。

1. 学生期（ブラフマチャリャ）：結婚前の禁欲的生活と聖典の研究。
2. 家住期（グリハスタ）：結婚をし、世俗での仕事と家事を執着心なく遂行する。
3. 林住期（ヴァーナプラスタ）：引退し、人里離れた場所で瞑想に従事する。
4. 遊行期（サンニャーサ）：世間を完全に放棄し、放浪の托鉢僧となる。

ヴィヴァルタ・ヴァーダ　vivarta vāda :「宇宙は唯一の実在であるブラフマンから発展、進化し、現象世界は単なる幻影、マーヤーでしかない」とするヴェーダーンタ哲学の理論の１つ。これに相対する論をパリナーマ・ヴァーダと言う。

ヴィヴェーチャナ　vivecana : 識別。

ヴィクシェーパ　vikṣepa : 多様性。幻影（マーヤー）を投影する力。心の乱れ。散漫な心。

ヴィクシプタ　vikṣipta : 混乱した。

ヴィシェーシャ　viśeṣa : 特別の。特定の。区別された。

ヴィシシュタ　viśiṣṭa : 限定された。

ヴィシシュタアドヴァイタ　viśiṣṭādvaita : 限定不二一元論と呼ばれるヴェーダーンタ哲学の一派で、ラーマーヌジャが唱導した。彼は「ブラフマン、個我、世界はそれぞれが実在でありながら別異であり、しかもブラフマンは個我と世界の中に神として内在し、分離不可能な状態にある。それゆえ、ブラフマンは個我及び世界によって限定されている」と説く。またブラフマンは最高人格神ヴィシュヌと同一であるため、ヴィシュヌ神への帰依を通してその恩寵を受けることによってのみ輪廻転生から解脱できると説いた。シヴァ派のシッダーンタ学派もヴィシシュタアドヴァイタを唱導する。ヴィシシュタードヴァイタ。

ヴィジニャーター　vijñātā : 知る者。

ヴィジニャーナ　vijñāna : 特別な知識。

ア

アーヤタナ　āyatana : 倉庫。

アールドラー　ārdrā : オリオン座の星の１つ。

アルナ　aruṇa : 赤。光。

アルーパ　arūpa : 無形。

アンタハ　antaḥ (antar) : 内的。内在。

アンタハ・プラーナーヤーマ　antaḥ prāṇāyāma: 内的調息。

アンタハカラナ　antaḥkaraṇa : 内的器官。心。思考機能。

アンタルダーナ　antardhāna : 視野から消え去ること。

アンタルムキー・マナス　antarmukhī manas : 内に向いた心。

アンナマヤ・コーシャ　annamaya kośa : 粗大な物質の鞘。ストゥーラ・シャリーラ。

イ

イーシュヴァラ　īśvara : 神。至高の存在。創造主。

イーシュヴァラ・アヌグラハ　īśvara anugraha : 神の恩寵。

イーシュヴァラ・アーラーダナ　īśvara ārādhana : 神の礼拝。

イーシュヴァラ・ドリシュティ　īśvara dṛṣṭi : すべてを神として見ること。

イーシュヴァラ・プラサード　īśvara prasād : 神の恩寵。

イシュタ・デーヴァター　iṣṭa devatā : 帰依。礼拝。黙想の対象としての神。

イダム　idam : これ。

イッチャー　icchā : 欲望。

インドリヤ　indriya : 感覚。

ウ

ヴァイカリー　vaikharī : 発声までの一段階、耳に聞こえる音。

ヴァイクンタ　Vaikuṇṭha : ヴィシュヌ神の主宰する天国。ヴィシュヌ神信奉者にとって永遠の至福であり、解脱に達した魂の究極の目的地。

ヴァイシュナヴァ　vaiṣṇava, vaiṣṇavite : ヴィシュヌ神信奉者、ヴィシュヌ派主義。最高神をヴァースデーヴァ、クリシュナ、ナーラーヤナ、ヴィシュヌとして信奉する宗派。その中心となるバーガヴァタ派はクリシュナ神を崇拝し、『バガヴァッド・ギーター』『シュリーマッド・バーガヴァタム』を教義の中心に置いている。

ヴァイラーギャ　vairāgya : 離欲。無執着。放棄。

ヴァーサナー　vāsanā : 心の潜在的傾向。vasは「とどまる」「宿る」「残る」「内在する」などを意味し、「ヴァーサナー」は潜在する心の傾向、性癖を意味する。それは無数の過去世で起こった行為の印象（サンスカーラ）が蓄積されたもので、衝動、感情、欲望、恐れなどとして現れる。

ヴァーサナー・クシャヤ　vāsanā kṣaya : ヴァーサナーの消滅。

ア

アートマ・ヴィチャーラ　ātma vicāra : 真我探究。

アートマ・ジニャーニ　ātma jñānī : 真我実現した人。

アートマ・ナディー　ātma nadī : クンダリニー・ヨーガの神経経路の１つ。

アートマ・ニシュター　ātma niṣṭhā : 真我の内に安住すること。

アートマーヌサンダーナ　ātmānusandhāna : 真我への絶え間ない黙想。

アドリダ　adṛḍha : 弱い。不安定。

アナーディ　anādi : 始まりのない。

アナートマン　anātman : 非真我。

アナーハタ　anāhata : クンダリニー・ヨーガのチャクラの１つ。

アナンタ　ananta : 無限。

アーナンダ　ānanda : 至福。

アーナンダートマン　ānandātman : 至福の状態にある真我。

アーナンダマヤ・コーシャ　ānandamaya kośa : 至福の鞘。

アニッチャー　anicchā : 意図しない。無意識の。

アニティヤ　anitya : 一時的な。はかない。束の間の。

アヌ　aṇu : 原子。

アパヴァーダ　apavāda : 排除。

アーバーサ　ābhāsa : 反映。

アパーナ　apāna : 下降する生気。

アハム　aham : 私。

アパラ　apara : 下部。

アパラ・ヴィブーティ　apara vibhūti : 低次の聖灰。

アパロークシャ　aparokṣa : 直接の。目の前の。

アハン・ブラフマースミ　Ahaṁ brahmāsmi : 私はブラフマンである。『ウパニシャド』の偉大な確言マハーヴァーキャの１つ。

アハンカーラ　ahaṅkāra :「私」という感覚。個我。自己意識。

アビシェーカ　abhiṣeka : 神聖な像の上に水を注ぐ儀式。灌頂《かんじょう》。

アビジニャー　abhijñā : 直接的知覚。

アビチャーラ・プラヨーガ　abhicāra prayogam : 黒魔術。

アビマーナ　abhimāna : 執着。

アビャーサ　abhyāsa : 修練。

アビャーシー　abhyāsī : 修行者。

アヒンサー　ahiṁsā : 非暴力。

アープ　āp : 水。

アムリタ　amṛta : 不死。甘露《ネクター》。

アムリタ・ナディー　amṛta nadī : クンダリニー・ヨーガの神経経路の１つ。

アジャパー　ajapā : 声に出さないジャパ（称名）。

アシュタカ　aṣṭaka : 8つの部分でできた。

アシュタカム　aṣṭakam : 八行連句の詩。

アシュッダ　aśuddha : 不純。

アーシュラマ　āśrama : 人生の四住期の1つ。聖者や隠者の住処。

アーシュラマム　āśramam :「アーシュラマ」も「アーシュラマム」もサンスクリット語。一般にはヒンドゥー語の「アーシュラム」という言葉が定着している。これらの言葉には2つの意味があり、1つは隠者の住家。もう1つは人生の4つの修行段階を定めたヒンドゥー教の伝統で「四住期」と呼ばれるもの。四住期には 1. 学生期、2. 家住期、3. 林住期、4. 遊行期の段階がある。

アスティラ　asthira : 不安定な。

アスラ　asura : 悪魔。

アーダーラ　ādhāra : 支え。

アチット　acit : 生命意識のない。

アーチャマナ　ācamana : 儀式や祭式が始まる前に、ナーラーヤナの名前のマントラを唱えながら水を3回すするという慣例の1つ。

アチャラ　acala : 不動。丘。山。

アーチャーリャ　ācārya : 師。教師。

アティ・ジャーグラト　ati jāgrat : 目覚めの状態を超えた。

アティ・シューニャ　ati śūnya : 虚空を超えた。

アティアーシュラミー　atyāśramī : 人生の四住期を超えた状態。真我を実現した覚者にとっては、いかなる規則や戒律の伝統も当てはまらないため、彼は4つの修行段階を超えた状態にある。

アティヴァーヒカ・シャリーラ　ativāhika śarīra : 物理的身体が消滅した後に個の魂を来世へと運ぶ微細身。スークシュマ・シャリーラ。ジーヴァートマン。

アディシュターナ　adhiṣṭhāna : 基盤。根底。

アティータ　atīta : 超えた。超越した。

アーディヤーシカ　ādhyāsika : 真我の上に幻影を押し重ねられた。

アーディヤートミカ・シャクティ　ādhyātmika śakti : 真我の力。

アディヤーローパ　adhyāropa : 真我の上に幻影を押し重ねること。

アティヤンタ・ヴァイラーギャム　atyanta vairāgyam : 完全な無執着。

アドヴァイタ　advaita : 非二元性。

アートマー(アートマン)　ātmā / ātman : 真我。アートマンは語根。アートマーは第一人称単数。

用語解説

Glossary

ヴェーダーンタ哲学用語の解説

ア

アヴァスター・トラヤ　avasthā traya : 目覚め、夢見、眠りという３つの意識状態。

アヴァターラ　avatāra : 神の化身。

アヴァドゥータ　Avadhūta : すべての所有物を放棄し、ヒンドゥー教のダルマ（義務）からも自由となって放浪する覚者（ジニャーニ）。ダッタートレーヤはその代表的な聖者。

アーヴァラナ　āvaraṇa : 覆い。真理を覆い隠す幻影。多様性の世界を見せ、一なる真我を隠してしまうマーヤーの働き。

アーヴァルタ　āvarta : 渦巻き。

アヴィディヤー　avidyā : 無知。

アヴィヤークリタ　avyākṛta : 非顕現。

アウパチャーリカ　aupacārika : 世俗的な感覚。

アーヴリッタ・チャクシュフ　āvṛtta cakṣuḥ : 内視。

アーカーシャ　ākāśa : エーテル。虚空。空。

アーカーシャ・ヴァーニー　ākāśa vāṇī : 天空からの声。

アーガーミー　āgāmī (āgāmi karma) : 来世に業果をもたらす行為。

アーガーミ・カルマ　āgāmi karma : 現世で積まれた新しいカルマ。この一部が来世に持ち込まれる。

アーカーラ　ākāra : 形。姿。

アカンダ　akhaṇḍa : 分割不可能な。

アカンダーカーラ・ヴリッテイ　akhaṇḍākāra vṛtti : 途切れることのない体験。

アクリトーパーサカ　akṛtopāsaka : 瞑想の体験のない人。

アサット　asat : 実在ではない。真理ではない。存在ではない。

アーサナ　āsana : 座。座位。

アサンサクティ　asaṁsakti : 無執着。真我実現への７段階の１つ。

アシェーシャ・リークシー　aśeṣa sakṣı : すべての物事の観照者。

アジニャーナ　ajñāna : 無知。

アジニャーニ　ajñānī : 無知な人。真我実現していない人。

アジャータ・ヴァーダ　ajāta vāda :「非起源論」。ガウダパーダの『マーンドゥーキャ・カーリカー』による宇宙創造を否定するアドヴァイタの理論。

ラ

の助けを借りて魔王ラーヴァナにさらわれた妻シーターを救いだし、王国に凱旋して王位を継承する。現代において最も国民的に愛されている古代叙事詩。**対話324, 416**

ラームダース,スワミ　Swāmī Rāmdās（1884-1963）：南インドのケーララ州生まれの偉大な聖者。パパ・ラームダース。一般の家住者の生活を送っていたが、36歳でサンニャーシーとなる。ラーマ神の帰依者としてOM　ŚRĪ RĀM JAI　RĀM JAI JAI RĀMというマントラを復誦。1922年、シュリー・ラマナ・マハルシに出会う。聖なる丘アルナーチャラの洞窟に暮らし、神との自己同一性を実現する。アーナンダ・アシュラムを設立。後継者はクリシュナバーイ。**対話179, 456**

『ラリタ・サハスラナーマ』　Lalita Sahasranāma：女神ラリタ・デーヴィーを礼拝する帰依者のための聖典。ラリタはパールヴァティーの別名で、「至福の女神」として知られる。この聖典は一度詠唱するだけで完全な解脱を与えると言われている。**対話424**

リ

リシャバ　Ṛṣabha：アヨーディヤーの王子として生まれた偉大な聖者。ジャイナ教の伝統で、マハーヴィーラ以前に出現したと言われる24人のティールタンカラの1番目の祖師。**対話281**

『リブ・ギーター』　Ŕbhu Gītā：カイラース山にてシヴァ神が帰依者リブに授けた教えの記録。サンスクリット語の聖典『シヴァ・ラハスャ』の第六部を占める。**対話212, 310**

ル

ルドラ　Rudra：シヴァ神の別称。**対話617**

ワ

『私は誰か？』　“Who am I ?”：1902年、マハルシがアルナーチャラ山にたどり着いてから5年、まだヴィルーパークシャ洞窟に暮らし始めて間もない頃、シュリー・ラマナ22歳のときに交わされたシヴァプラカーシャム・ピライとの質疑応答の記録。マハルシの教えの精髄が最も的確に示された小冊子。**対話63, 126, 152, 268, 287, 331, 602, 625**

ヨ

ヨーガーナンダ, スワミ　Swāmī Yogānanda（1893-1952）：著名な『あるヨギの自叙伝』（森北出版）を通して西洋にインドの霊的教えを伝えたベンガル地方の偉大なヨーギー。パラマハンサ・ヨガナンダ。**対話106, 107**

ラ

ラーヴァナ　Rāvaṇa：『ラーマーヤナ』に登場する10の頭を持つ魔王。**対話88, 421**

『ラグ・ヴァーシシュタ』　Laghu Vāsiṣṭha：『ヨーガ・ヴァーシシュタ』の教えの精髄を要約して編集された本。**対話76**

ラクシュミー（牛）Lakṣmī Cow：牛の身体を得ながらも、マハルシへの揺るぎない帰依心を通して解脱を得た稀有な魂。マハルシがアルナーチャラの丘の上で暮らし始めた頃の帰依者キーライ・パッティの生まれ変わりと言われている。**対話276**

ラーダークリシュナン　Sarvepallī Rādhakṛṣṇan（1888-1975）：サルヴパッリー・ラーダークリシュナン。ヒンドゥー教を的確な解釈で西洋に紹介したインド哲学者。1962から1967年までインドの第二代大統領を務めた。主要な著作に『インド哲学』と『東洋の伝統と西洋の思想』がある。**対話16, 399, 433**

ラーマ　Rāma：『ラーマーヤナ』の主人公ラーマチャンドラ。ヴィシュヌ神の７番目の化身。コーサラ王国の都アヨーディヤーで生まれ、ジャナカ王の娘シーターを妻とする。**対話31, 55, 130, 179, 182, 218, 233, 317, 325, 336, 421, 439, 449, 528, 591, 627, 647**

ラーマ・ティールタ　Rāma Tīrtha（1873-1906）：ヴィヴェーカーナンダと同時代の偉大な聖者。詩聖。アメリカ、日本に渡り、アドヴァイタを提唱した。H.W.L.プンジャジの母方の叔父。**対話568**

ラーマクリシュナ　Rāmakṛṣṇa paramahaṁsa（1836-1886）：近現代インドを代表する偉大な聖者。ビジョンによる直接体験を通して、世界中の主要な宗教が本質において１つであることを説き明かした。スワミ・ヴィヴェーカーナンダの師でもある。ラーマクリシュナ・パラマハンサ。**対話32, 164, 189, 252, 286, 363, 386, 389, 437, 591**

ラーマーヌジャ　Rāmānuja（1017-1137）：ヴェーダーンタ哲学の一派、ヴィシシュタアドヴァイタ（限定不二一元論）の唱道者。シュリーランガムにおいてヤムナーの後継者となり、数多くのヴィシュヌ神崇拝の信徒を得た。主著に『シュリー・バーシュヤ』などがある。**対話189, 433**

『ラーマーヤナ』　Rāmāyaṇa：紀元前500年頃、ヴァールミーキによって書かれたインドの最も偉大な国家的叙事詩、ラーマ神の物語を綴った聖典。ビシュヌ神の化身として生まれた王子ラーマは、猿王ハヌマーン

マ

『マハー・ヨーガ』 Mahā Yoga：帰依者ラクシュマナ・シャルマによるマハルシの哲学を『ウパニシャド』の見地から解説した名著。**対話446**

『マハーバーラタ』 Mahābhārata：北インド、バーラタの支配権をめぐって、パーンダヴァ王家とカウラヴァ王家に起こった同族間戦争を描いた世界最大の叙事詩。**対話190, 284, 291, 467**

マールカンデーヤ Mārkaṇḍeya：太古のリシ。ブリグ・リシの家系に生まれた偉大な聖者。シヴァ神とヴィシュヌ神両方の帰依者として名が高い。彼の物語は多くの『プラーナ』、特に『マールカンデーヤ・プラーナ』『バーガヴァタ・プラーナ』『マハーバーラタ』に現れる。神から永遠の命を与えられた７人のチランジーヴィンの１人でもある。**対話428**

『マーンドゥーキャ・カーリカー』 Māṇḍūkya Kārikā：最も短い『ウパニシャド』として知られる『マーンドゥーキャ・ウパニシャド』は、神聖な３つの文字AUMが象徴する目覚め、夢見、眠りの状態を解説し、さらにそれを超える第４の境地トゥリーヤへと導く。『マーンドゥーキャ・カーリカー』はアドヴァイタ哲学を初めて唱導したガウダパーダが『マーンドゥーキャ・ウパニシャド』を解説したもの。『ガウダパーダ・カーリカー』とも呼ばれる。**対話383, 399**

ム

ムルガナール Muruganār (1895-1973)：1923年、28歳のときにマハルシを訪れ、真我を実現したタミル詩人。マハルシの教えを詩に託した『グル・ヴァーチャカ・コーヴァイ』やマハルシへの帰依と信愛を詠った『ラマナ・サンニディ・ムライ』など多くの偉大な作品を残した。**対話379, 450, 481**

メ

メーヘル・ババ Meher Bābā (1894-1969)：その名は「慈悲深き父」を意味するインドの聖者。ウパーサニ・マハラジを師とし、西洋をたびたび訪れた。**対話417**

モ

モーリス・フリードマン Maurice Frydman (1900-1984)：ポーランドに生まれ、30年代にインドに亡命。エンジニアとして働きながらマハートマー・ガーンディー、ジャワハルラル・ネルー、クリシュナムールティ、ラマナ・マハルシと親交を結んだ。60年代にニサルガダッタ・マハラジに出会い、彼の臨在のもとで真我を実現する。71年に『アイ・アム・ザット　私は在る』（ナチュラルスピリット刊）を翻訳、出版し、マハラジの名を世界に広めた。**対話295, 368**

ヤ

ヤマ Yama God：死の神。**対話601**

フ

だけが存在する。それゆえ、すでに『それ』であるものに到達することはできない」と説く。**対話399**

プラブリンガ　Prabhuliṅga：12世紀、カルナータカ州の詩聖。シヴァ神信奉者のグループ、リンガヤータの霊的権威。別名アッラマ・プラブ。**対話334**

『ブリハダーラニャカ・ウパニシャド』　Bṛhadāraṇyaka Upaniṣad：最古の『ウパニシャド』の1つ。聖者ヤージニャヴァルキャの著とされる哲学的真理の表明。マドゥ・カンダ、ムニ・カンダ、キラ・カンダの3部に別れる。マドゥ・カンダはジーヴァとアートマンの同一性についての教え。ムニ・カンダはヤージニャヴァルキャと彼の妻マイトレーイとの会話。キラ・カンダはさまざまな礼拝や瞑想の方法を説く。「ネーティ・ネーティ」の教えはこの『ウパニシャド』に含まれる。日本での表記は『ブリハッド・アーラニャカ・ウパニシャド』。**対話203, 502, 518, 573, 619**

『プルシャ・スークタ』　Puruṣa sūkta：Ṛg Veda：『リグ・ヴェーダ』の重要な一部である「プルシャ・スークタ」は、「普遍の存在」であるプルシャ（宇宙の源、至高の魂）に捧げられた章である。一般にはサンスクリット語の賛歌として寺院での重要な儀式であるホーマ（護摩）で詠唱される。**対話649**

ヘ

ベナレス（カーシー）　Benares (Kāsī)：聖地ヴァーラーナシー（バラナシ）の旧称。**対話18, 383, 473, 614**

ホ

ポール・ブラントン　Paul Brunton：マハルシの初期の西洋人帰依者。著書『秘められたインド』は、彼自身がインド各地で出会った多くの聖者との体験を記録した本。最終章はマハルシに捧げられており、この書により多くの西洋人が彼のもとを訪れた。**対話16, 17, 43, 53, 112, 123, 125, 138, 143, 200, 203, 260, 262, 275, 304, 360, 485, 494, 517, 523**

マ

マダヴァーチャーリャ　Madhavācārya：12世紀の多元論的実在論を唱えた哲学者。カルナータカ州ウディピを本拠にヴィシュヌ教の一派を打ち立てた。彼はブラフマンをヴィシュヌ神と同一視した。ブラフマンと個我は永遠に別個であると説くため、彼の哲学は二元論（ドヴァイタ）として知られる。**対話282**

マーニッカヴァーチャカル　Mānikkavācakar：9世紀の南インド、タミル・ナードゥ州に生まれたシヴァ派の偉大な詩聖。主要な作品に『ティルヴァーチャカム』がある。**対話15, 215, 372, 450**

ハ デーヴなどのマハーラーシュトラ州に出現した一連の偉大な聖者たちの崇拝の的となり、彼らの詩作（神への賛歌）の対象ともなった。対話83

ヒ **『秘められたインド』** Search in Secret India：ポール・ブラントン著、日本ヴェーダーンタ協会発行。マハルシの初期の西洋人帰依者ポール・ブラントンが、インド各地で出会った多くの聖者との体験を記録した本。最終章はマハルシに捧げられており、この書により多くの西洋人が彼のもとを訪れた。対話13, 43, 53, 200, 203

『秘められた道』 Secret Path：ポール・ブラントンの著書。対話138, 152, 203

ヒラニャガルバ Hiraṇyagarbha：逐語的には「黄金の子宮」、あるいは「黄金の卵」。宇宙創造の源を意味する。ブラフマンと同義。対話392, 489, 511, 579, 589, 617

ヒラニヤークシャ Hiraṇyākṣa：カシャパ仙人の息子ヒラニャカシプの兄。彼は母なる大地を「宇宙的海」の中に沈めるが、ヴィシュヌの化身である猪ヴァラーハが現れて大地を救い出し、ヒラニヤークシャはヴァラーハに殺される。対話652

フ **プラティヤビジニャー** Pratyabhijñā-darśana：カシミール・シヴァ派哲学として知られ、一元論的解釈を唱導する学派。再認識派。『アーガマ・シャーストラ』『スパンダ・シャーストラ』『プラティヤビジニャー・シャーストラ』の３つの聖典を根本とする。マハルシは再認識派と不二一元論（アドヴァイタ）は等しいと主張している。対話288, 333

プラハラーダ Praḥlāda：『バーガヴァタ・プラーナ』に登場する魔王ヒラニャカシプの息子。ヴィシュヌ神を憎む父親ヒラニャカシプの期待に反して、生まれた子供プラハラーダはヴィシュヌ神の熱心な帰依者として成長した。父の憎悪をかって殺されそうになったプラハラーダは、ヴィシュヌ神に助けを求める。ヴィシュヌ神は半人間、半ライオンの姿をしたナラシンハとして現れ、ヒラニャカシプの体を引き裂いて殺し、プラハラーダを救う。対話326

『プラブッダ・バーラタ』 Prabuddha Bhārata：ラーマクリシュナ・ミッション・チェンナイ支部発行の雑誌。対話50, 393

『ブラフマ・スートラ』 Brahma Sūtra：紀元前５世紀頃、聖ヴィヤーサによって書かれ、ヴェーダーンタ学派の開祖バーダラーヤナによって編纂されたといわれる根本経典。ヴェーダーンタ哲学の三大聖典の１つ。「世界はブラフマン以外の何ものでもなく、ただ不生不滅のブラフマン

に捧げる千節の賛歌。**対話334**

パラシュラーマ　Paraśurāma：ヴィシュヌ神6番目の化身。トレーター・ユガの時代に、バラモンの父ジャマダグニとクシャトリヤの母レーヌカーの間に生まれた。彼はシヴァ神から戦争の技を学んだ。**対話262**

パラニ・スワミ　Palani Swāmī：1898年、ティルヴァンナーマライに暮らし始めて1年半後、マハルシがグルムールタムに移り住んだときに従者となったのがケーララ州出身のパラニ・スワミだった。当時18歳だったマハルシをひと目見た瞬間、彼は心の底まで揺り動かされ、マハルシへの献身に全身全霊で没頭するようになる。こうして彼は残りの人生をマハルシへの奉仕に捧げ、21年間従者を務めた。**対話84, 247, 357, 409, 463**

パリクシット　Parīkṣit：クル王国の王。ハスティナープラの王位をユディシュティラから継承した。彼はアルジュナの孫で、アビマンニュの息子に当たる。**対話449**

ハリジャン運動　Harijan Movement：インドに侵略したアーリヤ人が定住する過程で形成された階級制度であるヴァルナ（四種姓）は、バラモン（祭司）、クシャトリヤ（王侯、武士）、ヴァイシャ（平民）、シュードラ（隷属民）から成る。この四種姓の他に最下層民であるパリア（不可触選民）が存在し、彼らはあらゆる社会的差別と卑下を受けてきた。ガーンディーはこの不可触選民をハリジャン（神の子）と呼び、その解放に努力した。**対話282**

パールヴァティー　Pārvatī：シヴァ神の妻。シャクティ、ドゥルガー、カーリーなどの別名がある。**対話182, 200, 218, 334, 529**

パールシー　Pārsī：インド在住のゾロアスター教の信者。イランのゾロアスター教徒の一部が8世紀にイスラム教徒に追われてインドに逃れ、現在のグジャラート州に移住した。**対話197, 201, 245, 341**

パンダルプル　Pandarpur：マハーラーシュトラ州のヴィシュヌ神（クリシュナ）を祀る聖地。**対話83**

『**パンチャダシー**』　Pañcadaśī：14世紀の偉大なアドヴァイタのグル、ヴィディヤーランヤの作品。全15章で構成されている。至高の真我（ブラフマン）を表すサット－チット－アーナンダ（存在－意識－至福）という3つの側面を各5章ごとにあてて、実在の本質を明確に解説したアドヴァイタ・ヴェーダーンタの手引書。**対話276**

パーンディヤ王朝　Pāndya Kingdom：紀元前4世紀からインド最南部を支配したタミル人の王朝。**対話652**

パーンドランガー　Pāṇḍraṅgā：マハーラーシュトラ州で最も人気のあるクリシュナ神の化身。ヴィッタラあるいはヴィトーバーとも呼ばれる。パーンドランガーは、ギャーネーシュヴァル、トゥカーラーム、ナーム

パウロ　Paulo：1世紀のキリスト教史上最大の使徒。初めはユダヤ教徒としてキリスト協会を迫害したが、キリスト教徒弾圧のためにダマスカスに向かう途中、「サウロよ、なぜ私を迫害するのか？」という天からの声を聞いて回心し、半生を伝道に捧げた。**対話88**

『バーガヴァタム』　Bhāgavatam：紀元前750年頃に聖ヴャーサによって書かれたクリシュナ神の初期の伝記。宇宙成立論、王統の系譜、神話、伝説を含むヴィシュヌ神信奉派の聖典。『バーガヴァタ・プラーナ』、『シュリーマッド・バーガヴァタム』としても知られる。**対話291**

『バガヴァッド・ギーター』　Bhagavad Gītā：『マハーバーラタ』第6巻の一部を成すヒンドゥー教の最も高名な聖典。逐語的には『神の歌』を意味する。クルクシェートラで今にも戦闘が始まろうとするとき、親族である敵に対して戦う気力を失った王子アルジュナに、クリシュナ神が教えを示す。その教えはヴェーダーンタ、ヨーガ、サーンキャというインドの主要な哲学が統合されたもので、知識、行為、帰依を通して解脱に至る道を示している。**対話17, 30, 41, 46, 58, 73, 91, 104, 145, 164, 175, 181, 186, 189, 197, 203, 208, 264, 270, 290, 336, 343, 364, 376, 378, 418, 420, 424, 436, 439, 467, 472, 491, 565, 570, 580, 621, 649, 650**

『バクタ・チャリタ』　Śiva Bhakta Vilāsa：Bhakta carita：『ヴェーダ』や『プラーナ』に登場する古の聖者ウパマンニュの作。シヴァ神の帰依者であり、『リグ・ヴェーダ』1-102-9の賛歌の作者でもある。『バクタ・チャリタ』はシヴァ神の帰依者の物語『シヴァ・バクタ・ヴィラーサ』の章題の1つであり、ウパマンニュとティルニャーナ・サンバンダールとの出会いを描いている。**対話529**

パタンジャリ　Patañjali：ラージャ・ヨーガの論理的、哲学的基盤である『ヨーガ・スートラ』を記した聖者。**対話191, 433, 483**

『パタンジャリ・ヨーガ・スートラ』　Patañjali Yoga Sūtra：六派哲学の一派ヨーガ派の唱道者パタンジャリが記したラージャ・ヨーガの論理的、哲学的基盤となる聖典。2世紀から4世紀にかけて成立されたと言われる。**対話130, 191, 192, 483, 616**

ハヌマーン　Hanumān：『ラーマーヤナ』に登場するラーマ神に仕えた猿の神。**対話324**

バハーイ　Bahāism：19世紀中頃イランにおいてバハーウッラーが始めた宗教。異文化、異宗教を認め、人類愛、人間の社会的平等を説く。**対話133**

『ハラ・サハスラム』　Hara Sahasram：マハルシの高名な帰依者カーヴィヤカンタ・ガナパティ・ムニ がサンスクリット語で書いたシヴァ神（ハラ）

ト

カビールの系統に属する。彼はサンスクリット語版『ラーマーヤナ』の著者であるヴァールミーキの生まれ変わりと信じられている。**対話416, 534**

ドゥルヨーダナ　Duryodhana：パーンダヴァ兄弟と争ったカウラヴァ兄弟の長男。**対話190, 531**

『トリプラ・ラハスャ』　Tripura Rahasya：ハリターヤナによってサンスクリット語で書かれた古の作品。『ハリターヤナ・サンヒター』とも呼ばれ、アドヴァイタの精髄を表した偉大な作品としてマハルシもたびたび言及している。宇宙と自己は本来純粋な真我の中に存在しており、その本質は等しいが、単に実在の異なった相として顕現しているだけだと説く。その真理の実現に要求されるのは、「ただ実在（純粋意識）だけが存在する」ことを絶えず想い出すことにある。**対話314, 616**

ナ

ナッキラール　Nakkirār：8世紀、タミル州マドゥライ出身の詩人。高名な『ティルムルカルッパタイ』や『イラヤナール・アカッポルール』の作者として知られる。**対話334**

ナマハ・シヴァヤ Namaḥ Śivaya：アルナーチャラに暮らした古の聖者。**対話447**

ナームデーヴ　Nāmdev (1270-1350)：仕立屋を職業としたマハーラーシュトラ州の聖者。インド各地を広く遊行しながらジャパ（神の名を称えること）を広めた。**対話389, 441, 448, 534, 591**

ナヤナ　Nayana：マハルシが与えたカーヴィヤカンタ・ガナパティ・ムニ の呼び名。帰依者からもこの名で親しまれた。マハルシの最も重要な弟子の１人。**対話334, 616**

ナーラーヤナ・グル　Nārāyaṇa Guru (1855-1928)：ケーララ州出身のグル。下級階級に生まれ、カースト制度による不正、不当行為を改善するため、精神主義と社会的平等を訴えた社会改革主義者。1920年代にマハルシを訪れ、彼の沈黙の臨在を賛嘆した。マハルシはナーラーヤナ・グルについて「彼は社会で働いているが、真理のすべてを知っている」と語った。**対話645**

ナンダナール　Nandanār：タミル・ナードゥ州が生んだシヴァ派の偉大な聖者。不可蝕民として生まれたため数々の苦難に直面するが、シヴァ神への帰依心の深さから、常にシヴァによって奇跡的に救われた。最後には自らを清めるために火の中に入り、シヴァ神と融合する。**対話215, 379**

ナンマルヴァール　Nammalvār Saint (880-930)：タミル州生まれのヴィシュヌ神に帰依した聖者。12人のアルヴァール（神と融合した人）の１人。数多くのヴィシュヌ神賛歌を残した。**対話208, 327, 491**

テ

そのときに高名な『テーヴァーラム』の最初の詩片を歌い始める。7歳の聖紐の儀式において明晰な『ヴェーダ』の講義をする。16歳にして結婚直後に真我を実現。スブラマニヤ神の化身と広く崇められた。**対話275, 415, 529, 598**

『ティルムルカルッパタイ』 Tirumurugarruppatai：『ムルガン神の導き』。ナッキラールの詩集。シヴァ神の息子であるムルガンを礼拝し、彼の恩寵と導きを求めることを真理の探究者に勧めている。**対話334**

『テーヴァーラム』 Thevaram：7世紀チョーラ王朝の偉大な詩聖ティルニャーナ・サンバンダールの詩。3歳のとき女神パールヴァティーが彼に乳を与え、そのときにこの高名な『テーヴァーラム』の最初の詩片を歌い始めたと言われている。**対話512**

『デーヴィーカーローッタラム』 Devīkālottaram：『ヴェーダ』と同等の権威を持つとされるアーガマ（聖伝書）の1つで、人間による著作ではなく、神からの啓示として記されたもの。シヴァ神が彼の妻である女神パールヴァティーに説いたこの教えは、純粋なアドヴァイタ（非二元性）教義を表している。マハルシはこれをサンスクリット語からタミル語に翻訳した。**対話517**

テレサ Teresa of Ávila (1515-1582)：スペイン、アヴィラ村に暮らし、黙想と祈りに人生を捧げた修道女。イエス・キリストのヴィジョンを得て宗教的恍惚境を体験した。 **対話393, 407**

ト

ドヴァイタ Dvaita：二元論。12世紀の哲学者マーダヴァの唱えた多元論的実在論。ヴェーダーンタ哲学の二大学派の1つ。「すべての存在は1つではなく、各々異なったまま実在である。最高神ヴィシュヌは独立し、帰依者はそれに依存するため、両者が1つになることは決してない。ヴィシュヌ神を信愛し、帰依し、その恩寵による以外解脱に達する道はない」と説く。**対話35, 282, 433, 448, 491, 571**

トゥカーラーム Tukārām Saint (1608-1649)：マハーラーシュトラ州のプーナ近郊に暮らした偉大な詩聖。ラーマ神に捧げる詩を多く残した。**対話534, 591**

『道徳経』 Tao Teh Ch'ing (BC406-531)：中国、春秋戦国時代の思想家・道家の祖、老子の書。**対話599**

『東方に向かえ』 Turn Eastwards：フランス人帰依者、パスカリン・マイヤー令嬢による著書。**対話494**

トゥルシーダース Tulsīdās (1532-1623)：ヒンドゥー教文学の最高峰である『ラームチャリトマーナス』を書いた偉大な聖者。ラーマーナンダ、

タ

ダルマプトラ Dharmaputra：パーンダヴァ兄弟の長男、ユディシュティラの別称。対話 531

チ

チダンバラム Cidambaram：シヴァ神が宇宙の創造と破壊の舞を踊った場所として有名なタミル州の聖地。対話 379, 473

チャイタニャ Caitanya Mahāprabhu（1486-1534）：16世紀ヴィシュヌ神信奉派のバクティ・ヨーガの主唱者。クリシュナ神を至高の真理として崇拝し、クリシュナへの愛を真理の最高の表現とした。彼はクリシュナ神の名を唱えながら恍惚境のうちに国中を歌い踊って回った。対話 32, 313

チャドウィック少佐 Chadwick Maj. AW：マハルシの初期の西洋人帰依者。対話 87, 95, 96, 143, 155, 177, 215, 476, 511, 513, 550, 556, 651

チューダーラー Cūḍālā：『ヨーガ・ヴァーシシュタ』に登場する物語の主人公。シキドヴァジャ王の妻。対話 41, 403, 404, 597, 647

チンターマニ Cintāmaṇi：あらゆる望みをかなえる宝石。対話 404

テ

ティヤーガラージャ Tyāgarāja（1767-1847）：南インド古典音楽の偉大な作曲家。主にラーマ神への信愛と帰依を主題にしたキールタンを作曲した。その数は数千に及び、彼の歌は現在も歌われ続けている。対話 448

『ティルヴァーチャカム』 Tiruvācakam：9世紀、南インドの偉大なシヴァ派の詩聖マーニッカヴァーチャカルの代表作品。シヴァ神への賛歌。南インドでは現代でも広く詠われている。対話 30, 215, 220, 306

ティルヴァンナーマライ Tiruvannāmalai：聖山アルナーチャラの麓、シヴァ神を崇めるアルナーチャレーシュヴァラ大寺院を中心に興った町。16歳で真我実現して以来、マハルシはこの地を生涯離れなかった。対話 49, 71, 83, 110, 251, 275, 348, 354, 357, 374, 464, 502, 529, 592, 653

ティルヴェーダカム Tiruvedakam：7世紀、チョーラ王朝時代の聖者ティルニャーナ・サンバンダールは、ジャイナ教とヒンドゥー教シヴァ神派の優劣を争う論戦に挑んだ。両者は椰子の葉に書かれた聖典をヴァイガイ河に流し、その流れに逆らって上流に向かった方が勝者となるという条件だったところ、ティルニャーナ・サンバンダールの流した聖典が上流に向かって行き、勝利をおさめた。聖典の書かれた葉はティルヴェーダカムというところで初めて岸に触れたため、その場所に寺院が建立された。対話 415

ティルニャーナ・サンバンダール Tirujñāna Sambhandār：ナヤナールと呼ばれる63人の聖者の１人。7世紀タミル・ナードゥ州、チョーラ王朝の偉大な詩聖。3歳のとき女神パールヴァティーが彼に乳を与え、

ス

ボーダ』の中の「首にかかっているネックレスを気づかずに探し続ける」という寓話。**対話201**

タ

『タイッティリーヤ・ウパニシャド』 Taittirīya Upaniṣad：最古の『ウパニシャド』の１つ。世界のさまざまな生き物によって体験される異なったレベルの幸福を解き明かす。第１章はさまざまな瞑想形式について。第２章は神、世界、個人の真の本性とそれらの根本が１つであることについて。第３章は瞑想とその価値、そしてその結実について説いている。**対話25, 57, 97, 200, 468**

ダクシナームールティ Dakṣiṇāmūrti：創造神ブラフマーは４人の息子に宇宙の創造という仕事を申しつけた。だが、そのような仕事ではなく心の平安を求めていた息子たちは、真理を示してくれる師を探しに出かけた。彼らの成熟した心を見抜いたシヴァ神は、ダクシナームールティという16歳の若者の聖者となってバンヤン樹の下に座り、ブラフマー神の４人の息子に、ただ沈黙のみを通して真理を示した。ダクシナームールティは「南向き」を意味し、またダクシナ（力）＋アムールティ（無形）で「無形の力」をも意味する。マハルシはシヴァの化身と見なされているため、沈黙を通して教えるマハルシとダクシナームールティは同一視されている。**対話17, 20, 54, 68, 90,133, 246, 332, 398, 433, 519, 569**

『ダクシナームールティ・ストートラム』 Dakṣiṇāmūrti Stotram：ダクシナームールティはシヴァ神の化身。シヴァは16歳の少年としてバンヤンの樹の下に座り、沈黙を通して弟子たちの疑問を一掃した。『ダクシナームールティ・ストートラム』はアーディ・シャンカラーチャーリヤが彼に捧げた賛歌である。**対話7, 114, 414, 569**

タットヴァラヤール Tattvarayār, Tatvaroyār：15世紀前半にアドヴァイタ哲学を千四百節の詞華集『クルンディラットゥ』として著作したタミル州出身の修行実践家の学者。スワルーパーナンダ・デシカールの弟子。**対話262, 648**

ターユマーナヴァル Thāyumānavar（1705-1742）：18世紀タミル州のタンジャヴールに生まれた偉大な詩聖。シヴァ神信奉者のシッダーンタ学派とアドヴァイタ・ヴェーダーンタ学派は数千年に渡って互いの教義を非難しあう間柄だったが、ターユマーナヴァルはこの問題を彼の詩において和解させている。**対話122, 317, 338, 398, 593, 594, 601, 646**

『ダルマ・シャーストラ』 Dharmaśāstra：ヒンドゥー教徒にとっての宗教的、法的、倫理的な義務を説いたサンスクリット語の法典。その法的権威は直接『ヴェーダ』の言葉に由来する。**対話564**

シ

女神シュリー・ラリタを表している。上段４つの三角形は男性エネルギーである「シヴァ」を、下段５つの三角形は女性エネルギーのシャクティを表す。それゆえ、シュリー・チャクラは男性と女性のエネルギーの合一をも象徴している。**対話405**

『シュリー・ラマナ・ギーター』　Śrī Ramaṇa Gītā：カーヴィヤカンタ・ガナパティ・ムニ著。マハルシと弟子との質疑応答を三百節のサンスクリット語の詩編で記したものとマハルシを讃えるサンスクリット語の賛歌を編纂した書。**対話57, 95, 392, 587, 616**

『真我実現』　Self-Realization：B.V.ナラシンハ・スワミによるマハルシの最初の伝記。後に書かれたその他の伝記は、すべてこの『真我実現』に記された事実を基盤としている。**対話25, 281, 284, 357, 403, 408**

神智学協会　Theosophical Society：太古に遡る秘教的知識の復興と霊性の開発による人類の進化を提唱する宗教組織。ブラバッキーとH.S.オルコットが創設し、後にR.シュタイナー、C.W.リードビーター、A.ベサントらの後継者を得て南インドのマドラス（チェンナイ）に本部を置いた。**対話135, 354, 363, 396, 406**

ス

『スカンダ・プラーナ』　Skanda Purāṇa：プラーナ文献の中でも最も大著な聖典。シヴァ神と女神パールヴァティーの息子スカンダの神話で、彼の出生などの物語が含まれる。別名『スータ・サンヒター』。スカンダはムルガンやスブラマニヤなどの64の名前を持ち、神々の軍隊長としても知られる。**対話291**

『スカンダール・アヌブーティ』　Skandār Anubhūti：タミル州の聖者アルナーギリナータが記した52節の詩。彼自身の神の探究とその直接体験を詠ったもの。スカンダールは南インドの神スブラマニヤム（ムルガン）の別名。題訳は『スカンダの直接体験』。**対話122**

『スートラ・バーシュヤ』Sūtra Bhāṣya：『ブラフマ・スートラ』の注解書。『ブラフマ・スートラ』はニヤーヤ・プラティシュターナと呼ばれるヴェーダーンタ哲学の論理学の基点である。その注解書はシャンカラーチャーリャによるものが現存する最古。**対話576**

スブラマニヤ神　Subrahmaṇya：シヴァ神の２番目の息子。スカンダ、ムルガン、カールティケーヤ、クマールなど64の名前を持つ。南インドでは熱心なスブラマニヤ神信仰が浸透している。日本では仏教の守護神の１人である韋駄天として伝わっている。**対話237, 291**

『スワカンターバラナン・カター』Svakaṇṭhābharaṇam kathā：別名『スワカンタバーサナム・カター』。シャンカラーチャーリャ作『アートマ・

ジャスティニアン　Giustiniani, Saint Lorenzo（1381-1456）：15世紀、ローマ・カトリック教会の聖者であり、ヴェニスの初代のローマ教皇でもある。彼の清貧な生活、禁欲、祈りは高く崇められ、書き残された作品、講話、手紙、修道僧の説話などを収めた本は版を重ねている。**対話319**

ジャダ・バラタ　Jaḍa Bharata：バラタは聖者リシャバの長男。リシャバは年老いてから王位をバラタに譲り、森で瞑想する隠遁生活を送った。バラタもまた5人の息子たちに王国を分け与えて、森で苦行を行った。ある日、猛獣に襲われかかった雌鹿から生まれた小鹿を救ったバラタは、聖者であるにもかかわらず小鹿に強い愛着心を抱く。彼の死ぬ間際の想いは小鹿のことだけだった。死に際に考えたことが来世に現れると聖典が述べているように、彼は次の生で鹿として生まれた。だが、鹿は聖者のアーシュラマムで育ち、聖典や聖者の教えに耳を傾けながら暮らして一生を終えた。次の生で彼はバラモンの息子として生まれたが、このとき彼はすでに真我を実現していた。しかしいつまでたっても言葉を話さないので、ジャダ、つまり「のろま」のジャダ・バラタと呼ばれる。後に彼はアヴァドゥータとして生きた。**対話198, 281, 317**

ジャナカ　Janaka：ヴィデーハ王国の王。シータ妃の父親。師アシュターヴァクラの教えを通して真我を実現した後も王国を統治した。**対話41, 49, 158, 320, 328, 350, 362, 385**

シャンカラーチャーリャ　Śaṅkarācārya：8世紀頃に南インドのケーララ州でブラーフマナとして生まれ、32歳の若さでヒマラヤに没したと言われるアドヴァイタ・ヴェーダーンタ哲学の創始者。宇宙の根本原理ブラフマンと自己の本質アートマンとの同一性を示した不二一元論を中心的な教義とする。インド各地を渡り歩き、他派の学匠との論戦においてさまざまな哲学的命題を論破したことから人々の圧倒的な支持を得た。また各地に10の教団を樹立し、4つの僧院を建立した。著書に『ブラフマ・スートラ・バーシュヤ』『ウパデーシャ・サーハスリー』等がある。アーディ・シャンカラーチャーリャ。**対話 20, 33, 54, 133, 164, 189, 202, 349, 399, 569, 630, 643**

シャンブ　Śambhu：シヴァ神の別名。**対話218**

『シュリー・アルナーチャラへの五連の詩』Aruṇācala Pañcaratnam：アルナーチャラ・パンチャラトナム。マハルシ自作のシュリー・アルナーチャラを讃える五連の詩。**対話219, 442**

シュリー・チャクラ　Śrī Cakra：宇宙を象徴したヤントラ。物理的宇宙と非顕現の源である中心点（ビンドゥ）から放射状に9つの三角形の段が角度を変えて交互に山状に積まれた像で、「三界の美」と呼ばれる

サ

ティ（根本原質）という究極的実体原理を想定した二元論。プルシャはプラクリティを観照する過程で物質と結合し、物質に限定づけられることで個人となり、苦を経験し、輪廻転生の主体となる。この観照意識が純粋精神と根本原質の偽りの自己同一化を見破ったとき、プラクリティは現象世界の展開をやめる。こうして輪廻転生は断ち切られ、最終的に観照者であるプルシャだけが残る。これがサーンキャにおける解脱である。そのためには、現象界を構成する「二十五の原理」を明確に理解し、ヨーガの修行を行わなければならないと説く。**対話 54, 385**

サーンディーピニ　Sāndīpini：クリシュナのグル。**対話 317**

シ

シヴァ　Śiva：ヒンドゥー教三大神の１人。破壊神。**対話 30, 51, 57, 70, 89, 143, 146, 172, 182, 218, 225, 268, 278, 288, 304, 334, 339, 349, 362, 371, 385, 389, 428, 433, 450, 473, 492, 517, 529, 531, 569, 598, 652**

『**シヴァ・プラーナ**』　Śiva Purāṇa：シヴァ神に捧げられた太古の聖典。原典は12のサンヒターと十万の詩節から成り、後にヴェーダ・ヴャーサが二万四千節に要約して、弟子のローマハルシャナに伝えた。**対話 218**

『**シヴァーナンダ・ラハリー**』　Śivānandalaharī：シャンカラーチャーリャによって書かれた神への帰依の賛歌。題名は『吉祥の至福の波』を意味する。さまざまなタイプの帰依の道を説明したバクティ聖典の代表格。**対話 428**

シヴァ派シッダーンタ　Śaiva-Siddhānta：タミル・ナードゥ州で13世紀に発展したシヴァ神信奉者のシッダーンタ学派。ウマーパティ・シヴァーチャーリヤの『シヴァジニャーナ・ボーダム』を根本聖典とする。マーニッカヴァーチャカルのシヴァ賛歌『ティルヴァーチャカム』も重要視される。シヴァ神との合一を解脱とする。**対話 339, 433**

シヴァプラカーシャム・ピライ　Śivaprakāśam Pillai：マハルシの最も古い弟子の１人。1902年に、ヴィルーパークシャ洞窟にてマハルシが砂の上に指で書いた教えを記録した。それは後に『私は誰か？』という小冊子として出版された。**対話 305, 630**

シェリー　Shelley, Percy Bysshe (1792-1822)：パーシー・ビッシュ・シェリー。イギリスのロマン派詩人。**対話 341**

シキドヴァジャ　Śikhidvaja King：『ヨーガ・ヴァーシシュタ』の中の物語の主人公の１人。マルヴァ王国の王。チューダーラー王妃の助けを得て真我実現する。**対話 41, 404, 597, 647**

シーター　Sītā：ジャナカ王の娘。ラーマの妻。シーターは魔王ラーヴァナによってランカー王国に連れ去られた。**対話 130, 182, 218, 421**

ク

グファ・ナマシヴァヤール　Guha Namaśivayār：聖山アルナーチャラで苦行をした古《いにしえ》の聖者。**対話492**

クリシュナ　Kṛṣṇa：その名は「魅惑する者」を意味するヴィシュヌ神の８番目の化身。**対話20, 31, 40, 41, 46, 51, 55, 58, 83, 104, 125, 145, 189, 201, 264, 270, 283, 290, 313, 317, 336, 364, 385, 398, 424, 439, 448, 449, 467, 473, 491, 528, 535, 611, 621, 643, 653**

クリシュナムールティ　Kṛṣṇamūrti, J (1895-1986)：南インドのチェンナイ近郊に生まれる。14歳のとき、未来の「救世主」として神智学協会のリードビーターによって発見され、英国にて英才教育を受ける。27歳のとき神秘体験を持つ。後に救世主であることを否定し、精神的指導者、師といったいっさいの呼び名を拒絶して、１人の自由人として世界中を巡って講話をした。**対話41, 239, 401**

グルムールタム　Gurumūrtham：1897年、マハルシがティルヴァンナーマライに到着してから半年後、大寺院から移り住んだ神殿。約１年間、彼はここでサマーディの境地に没入し、その後近隣のマンゴー樹園に移った。**対話71, 464, 592**

コ

コーヘン S.S.　Cohen S.S.：イラン出身のマハルシの初期の西洋人帰依者。**対話406**

ゴーラクナート　Goraknāth：マハーラーシュトラ州の聖者。**対話334**

サ

サックバーイ　Sakkubāi：マハーラーシュトラ州のクリシュナを祀る聖地パンダルプルに生まれる。クリシュナ神に深い帰依心を抱く彼女は、12歳のとき悪意に満ちた一家に嫁ぐが、家を抜け出してヴィッタラ（クリシュナ神）を祀る聖地パンダルプルを訪れ、クリシュナ神に明け渡して神との融合を遂げた。**対話83**

『サット・ダルシャナ・バーシュヤ』　Sat Darśana Bhāṣya：マハルシ作『実在についての四十頌』（ウラドゥ・ナールパドゥ）をカーヴィヤカンタ・ガナパティ・ムニがサンスクリット語に訳したものが『サット・ダルシャナム』で、本書はそれにカパリ・シャーストリが解釈をつけたもの。**対話446**

サマセット・モーム　William Somerset Maugham (1874-1965)：英国の脚本家、作家。彼の時代に最も人気を博した作家の１人。1944年、彼の小説『剃刀の刃』Rasor's Edgeに登場する霊的グルはマハルシをモデルとしている。**対話550**

サーンキャ哲学　Sāṁkhya：根本聖典は『サーンキャ・カーリカー』。精神原理としてのプルシャ（純粋精神）と物質原理としてのプラクリ

カ

妃となる以前に、リシのドゥルヴァーサから任意の神を父親とした子を産むマントラを授かっていた。しかし結婚する以前に好奇心から太陽神スーリヤを呼び出してしまい、スーリヤの子を産んだ。これがカルナである。未婚での出産の発覚を恐れたクンティーは、生まれたばかりのカルナを箱に入れて川に流してしまう。カルナは御者アディラタに拾われて育てられ、クンティーの後の子パーンダヴァ５兄弟と敵対するカウラヴァ族の英雄となる。**対話 201, 627**

『ガルバ・ウパニシャド』 Garbha Upaniṣad：子宮の中の胎児の成長状態、精神状態、ジーヴァ（魂）の状態を段階的かつ詳細に説明する稀少な聖典。**対話 616**

ガンダ・シャイラ・ローカ Gaṇḍa Saila Loka：『トリプラ・ラハスャ』の第12章の章題。逐語的には「ガンダの丘の宇宙」を意味する。新しい宇宙を創造する方法について描写されている。**対話 616**

ガーンディー（マハートマー）Gāndhi, Mahātmā (1869-1948)：マハートマー（偉大な魂)、建国の父と呼ばれる政治家。日本ではマハトマ・ガンジーとして知られる。英国に留学して弁護士の資格を取り帰国。南アフリカでインド人の差別虐待に抗議し、非暴力主義（アヒンサー）を訴えた。労働運動、インド独立運動、塩専売法反対の抗議などを指導。たびたび投獄された。不可蝕選民差別解放、インド独立後のイスラム教徒とヒンドゥー教徒の融和に挺身したが、1948年、デリーで狂信的なヒンドゥー教徒に暗殺される。**対話 125, 282, 491, 505, 507, 521, 533, 646, 647**

『カンバ・ラーマーヤナ』 Kambarāmāyaṇa：中世に活躍したタミル州の詩人カンバールの書いたタミル語版『ラーマーヤナ』。**対話 416, 418**

カンバール Kambār：中世に活躍したタミル州の詩人。『カンバラーマーヤナ』として知られるタミル語版『ラーマーヤナ』の著者。他にも『エレルパトゥ』『カンガイ・プラーナム』『サラスヴァティ・アンタティ』などがある。**対話 267**

キ

『ギーター・バーシュヤ』 Gītā Bhāṣya：アーディ・シャンカラーチャーリャが記した『バガヴァッド・ギーター』の高名な注解書。 **対話 643**

ギャーナデーヴ Jñānadev (1275–1296)：マハーラーシュトラ州の偉大な聖者。『ギャーネーシュヴァリ』『アムリターヌバヴ』の作者。ギャーネーシュヴァル、ジニャーナデーヴ、ニャーナデーヴ。**対話 389**

『ギャーネーシュヴァリ』 Jñāneśvari：マハーラーシュトラ州の偉大な聖者ギャーネーシュヴァルによる『バガヴァッド・ギーター』の最も高名な注解書。彼が15歳のときに書かれた。**対話 162**

卓越したサンスクリット語の詩聖。1907年にマハルシのもとを訪れて教えを授かり帰依者となる。翌日、それまでブラーフマナ・スワミの名で知られていたマハルシを「バガヴァーン・シュリー・ラマナ・マハルシ」と命名した。**対話54**

ガウダパーダ　Gauḍapāda：アドヴァイタ哲学の唱道者シャンカラーチャーリャの師の師。『ガウダパーダ・カーリカー』は『マーンドゥーキャ・ウパニシャド』の注解書で、初めてアドヴァイタ哲学を表し、非起源論（アジャータ）を説いた。**対話399**

『ガウダパーダ・カーリカー』　Gauḍapāda Kārikā：アドヴァイタ哲学の唱道者アーディ・シャンカラーチャーリャの師の師であるガウダパーダの記した『マーンドゥーキャ・ウパニシャド』の注解書。彼は初めてアドヴァイタ哲学を表し、「ブラフマンのみが真理であり、世界は幻影にすぎない。そこには世界の崩壊も創造もなく、束縛された人も霊的修練を積む人もいない。解脱を求める人も解脱した人もいない。これが絶対的な真理である」と説く非起源論（アジャータ）を教義とした。**対話399**

ガウタマ　Gautama：偉大な７人の聖者の１人。ヴェーダの時代にサンスクリット語のマントラを見いだした。『リグ・ヴェーダ』の中には彼の名を含む神の賛歌が数篇見られる。聖山アルナーチャラで苦行をしている。**対話385, 652**

カウンディィニャ　Kaundinya：南インドの聖者。**対話652**

カビール　Kabīr (1440-1518)：インド中世の偉大な詩聖。正式な教育を受けず、機織を職業としながら『ビジャーク』を始めする数々の宗教詩を残した。『ビジャーク』は今日でもカビールを神として崇める宗派から根本聖典として崇められている。彼はカースト制度、偶像崇拝、儀式などにとらわれず、広くイスラム教徒からもヒンドゥー教徒からも愛された。**対話50**

カマラーラヤ　Kamalālaya (Tiruvarūr)：タミル州の町ティルヴァルールの別名。**対話473**

ガーヤトリー　Gāyatrī：最も神聖で美しく、罪を消すと言われるガーヤトリー調（３行８音節）の『ヴェーダ』のマントラ。Om, Bhūrbhuvaḥ Svaḥ ¦ Tatsavitur-Vareṇyaṁ ¦ Bhargo Devasya Dhīmahi ¦ Dhiyo Yonaḥ Pracodayāt **対話8, 322, 371, 606**

カラハスティ　Kalahasti：南インド、アーンドラ・プラデーシュ州にあるシヴァ神の聖地。**対話531**

カーリー　Kālī：女神ドゥルガーの化身。「黒き者」を意味する。**対話591**

カルナ　Karṇa：『マハーバーラタ』に登場する弓の名手。クンティーが太陽神スーリヤとの間に生んだ子。クンティーはクル王パーンドゥの

ウ

ウラドゥ・ナールパドゥ（『実在についての四十頌』） Ulladu Nārpadu：マハルシの教えを最も包括的に表したタミル語の40頌の詩。Sad-Vidyā, Truth Revealed, Unnadi Nālubadi, Sad Darśanamなど多くの言語の翻訳版及び解説書が出版されている。**対話332, 506, 517, 567, 641**

ウラドゥ・ナールパドゥ・アヌバンダン（『実在についての四十頌補遺』） Ulladu Nārpadu Anubandhan：『実在についての四十頌』の補遺。原作者であることにまったくこだわらないマハルシは、すべて自分自身で書かず、サンスクリット語の聖典からふさわしい句を翻訳して用い、それ以外は彼自身が書いた。**対話10, 51, 253**

『ヴリッティ・プラバーカラ』 Vṛtti Prabhākara：19世紀、ニシュチャルダースによる『ヴィチャーラ・サーガラ』に類似したヴェーダーンタ哲学の解説書。**対話332**

エ

エヴァンス・ヴェンツ Evans-Wentz WY：オックスフォード大学の英文学者。**対話17, 18, 20, 22, 23**

エークナート Eknāth（1533-1599）：マハーラーシュトラ州の偉大な詩聖。10歳にしてジャナールダナ・スワミに出会い、グルに自己を明け渡した。**対話83**

エステラ Estella St：3世紀、ガリア（ゴール）出身の殉教者。**対話329**

エリシャ Elisha：『旧約聖書』の登場人物。紀元前9世紀代のイスラエル王国で活躍した預言者。英語では「エライジャ」。**対話215**

オ

オーロビンド・ゴーシュ Śrī Aurobindo Gosh（1872-1950）：ベンガル地方出身の神秘哲学者。国家主義運動における秘密革命組織の主導者として逮捕され、獄中で神秘体験を得る。その後、統合ヨーガを唱道してポンディシェリーに隠遁。彼の哲学を具現化した宗教都市オーロヴィルはインド最大のアーシュラマムとして知られる。**対話159, 164, 201, 504, 507**

カ

『カイヴァリャ・ナヴァニータム』 Kaivalya Navanītham：タミル州出身のタンダヴァラヤ・スワミによる15世紀アドヴァイタの聖典。(1) 師の純粋な教え、(2) 師と弟子との質疑応答の2部から成る。マハルシはこの聖典を重要視し、よく引用している。**対話95, 100, 141, 363, 425, 515, 624, 651**

カイラース Kailās(a)：ヒマラヤ山脈チベット側の高峰。ヒンドゥー教及びチベット仏教の聖地。シヴァ神の住処として知られている。**対話18, 143, 278, 334, 635**

カーヴィヤカンタ・ガナパティ・ムニ Kāvyakaṇṭha Gaṇapati Muni：

ある洞窟で、聖者ヴィルーパークシャのサマーディ（聖廟）がある。マハルシは1899年以来ここに17年間暮らした。対話 71, 84, 296, 361, 372, 408, 412, 463, 584, 592

『ヴェーダ』 Veda：世界最古のヒンドゥー教の聖典。ヴェーダの神々への賛歌。対話 16, 29, 30, 130, 146, 161, 178, 201, 327, 441, 448, 449, 468, 474, 511, 594, 645

『ヴェーダーンタ・チューダーマニ』 Vedānta cūḍāmaṇi：カルナータカ州の聖者ニジャ・グナ・ヨーギーによるアドヴァイタ哲学の辞典。対話 616

ウッダーラカ Uddālaka：『チャーンドーギヤ・ウパニシャド』において父ウッダーラカは息子のシュヴェータケートゥに真理を説く。その教えは断食をともない、「汝はすべての顕現の源である存在であり、その存在こそが真我である」という真理がさまざまな比喩的表現で示され、その最後は「汝は『それ』である」（タットヴァマシ）という確言で繰り返し強調される。対話 105, 108

『ウパデーシャ・サーラム』 Upadeśa Sāram：『教えの精髄』。マハルシが書いたタミル語の三十頌の詩。その中で彼は、解脱へのさまざまな道の有効性や卓越性を順に評価したうえで、真我探究こそが最高の道であり、純粋意識である真我としてただ「在る」ことが、無知と知識、束縛と解脱を超えた境地であると説く。対話 46, 189, 222, 310, 376, 382, 445, 465

『ウパデーシャ・マンジャリー』 Upadeśa Mañjarī：『霊的な教え』。最も初期の帰依者の１人、ナターナーナンダがマハルシと帰依者との会話をタミル語で書きとめたもの。対話 112, 302

『ウパニシャド』 Upaniṣad：古代インドの宗教哲学書『ヴェーダ』の４部門の最後を構成するため「ヴェーダーンタ」（ヴェーダの最終部、あるいは知識の終焉）とも呼ばれる。宇宙の根本原理ブラフマンと自己の本質アートマンとの同一性を悟って輪廻転生から解脱する道を説く。ヴェーダーンタ哲学の根本聖典の１つ。対話 15, 57, 68, 79, 80, 92, 104, 114, 189, 197, 200, 201, 291, 335, 336, 387, 408, 474, 513, 616, 645, 647

『ウパマンニュ・バクタ・ヴィラ』 Upamanyu Bhakta Carita：ウパマンニュは『ヴェーダ』や『プラーナ』に登場するリシ。『リグ・ヴェーダ』1.102.9の賛歌の作者としても知られる。『ウパマンニュ・バクタ・ヴィラ』は『シヴァ・バクタ・ヴィラ』の中の一章題。ウパマンニュとティルニャーナ・サンバンダールとの出会いが描かれている。対話 598

ウマー Umā：シヴァ神の妻であるドゥルガーの別名。対話 450

『ウマー・サハスラム』 Umā Sahasram：カーヴィヤカンタ・ガナパティ・ムニがサンスクリット語で書いた女神ウマー（パールヴァティー）に捧げる千節の賛歌。対話 334

ウ

シュヌ神崇拝をヴェーダーンタ哲学によって基礎づけた。ブラフマン、個我、物質世界はそれぞれ別個の存在でありながら分離不可能な関係にあり、個我は神への帰依と神からの恩寵を通してのみヴィシュヌ神との合一に達することができると説く。そして合一した後も、個としての存在は保たれたまま天上界（ヴァイクンタ）へ行き、そこでヴィシュヌ神の身体の一部となるという。**対話129, 164, 175, 201, 274, 327, 339**

ヴィシュヴァーミトラ　Viśvāmitra：クシャトリヤ階級として生まれた高名な聖者。ヴィシュヴァーミトラとヴァシシュタはスーダス王の家臣だったが、彼は常にあらゆる面でバラモン階級の聖者ヴァシシュタに劣っている自分を悔い、その慙愧から激烈な苦行をして、ついにクシャトリヤ階級からブラフマ・リシの位に達する。**対話32, 59, 421**

ヴィシュヌ　Viṣṇu：ヒンドゥー教三大神の中の宇宙の維持を司る神。**対話30, 208, 225, 274, 326, 327, 371, 385, 461, 534, 600, 617, 627, 652**

ヴィシュヌ神の化身　Viṣṇu Avatār：ヴィシュヌ神は、天地創造以来、幾度となく姿を変えて地上に現れた。その回数は10回とも24回とも言われる。以下はその代表：(1)魚(マツヤ)、(2)亀(クールマ)、(3)野猪(ヴァラーハ)、(4)人間ライオン(ナラシンハ)、(5)小人(ヴァーマナ)、(6)ラーマ、(7)パラシュラーマ、(8)クリシュナ、(9)ブッダ、(10)カルキン。10番目の化身であるカルキンは、未来に現れるヴィシュヌの化身。宇宙崩壊のとき、剣を手に白馬にまたがるヴィシュヌ(カルキン)が現れ、悪人と善人を選別し、黄金時代を回復するという。**対話218, 308**

『ヴィチャーラ・サーガラ』　Vicāra Sāgara：ニシュチャルダース（1791-1863）による高名なヴェーダーンタの解説書。主に北インドで重要視されてきた。**対話162, 332, 344**

『ヴィチャーラ・リングラハム』　Vicāra Sangraham：『真我探究』。1901年、シュリー・ラマナが22歳のときに弟子に与えた教えの記録。**対話160, 178**

ヴィディヤーランヤ　Vidyāraṇya：14世紀のアドヴァイタ・ヴェーダーンタの偉大なグル。ヴィジャヤナガラ王国の首相でありシュリンゲリ・シャラダ・ピータ僧院の院長でもあった。主な著作に『パンチャダシー』(Pañcadaśī）がある。**対話60**

ヴィトーバー　Viṭhobā：マハーラーシュトラ州で最も人気のあるクリシュナ神の化身。ヴィッタラあるいはパーンドゥランガーとも呼ばれる。**対話389**

ヴィヤーサ　Vyāsa：ヒンドゥー教の伝統における中心的人物。『ヴェーダ』の編纂者としてヴェーダ・ヴャーサとも呼ばれる。ヴィシュヌ神信奉者は彼をヴィシュヌ神の化身として崇めている。**対話385**

ヴィルーパークシャ洞窟　Virūpākṣa Cave：アルナーチャラの中腹に

ア

アルナーチャレーシュヴァラ　Aruṇācaleśvara：シヴァ神の別名。アルナーチャラの麓にあるシヴァ神の大寺院が祭る神。**対話 212, 598**

アレキサンダー・セルキルク　Alexander Selkirk（1676-1721）：スコットランドの船乗り。難破して４年間孤島に置き去りにされた。**対話 459**

アンナーマライ　Annāmalai：アルナーチャラのタミル語名。**対話 381, 589**

アンナーマライ・スワミ　Annāmalai Swāmī：ラマナアシュラマムの多くの建物の建築を担当した帰依者。マハルシの恩寵のもとに真我を実現した。**対話 463,530, 534, 601**

イ

『イーシャ・ウパニシャド』　Īśa Upaniṣad：紀元前７世紀頃の作。『ヤジュル・ヴェーダ』の最終章である『イーシャ・ウパニシャド』は、すべての生きとし生けるものの中に至高の霊性が存在するという真理を説く。「イーシャ」は「主」を意味する。**対話 362**

イーシュヴァラ　Īśvara：至高の主、宇宙を司る神。無限の力と至福が人格化された神。**対話 28, 30, 57, 68, 90, 100, 133, 177, 215, 259, 284, 308, 318, 323, 332, 385, 389, 399, 415, 428, 439, 453, 480, 496, 511, 569, 577, 579, 582, 589, 617**

『インド哲学』Indian Philosophy：ヒンドゥー教を的確な解釈で西洋に紹介したインド哲学者S.ラーダークリシュナンの主著の１つ。**対話 399**

ウ

ヴァシシュタ　Vasiṣṭha：大叙事詩『ラーマーヤナ』の主人公ラーマ神のグル。『ヨーガ・ヴァーシシュタ』の中で、賢者ヴァシシュタは物語形式で真我探究を根本とした究極の教えを授け、ラーマを解脱に導いた。**対話 30, 32, 317, 362, 439, 647**

ヴァースデーヴァ　Vāsudeva：至高の神。クリシュナ神。**対話 290**

ヴァーマデーヴァ　Vāmadeva：『リグ・ヴェーダ』の第四マンダラの作者であり、『タイッティリーヤ・ウパニシャド』に現れる見者（リシ）。**対話 317**

ヴァールミーキ　Vālmīki：『ラーマーヤナ』の作者。**対話 30, 416**

『ヴィヴェーカ・チューダーマニ』　Viveka cūḍāmaṇi：シャンカラーチャーリャの最も代表的な作品の１つ。解脱に至るための主要な課題として、実在と非実在、真理と非真理を明確に識別することを説き、探究者をあらゆる側面から真我へと導く包括的な教え。マハルシはこれをヴィルーパークシャ洞窟時代にタミル語に翻訳している。**対話 54, 314, 349, 406, 449, 619, 624**

ヴィシシュタアドヴァイタ（限定不二一元論学派）viśiṣṭādvaita：ラーマーヌジャが打ち立てたヴェーダーンタ哲学の一派。彼はブラフマンとヴィシュヌ教の最高人格神ナーラーヤナは同一であると主張し、ヴィ

主義的な宗教、社会改革を進めた。**対話 507**

アルヴァール　Alvar：その名は「神に融け入った者」を意味する６世紀から９世紀までの間に活躍したタミル・ナードゥ州の詩聖たちを指す。彼らの詩はあふれる情感とともにヴィシュヌ－クリシュナ神への熱望、歓喜、奉仕、そして神に捧げる愛と帰依の恍惚境を詠っている。**対話 319, 449**

アルジュナ　Arjuna：『マハーバーラタ』に登場するパーンダヴァ家の５人兄弟の１人。**対話 40, 41, 46, 51, 58, 145, 189, 201, 208, 264, 270, 364, 437, 439, 473, 611, 643, 649, 653**

アルダナーリーシュヴァラ　Ardhanārīśvara：シヴァ神の別名。シヴァ神と彼の妻シャクティが一体になった両性具有の神。男女両性のエネルギーの統合を象徴している。肖像では右半身がシヴァ、左半身はシャクティで描かれている。**対話 450**

アルナーチャラ　Aruṇācala：シヴァ神が山として姿を現したと伝えられる聖山。マハルシはアルナーチャラをグルと見なし、真我実現した後、生涯をこの山の麓で暮らした。**対話 18, 212, 216, 218, 219, 273, 275, 300, 323, 442, 447, 473, 492, 529, 589**

アルナーチャラ・アクシャラ・マナ・マーライ　Aruṇācala Akṣara Mana Mālai：『文字の結婚花輪』。一般に「アルナーチャラシヴァ」を繰り返し詠う部分でよく知られ、マハルシの書いた『アルナーチャラへの五つの賛歌』の中でも帰依者に最も愛されているアルナーチャラに捧げる百八節の詩。**対話 14**

アルナーチャラ・アシュタカム　Aruṇācala Aṣṭakam：『シュリー・アルナーチャラを讃える八連の詩』。偉大なサンスクリット詩人の帰依者ガナパティ・ムニは、マハルシにサンスクリット語で詩を書くように求めた。すると彼は笑いながら、「私はサンスクリット語をほとんど知らないし、サンスクリット語の韻律もまったく知らない」と答えた。それでも、ガナパティ・ムニは韻律について彼に説明し、何度も繰り返し懇願した。こうして、マハルシはサンスクリット語で５つの詩を作った。「アシュタカム」はその中の１つ。それらはすべて完璧で、非の打ちどころのないサンスクリット語だった。この賛歌は毎日サマーディ・ホールでヴェーダ・パーラーヤナの時間に詠唱されている。**対話 14, 323**

アルナーチャラ・マーハートミャ　Aruṇācala Māhātmya：『スカンダ・プラーナ』の一部を成す。逐語的には「アルナーチャラの栄光」。『スカンダ・プラーナ』はシヴァ神の息子であるスカンダ（ムルガンまたはカールティケーヤ）の物語。**対話 464**

ア

アッパール　Appār：アッパールは「お父さん」を意味する愛称で、本名は「言語の王」を意味するティルナヴッカラサール。ナヤナールと呼ばれる63人の聖者の中でもサンバンダールやスンダラムールティと並び称される7世紀タミル・ナードゥ州の偉大な詩聖。数多くのシヴァ神への賛歌を残した。**対話278, 450**

アッラマ・プラブー　Allama Prabhū：12世紀、カルナータカ州の詩聖。シヴァ神信奉者のグループ、リンガヤータの霊的権威。**対話334**

アーディティヤ　Āditya：インド神話におけるヴァルナとミトラを首長とする神群。後に太陽神スーリャと同一視されるようになった。**対話40, 189, 264, 611**

アディヤール　Adyār：神智学協会の本部があるチェンナイの一地域。**対話363, 396**

アドヴァイタ　Advaita：不二一元論。ヴェーダーンタ哲学の中の一学派。その理論は、ただ不変の実在であるブラフマンだけが存在し、世界は存在を現したことも消したこともないとする。アドヴァイタの唱道者であるシャンカラーチャーリャは、世界は非存在ではないが、ただの幻（マーヤー）でしかなく、ブラフマンから離れて独自に存在するものではないと主張し、宇宙の根本原理ブラフマンと自己の本質アートマンとの同一性を説いた。**対話31, 35, 54, 55, 133, 175, 201, 273, 274, 282, 383, 399, 433, 458, 491, 499, 571, 648**

『アートマ・ヴィディヤー』（真我の知識）　Ātma-Vidyā：1927年、マハルシの帰依者で詩人でもあるムルガナールは、「見よ！　何と真我の知識は難しいことか！」という句で始まる有名なタミル語の詩を「見よ！　何と真我の知識はやさしいことか！」書き変え、その続きを書くことをマハルシに求めた。**対話16, 379, 381, 406, 551, 589**

『アートマ・ヴィディヤー・ヴィラーサ』　Ātma Vidyā Vilāsa：18世紀、タミル州のスワミ・サダーシヴァ・ブラフメーンドラによるサンスクリット語のアドヴァイタ哲学の作品。**対話372**

アーナンダ・アーシュラマム　Ānanda Āśramam：ケーララ州にあるラームダース・スワミのアーシュラム。ラームダースは1922年にマハルシに会い、アルナーチャラの洞窟にて真我を実現する。**対話441**

『アパロークシャ・アヌブーティ』　Aparokṣa anubhūti：真我探究をもとにアートマンとブラフマンの同一性を示したシャンカラーチャーリャの代表作品の1つ。**対話619**

アーリヤ・サマージ　Ārya Samāj：アーリヤ協会。近代インドのヒンドゥー改革運動の団体。「『ヴェーダ』に帰れ」をスローガンとして復古

索引

Index

人名・書籍名・地名・団体名などの解説

ア

『アイタレーヤ・ウパニシャド』 Aitareya Upaniṣad：最古の『ウパニシャド』の１つ。全３章の構成で、第１章は神聖な創造者としての内なる真我であるアートマンを描写し、第２章はアートマンの誕生を、第３章は真我あるいはブラフマンの質を描写している。ヴェーダーンタ哲学の要旨を凝縮した「プラジニャーナン・ブラフマ」という偉大な確言の１つを含む。**対話 314, 389**

アインダヴァ・ウパーキャーナ Yoga Vāsiṣṭha：Aindava Upākyāna：『ヨーガ・ヴァーシシュタ』の章題の１つ。**対話 616**

『アヴァドゥータ・ギーター』 Avadhūta Gītā：アドヴァイタ・ヴェーダーンタの聖典。アヴァドゥータはすべての所有物を放棄し、ヒンドゥー教のダルマ（義務）や戒律からも自由となって放浪する覚者（ジニャーニ）。太古の偉大な聖者ダッタートレーヤはアヴァドゥータの代表的存在であり、この書の作者と見なされている。**対話 104**

『アシュターヴァクラ・ギーター』 Aṣṭāvakra Gītā：14世紀のアドヴァイタ・ヴェーダーンタの聖典。古来あらゆる聖賢から最も純粋な聖典として愛され、マハルシは真我探究の必読書として帰依者に勧めている。『アシュターヴァクラ・ギーター　真我の輝き』（ナチュラルスピリット刊）を参照されたい。**対話 104**

アシュターンガ・フリダヤム Aṣṭāṅga Hṛdayam：マラヤラム語版のアーユルヴェーダの書。**対話 357**

アッヴァイ Avvai (Auvai)：13世紀チョーラ王朝の詩聖。一般に、高い英知を持った老婆というイメージをもたれている。彼女の詩は現在タミル州の学校の教科書にも採用されている。アウヴァイ。**対話 267**

『アッパラパットゥ』 Appalapattu：1914年、バガヴァーンはヴィルーパークシャ洞窟で母と一緒に暮らしていた。炊事のほとんどは母の仕事だった。バガヴァーン自身調理には熟達しており、そのときもその後も、しばしば食事の準備を手伝っていた。あるとき、ポパダム（アッパラム）——黒豆の粉でつくった薄く丸いケーキをかりかりに揚げたもの——を作っていた母は、バガヴァーンを手伝いのために呼び寄せた。しかしバガヴァーンは手伝うかわりに、ポパダム作りを象徴とした霊的成長のための教えを詩にたくして与えたのだった。**対話 569**

［記録者］

ムナガーラ・ヴェンカタラーマイア

Munagala Venkataramaiah (Swami Ramanananda Saraswati)

1882年、タミル・ナードゥ州ショーラヴァンダンに生れる。マドラス・キリスト教大学卒業。ボンベイ、グジャール教授の研究室にて働く。1911年、マチリパトナム大学にて化学を教える。1918年、マドラス、パチャイアッパ大学にて講義。同年、初めてラマナ・マハルシに出会う。1932年よりラマナアシュラマムの一員となり、テルグ語、英語、サンスクリット語、ラテン語に精通することから、マハルシと帰依者との会話を通訳する。1935年から1939年まで『ラマナ・マハルシとの対話』を記録。ポール・ブラントンと共に『不滅の意識』（ナチュラルスピリット刊）を記録、編集。アドヴァイタの聖典『トリプラ・ラハスャ』、『カイヴァリャ・ナヴァニータム』（ラマナアシュラマム刊）を英訳。後年、スワミ・ラマナーナンダ・サラスワティに改名。1959年から最後の５年間をアーシュラマムで暮らす。1963年逝去。

［翻訳者］

福間　巖　*Iwao Hukuma*

1960年、萩市に生れる。1974年より北鎌倉臨済宗円覚寺にて二年坐禅、三年参禅。1979年、インドにて仏跡巡拝のおり、ラマナ・マハルシの教えに出会う。1981年、玉川学園大学英米文学部卒業。インド、ブッダガヤの寺院、スリランカのカンドゥボーダ仏教僧院に暮らし瞑想を修す。山梨県山中の瑞岳院僧堂にて一年間曹洞禅を修す。1992年まで米豪欧にてデザイン業及びドイツ他にて瞑想指導に従事。インドに長年暮らし、ラマナ・マハルシの直弟子の覚者であるH.W.L.プンジャジ、アンナーマライ・スワミ、ラクシュマナ・スワミ他、多くの聖賢に出会う。ティルヴァンナーマライ在住。訳書に『あるがままに　ラマナ・マハルシの教え』、『I AM THAT 私は在る』、『ヨーガ・ヴァーシシュタ 至高の真我』（ナチュラルスピリット刊）他がある。

［ラマナアシュラマムの連絡先］

Sri V.S.Ramanan, President
Sri Ramanasramam P.O.
Sri Ramanasramam
Tiruvannamalai 606 603
Tamil Nadu
India
E-mail : ashram@sriramanamaharshi.org
書籍の注文 : sriramanamaharshi.org

ラマナ・マハルシとの対話

第2巻

●

2013年2月22日 初版発行
2021年7月7日 第2刷発行

記録／ムナガーラ・ヴェンカタラーマイア
訳／福間 巖

装幀・本文デザイン／中村吉則
編集・DTP／川満秀成

発行者／今井博揮
発行所／株式会社 ナチュラルスピリット
〒101-0051 東京都千代田区神田神保町3-2 高橋ビル2階
TEL 03-6450-5938 FAX 03-6450-5978
info@naturalspirit.co.jp
https://www.naturalspirit.co.jp/

印刷所／シナノ印刷株式会社

ISBN978-4-86451-061-5 C0010